铁路技师、高级技师职业技能鉴定辅导系列教材

车站值班员

主　编　张良顺

西南交通大学出版社

内 容 简 介

本教材分为四章，第一章主要介绍了铁路技术设备，特别是一些新设备的变化；第二章主要介绍了列车运行图、列车编组及列车编组计划、调度指挥、车站运输统计工作；第三章是本教材的核心部分，主要介绍了行车闭塞工作、书面行车凭证及与行车凭证有关的调度命令填写方法、接发列车有关规定、非正常行车应急处理、调车工作；第四章主要介绍了行车事故处理和行车作业人身安全以及一些行车事故的案例分析。

本书为铁路技师、高级技师职业技能鉴定辅导系列教材之一，也可作为车站值班员的学习用书。

图书在版编目（CIP）数据

车站值班员 / 张良顺主编. —成都：西南交通大学出版社，2009.3（2019.2 重印）
（铁路技师、高级技师职业技能鉴定辅导系列教材）
ISBN 978-7-5643-0212-2

Ⅰ. 车… Ⅱ. 张… Ⅲ. 铁路车站－行车组织－职业技能鉴定－教材 Ⅳ. U292

中国版本图书馆 CIP 数据核字（2009）第 029326 号

铁路技师、高级技师职业技能鉴定辅导系列教材
车 站 值 班 员
主 编 张良顺
*
责任编辑 张 波
特邀编辑 夏 蕾
封面设计 本格设计
西南交通大学出版社出版发行
（四川省成都市二环路北一段 111 号西南交通大学创新大厦 21 楼
邮政编码: 610031 发行部电话: 028-87600564）
http: //www.xnjdcbs.com
四川森林印务有限责任公司印刷
*
成品尺寸：185 mm×260 mm 印张：11.125
字数：271 千字
2009 年 3 月第 1 版 2019 年 2 月第 4 次印刷
ISBN 978-7-5643-0212-2
定价：28.00 元

教材编审委员会

前　言

在现代企业中，高技能人才是提高企业核心竞争力、推动企业技术创新和科技成果转化的中坚力量。2003年全国人才工作会议以来，高技能人才成长的宏观环境有了显著改善，"四个不唯"（不唯学历、不唯职称、不唯资历、不唯身份）的新人才观和重工作业绩及实践能力的选人用人标准得以确立，从而为高技能人才的成长疏通了道路。

目前，中国铁路建设迎来了发展的大好时机，按照铁道部和谐铁路建设的总体部署，加快推进铁路现代化建设，铁路企业更是迫切需要培养一支高水平、高技能的人才队伍。由此，铁道部制定了《铁路高技能人才工作实施办法》，为铁路高技能人才的培养、使用、培训指出了明确的方向。

为了加快铁路高技能人才的培养，认真落实铁道部《关于进一步加强铁路高技能人才工作实施意见》的精神，在北京铁路局的大力支持下，由北京铁路工人技师协会牵头，会同北京局各业务部门，组织了机、车、工、电、辆等方面的技术人员、技师、高级技师，针对生产现场的需要，根据人力资源和社会保障部颁布的国家职业标准，编纂了《铁路技师、高级技师职业技能鉴定辅导系列教材》。该系列教材涉及54个铁路特有工种及相关通用工种，全套教材共计55册。这是一套汇集了铁路运输各系统、各工种培训工作精华，集理论研讨、工作实践和事例分析于一体的系列工作丛书，该丛书必将对构建学习型企业、加强高技能人才队伍建设起到积极的推动作用。

由北京铁路局和北京铁路工人技师协会组织策划、西南交通大学出版社出版的这套丛书，与《铁路职业技能鉴定参考丛书》相辅相成，适用于铁路行业技师、高级技师考评和职业技能鉴定的培训，也能满足广大职工进一步学习铁路职业技能知识、提高职业技能水平的需要。衷心希望广大职工能够学好、用好这套教材，为铁路现代化建设做出新的更大贡献。

《车站值班员》是该套丛书中的一册，主要介绍了车站值班员所必须掌握的相关知识。

本书由张良顺主编。第一、二、三章由张良顺编写，第四章由侯习洪编写。

本书难免存在疏漏与不足，敬请广大读者批评指正。

北京铁路工人技师协会
2009年2月

目　　录

第一章　技术设备

第一节　站场设备

一、车站的分类

铁路线上设有配线，并办理行车技术作业及客货运业务的分界点，叫车站。

车站按业务性质分为客运站、货运站、客货运站；按技术作业分为编组站、区段站、中间站。编组站、区段站统称为技术站。此外，车站还可按其他一些特征加以区分。例如，位于两个铁路局管辖分界的车站，称为分界站；位于大工业区的车站，称为工业站；位于港湾区的车站，称为港湾站等。

专门为办理旅客运输而设的车站，称为客运站。客运站通常设置在处于政治、经济、文化中心的大城市及旅游胜地等大量旅客到发的地点，主要办理旅客列车的到发及为旅客服务的有关业务，如北京站、上海站。

专门为办理货物运输而设的车站，称为货运站。货运站一般设置在大城市的工业区、工矿地区、林业地区、港口等大量货物到发、装卸的地点，主要担当货物列车的始发、终到和有关调车作业，货物装卸、取送作业，以及货运的有关业务，如广安门站、北郊站。

既办理客运业务又办理货运业务的车站称为客货运站。全国大多数车站都属于客货运站。

担当大量地直达、直通和其他列车的编组和解体作业的车站，称为编组站。编组站有列车工厂之称，一般位于大量车流集散地点。编组站按其在铁路干线和枢纽的位置、所担当的作业任务分为路网编组站和地区编组站。编组站除负责编、解列车外，还负责更换货运机车和乘务人员，对货物列车中的车辆进行技术检修和货运检查整理工作。

货物列车牵引区段的两端设有机务段或机务折返段的车站，称为区段站。区段站主要负责货物列车中转作业、机车和乘务员的更换、对货物列车中的车辆进行技术检修和货运检查整理作业、解体和编组区段列车和摘挂列车。

设在两技术站之间区段内各居民点（市镇等）的车站，称为中间站。中间站主要负责列车的接发、会让和通过作业，摘挂列车车辆的摘挂、联送和装卸作业。有些中间站还进行机车给水等装备作业，补机摘挂，列车技术检查和凉闸作业，客货运业务繁忙时，也有列车的始发和终到作业。

二、铁路线路的分类

铁路线路分为正线、站线、段管线、岔线及特别用途线。正线是指连接车站并贯穿或直股伸入车站的线路；站线是指到发线、调车线、牵出线、货物线及站内指定用途的其他线路；

段管线是指机务、车辆、工务、电务、供电等段专用并由其管理的线路；岔线是指在区间或站内接轨，通向路内外单位的专用线路；特别用途线是指安全线和避难线。

三、线路轨距

轨距是钢轨头部踏面下 16 mm 范围内两股钢轨工作边之间的最小距离。直线轨距标准规定为 1 435 mm，曲线轨距按表 1.1 规定加宽。

表 1.1 曲线轨距加宽值

曲线半径 R / m	加宽值 / mm
R≥350	0
350>R≥300	5
R<300	15

验收线路时，线路、道岔轨距静态容许偏差规定见表 1.2。

表 1.2 线路、道岔轨距静态容许偏差

线路速度等级 / (km/h)	v≤120	120<v≤160	160<v≤200
线路容许偏差 / mm	+6，−2	+4，−2	±2
道岔容许偏差 / mm	+3，−2	+3，−2	±2

四、线间距离及限界

（一）线间距离

区间及站内两相邻线路中心线间的标准距离规定如下：

1. 直线部分（见表 1.3、表 1.4）

表 1.3 客货共线铁路线间距

顺序	名称		线间最小距 / mm
1	区间双线	v≤120 km/h	4 000
		120 km/h<v≤160 km/h	4 200
		160 km/h<v≤200 km/h	4 400
2	三线及四线区间的第二线与第三线		5 300
3	站内正线		5 000

续表　1.3

顺序	名　　称				线间最小距 / mm
4	站内正线与相邻到发线	无列检作业			5 000
		有列检作业或加水作业	$v \leqslant 120$ km/h	一般	5 500
				改建特别困难	5 000
			120 km/h $< v \leqslant$ 160 km/h	一般	6 000
				改建特别困难	5 500
			160 km/h $< v \leqslant$ 200 km/h	一般	6 500
				改建特别困难	5 500
5	到发线与相邻到发线				5 000
6	站内相邻两线均需通行超限货物列车			线间装有高柱信号机	5 300
7	站内相邻两线只有一条通行超限货物列车			线间装有高柱信号机	5 000
8	铺设列检小车轨道的两到发线				5 500
9	换装线				3 600
10	编组站、区段站的站修线与相邻一条线				8 000
11	正线与牵出线	调车作业繁忙车站			6 500
		改建困难或仅办理摘挂取送作业			5 000
12	站内中间设有接触网支柱的相邻线				6 500
13	相邻线间设有融雪设备的线				5 800
14	安全线与其他线路				5 000
15	其他站线				4 600

表 1.4　客运专线铁路线间距

顺序	名　　称		线间设施	线间最小距离 / mm
1	区间正线、站内正线	200 km/h		4 400
		200 km/h $< v \leqslant$ 250 km/h		4 600
		250 km/h $< v \leqslant$ 300 km/h		4 800
		300 km/h $< v \leqslant$ 350 km/h		5 000
2	正线与相邻到发线		无	5 000
			声屏障	5 940 + 结构宽
			接触网支柱	5 200 + 结构宽
			雨棚柱	4 590 + 结构宽
			有站台	3 530 + 站台宽
3	到发线间或到发线与其他线		无	5 000
			有站台	3 500 + 站台宽
			接触网支柱	5 000 + 结构宽
			雨棚柱	4 300 + 结构宽
4	正线与其他线		无	5 000
5	正线与动车走行线		无	5 000

站内正线保证能通过超限货物列车。此外，在编组站、区段站及区段内选定的 3～5 个中间站上，单线铁路应另有一条线路，双线铁路上、下行各另有一条线路，须能通行超限货物列车。

2. 曲线部分

区间及站内线路曲线部分中心线间的水平距离、线路中心线至建筑接近限界的水平距离均按曲线半径大小，根据图 1.1 规定的曲线上建筑接近限界加宽公式计算确定。

（二）限　界

一切建筑物、设备在任何情况下均不得侵入铁路的建筑接近限界（见图 1.1）。与机车车辆有直接互相作用的设备，在使用中不得超过规定的侵入范围。

在设计建筑物或设备时，距钢轨顶面的距离应附加钢轨顶面高程可能的变动量（路基沉落、加厚道床、更换重轨等）。

靠近铁路线路修建各种建筑物及电线路时，须经铁路局批准。

机车车辆无论空、重状态，均不得超出机车车辆限界。

1. 建筑限界（单位：mm）

(1) 客货共线铁路建筑限界（$v \leqslant 160$ km/h）。

① 基本建筑限界（见图 1.1）。

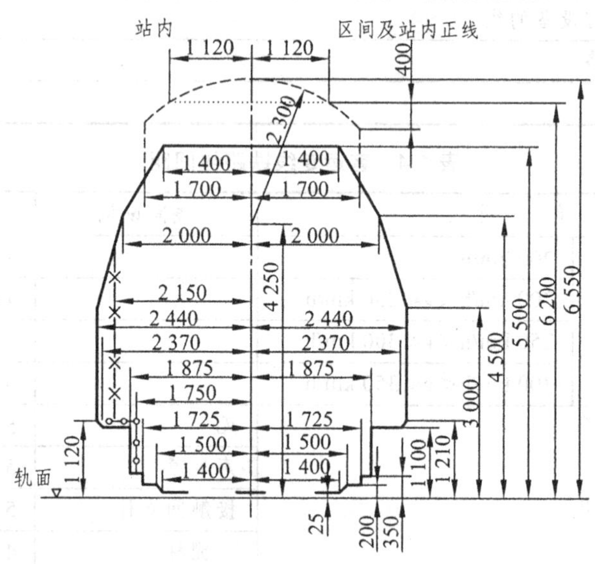

–×–×– 信号机、水鹤的建筑接近限界（正线不适用）；

–○–○– 站台建筑接近限界（正线不适用）；

——— 各种建筑物的基本接近限界；

– – – – 适用于电力机车牵引的线路的跨线桥、天桥及雨棚等建筑物；

………… 电力机车牵引的线路的跨线桥在困难条件下的最小高度

图 1.1　基本建筑限界图

旅客站台上柱类建筑物离站台边缘至少 1 500 mm，建筑物离站台边缘至少 2 000 mm。旅客站台分为低站台和高站台，低站台高度为 300，500 mm，高站台高度为 1 250 mm。货物站台的高度为 1 100 mm。在非电气化区段的车站上、车辆调动频繁的站场内，天桥的高度不得少于 5 800 mm。

货物高站台边缘（只适用于线路的一侧）在高出轨面距离 1 100～4 800 mm 间，距线路中心线距离可按 1 850 mm 设计。

曲线上建筑限界加宽办法：

曲线内侧加宽

$$W_1=\frac{40\,500}{R}+\frac{H}{1\,500}h \quad (\text{mm})$$

曲线外侧加宽

$$W_2=\frac{44\,000}{R} \quad (\text{mm})$$

曲线内外侧加宽共计

$$W=W_1+W_2=\frac{84\,500}{R}+\frac{H}{1\,500}h \quad (\text{mm})$$

式中 R——曲线半径（m）；

H——计算点自轨面算起的高度（mm）；

h——外轨超高（mm）。

$\frac{H}{1\,500}h$ 的值亦可用内侧轨顶为轴，将有关限界旋转 θ 角（$\theta=\arctan\frac{h}{1\,500}$）可求得。

② 基本建筑限界（车库门等）（见图 1.2）。

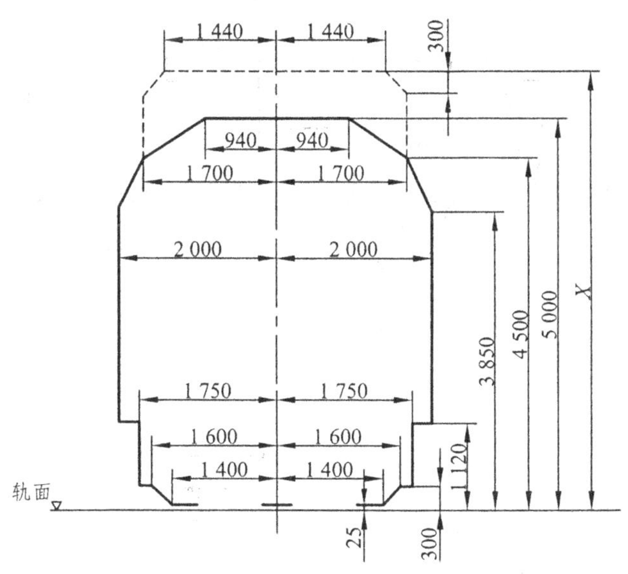

—— 适用于新建及改建使用蒸汽及内燃机车、车辆的车库门、转车盘、洗车架专用煤水线、洗罐线、加冰线、机车走行线上各种建筑物，亦适用于旅客列车到发线及超限货车不进入的线路上的雨棚；

--- 适用于使用电力机车的上述各种建筑物；

X 的值根据接触网高度（有或无承力索）决定

图 1.2 基本建筑限界图（车库门等）

③ 隧道建筑限界（内燃牵引区段）（见图 1.3）。

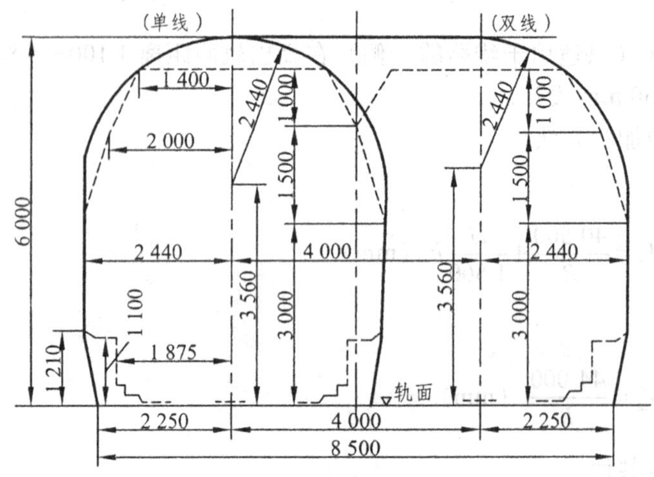

图 1.3　隧道建筑限界图（内燃牵引区段）

④ 隧道建筑限界（电力牵引区段）（见图 1.4）。

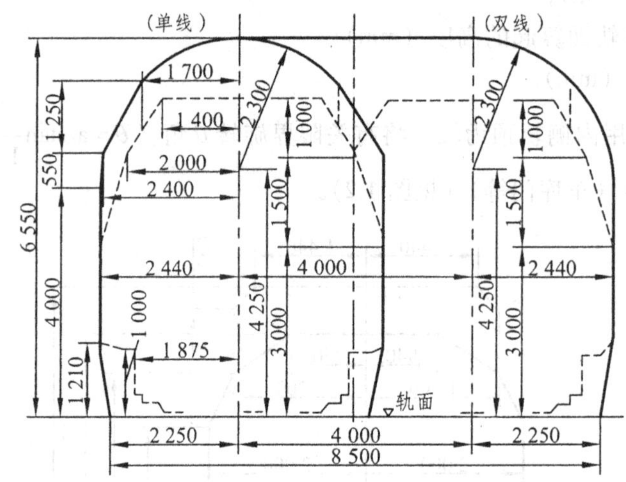

图 1.4　隧道建筑限界图（电力牵引区段）

曲线上隧道建筑限界加宽办法：

曲线内侧加宽

$$W_1=\frac{40\ 500}{R}+\frac{H}{1\ 500}h\quad(\text{mm})$$

曲线外侧加宽

$$W_2=\frac{44\ 000}{R}\quad(\text{mm})$$

式中　R——曲线半径（m）；

H——计算点自轨面算起的高度（mm）；

h——外轨超高（mm）。

⑤ 桥梁建筑限界（内燃牵引区段）（见图 1.5）。

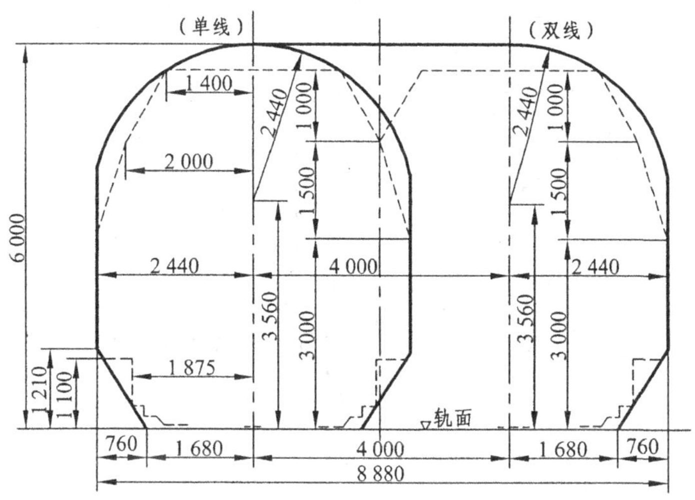

图 1.5 桥梁建筑限界图（内燃牵引区段）

⑥ 桥梁建筑限界（电力牵引区段）（见图 1.6）。

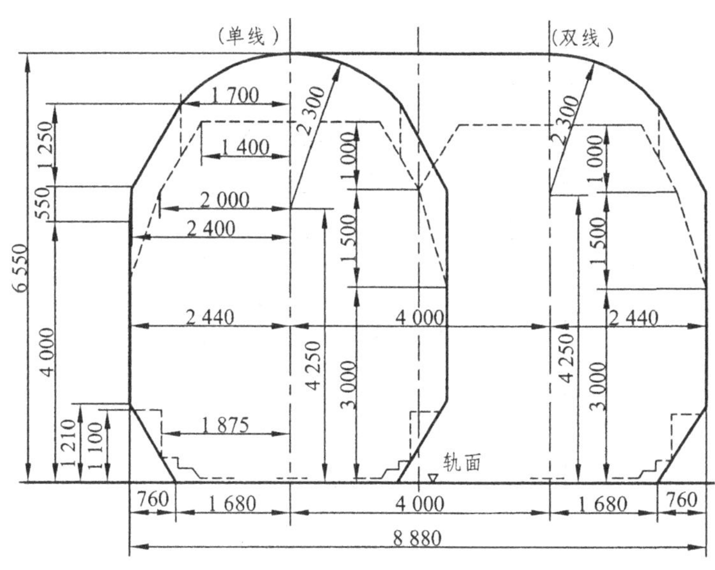

图 1.6 桥梁建筑限界图（电力牵引区段）

（2）客货共线铁路建筑限界（160 km/h＜v≤200 km/h）。

① 基本建筑限界（见图 1.7）。

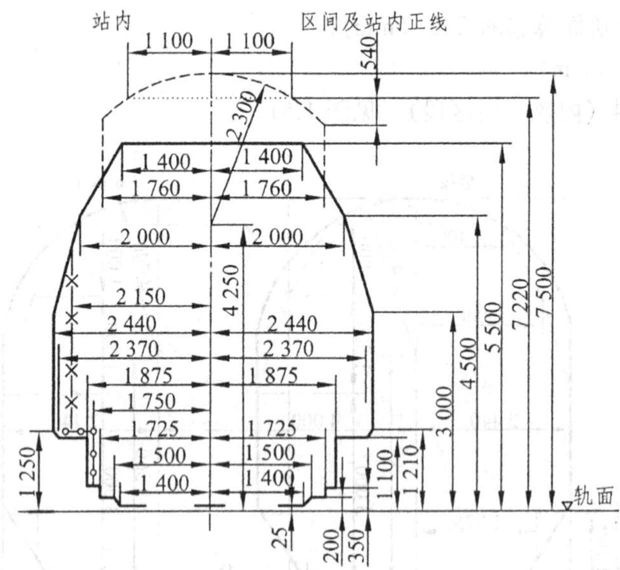

--x--x--x-- 信号机建筑限界（正线不适用）；

—o—o—o— 站台建筑限界（正线不适用）；

———— 各种建筑物的基本限界；

- - - - - - 适用于电力牵引区段的跨线桥、天桥及雨棚等建筑物；

········ 电力牵引区段的跨线桥在困难条件下的最小高度

图 1.7 电力牵引铁路 KH-200 基本建筑限界图

② 桥隧建筑限界（内燃牵引区段）（见图 1.8）。

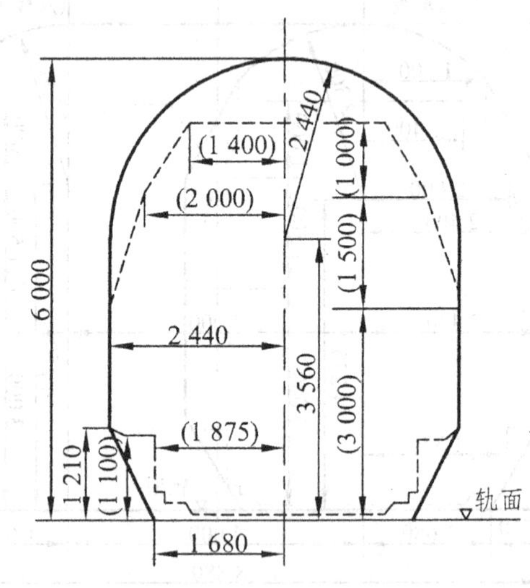

- - - - - - 基本建筑限界。

图 1.8 桥隧建筑限界图（内燃牵引区段）

（3）铁路双层集装箱运输装载限界及客货共线铁路双层集装箱运输建筑限界。

① 双层集装箱运输装载上部限界（见图 1.9）。

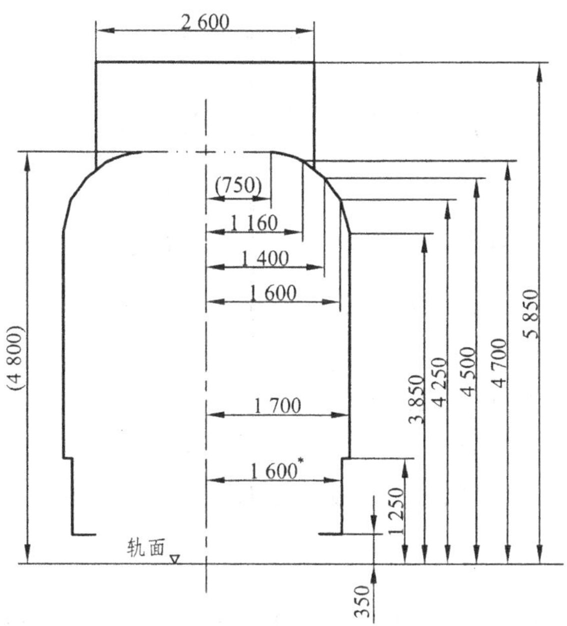

图 1.9　双层集装箱运输装载上部限界图

② 双层集装箱运输基本建筑限界（内燃牵引区段）（见图 1.10）。

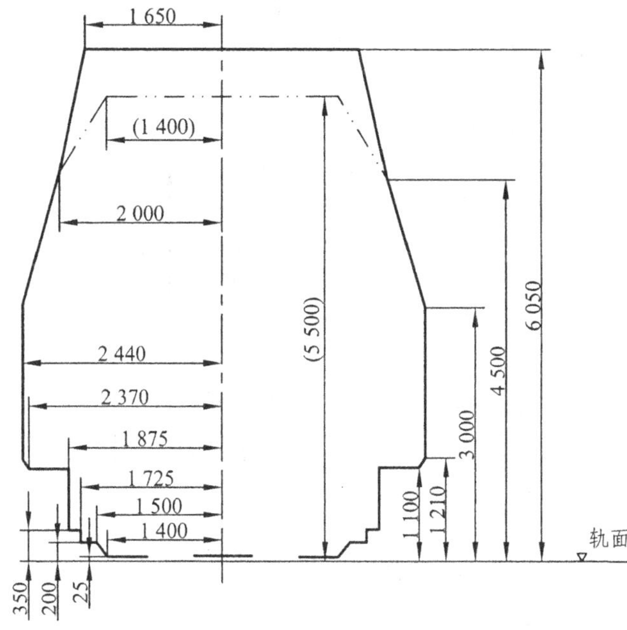

图 1.10　双层集装箱运输基本建筑限界图（内燃牵引区段）

③ 双层集装箱运输桥隧建筑限界（内燃牵引区段）（见图 1.11）。

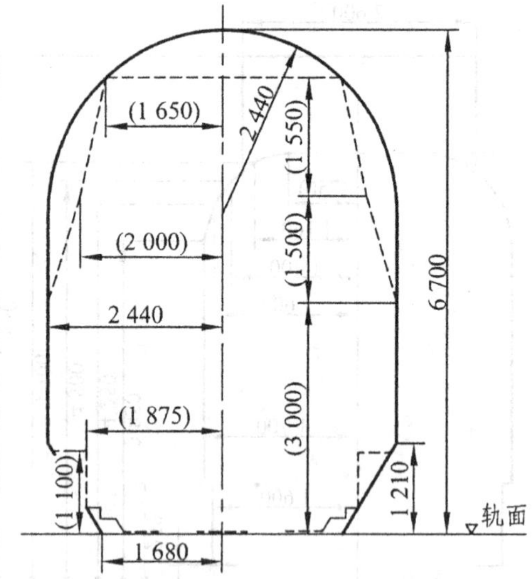

图 1.11　双层集装箱运输桥隧建筑限界图（内燃牵引区段）

④ 双层集装箱运输基本建筑限界（电力牵引区段）（见图 1.12）。

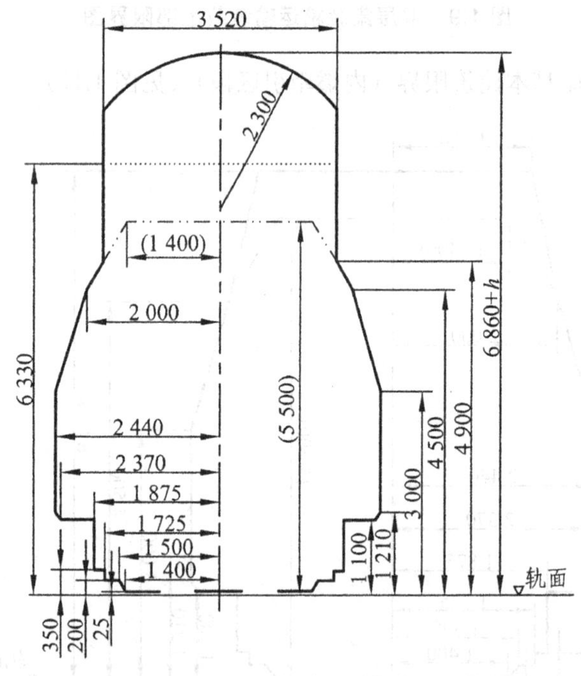

接触网导线的最低高度为 6 330 mm；

客运共线铁路基本建筑限界。

h 为接触网结构高度。弹性悬挂时，200 km/h 地段为 1 100 mm，160 km/h 及以下地段为 700 mm；采用刚性悬挂，结构高度另定

图 1.12　双层集装箱运输基本建筑限界图（电力牵引区段）

⑤ 双层集装箱运输桥隧建筑限界（电力牵引区段）（见图 1.13）。

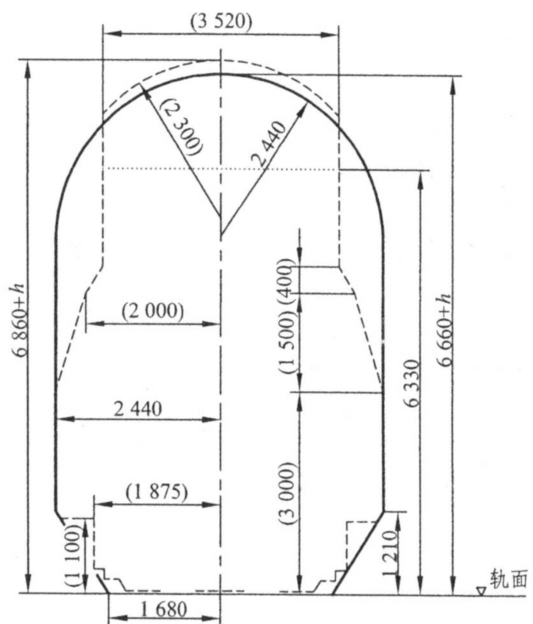

- - - - - - - -　双层集装箱运输基本建筑限界；

………………　接触网导线的最低高度为 6 330 mm

h 为接触网结构高度。弹性悬挂时，200 km/h 地段为 1 100 mm，160 km/h 及以下地段为 700 mm；采用刚性悬挂，结构高度另定

图 1.13　双层集装箱运输桥隧建筑限界图（电力牵引区段）

（4）客运专线铁路建筑限界（200 km/h≤v≤350 km/h）（见图 1.14）。

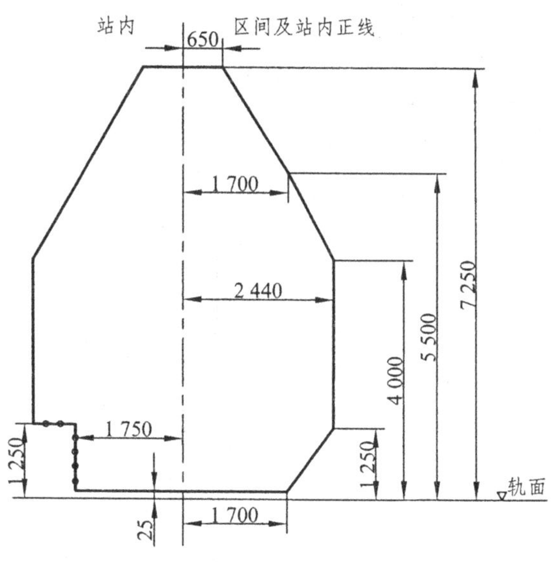

—o—o—o—　站台建筑限界（正线不适用）；

————————　各种建筑物的基本限界，也适用于桥梁和隧道

图 1.14　客运专线铁路建筑限界基本尺寸

客运专线铁路曲线上建筑限界加宽办法：

曲线地段的建筑限界应考虑因超高产生车体倾斜对曲线内侧的限界加宽。其加宽量为

$$W = \frac{H}{1\,500}h$$

式中　W——曲线内侧加宽量（mm）；

H——轨顶面至计算点的高度（mm）；

h——外轨超高值（mm）。

曲线上建筑限界的加宽范围包括全部圆曲线、缓和曲线和部分直线，采用图 1.15 所示阶梯加宽方法。

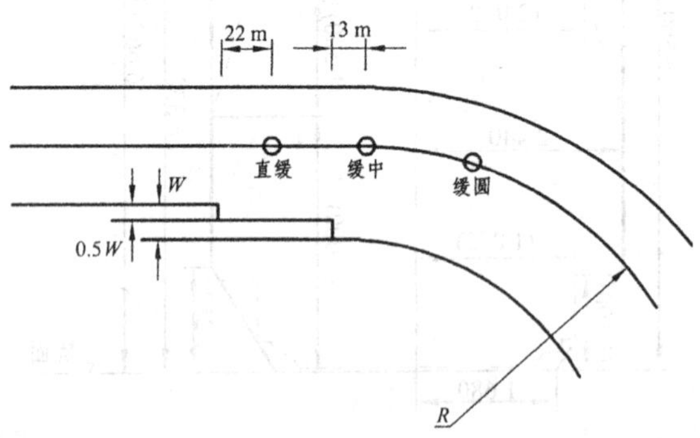

图 1.15　阶梯加宽方法

2. **机车车辆限界（单位：mm）**

（1）机车车辆限界（v<200 km/h）。

① 机车车辆上部限界（见图 1.16）。

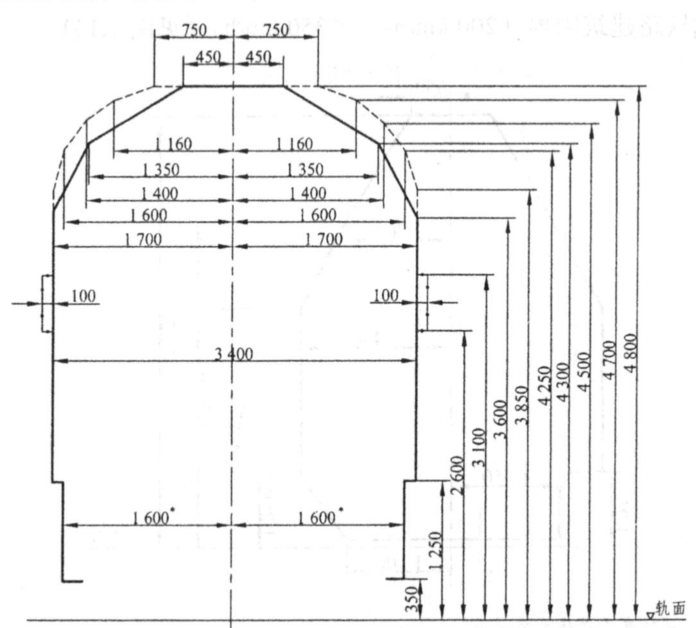

图 1.16　机车车辆上部限界图

② 机车车辆下部限界（见图 1.17）。

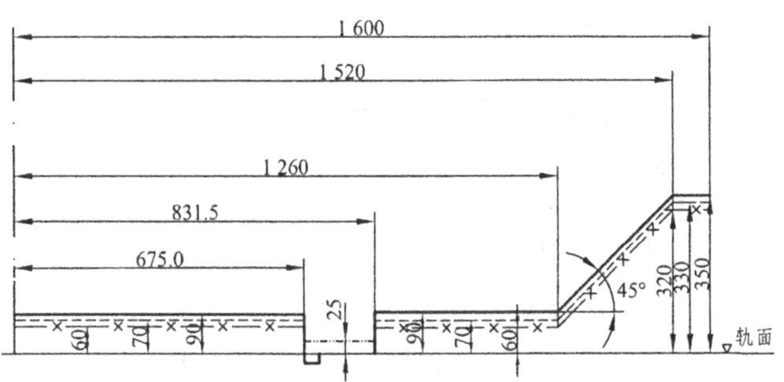

———— 车体的弹簧承载部分；
- - - - - - 转向架上的弹簧承载部分；
—×—×— 非弹簧承载部分；
—··—·· 机车闸瓦、撒砂管、喷油嘴最低轮廓

图 1.17　机车车辆下部限界图

③ 通过驼峰车辆减速器（顶）（制动或工作位置）的货车下部限界（见图 1.18）。

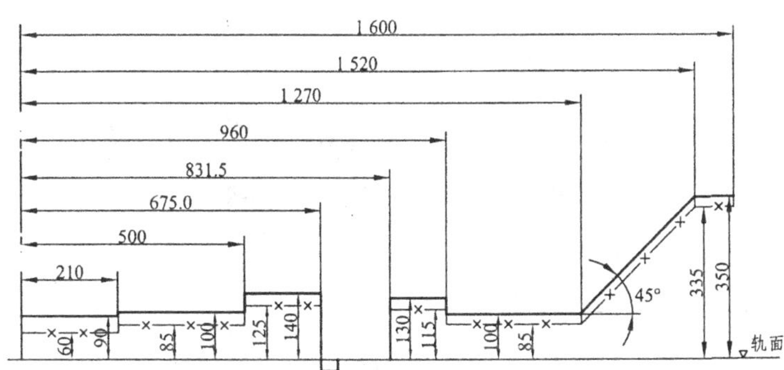

- - - - - - 弹簧承载部分；
—×—×— 非弹簧承载部分

图 1.18　通过驼峰车辆减速器（顶）（制动或工作位置）的货车下部限界图

④ 通过驼峰车辆减速器（顶）（缓解位置）的调车机车下部限界（见图 1.19）。

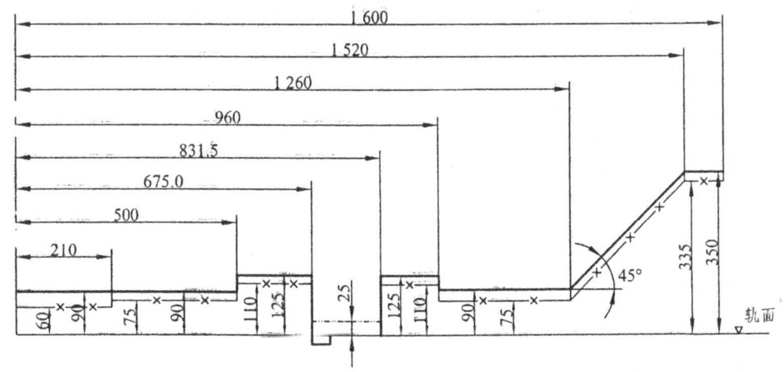

———— 弹簧承载部分；
—×—×— 非弹簧承载部分；
—··—·· 机车闸瓦、撒砂管、喷油嘴最低轮廓

图 1.19　通过驼峰车辆减速器（顶）（缓解位置）的调车机车下部限界图

(2) 机车车辆限界（$v\geqslant200$ km/h）。

① 机车车辆上部限界（见图 1.20）。

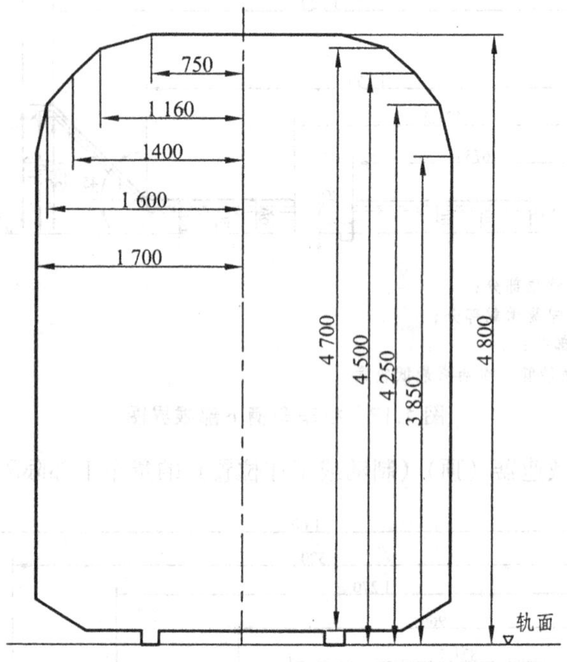

图 1.20 机车车辆上部限界图

② 机车车辆下部限界（见图 1.21）。

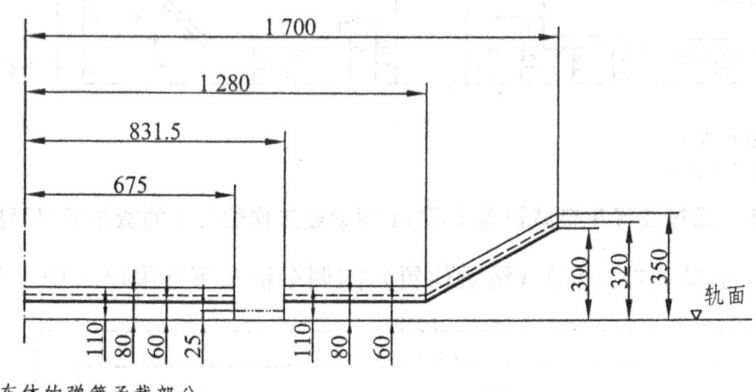

车体的弹簧承载部分；
转向架上的弹簧承载部分；
非弹簧承载部分；
机车闸瓦、撒砂管、喷油管最低轮廓

图 1.21 机车车辆下部限界图

五、警冲标

警冲标是用来指示机车车辆停车时，不准向道岔方面或线路交叉点方面越过，以防止停留在一线上的机车车辆与邻线上的机车车辆发生侧面冲撞的标志。警冲标应设在两会合线路线间距离为 4 m 的中间，线间距离不足时，设在两线中心线最大间距的起点处。在线路曲线部分所设道岔附近的警冲标与线路中心线间的距离，应按限界的加宽增加。

六、线路有效长

线路有效长是指线路内停留机车车辆后，不影响信号显示、道岔转换（压腰道岔除外）或邻线行车的该线路的最长利用部分。

确定线路有效长范围的标志是警冲标、出站（进路调车）信号机、道岔尖轨尖端、轨道绝缘节、车挡或断面站台。

1. 无轨道电路时

未设出站（进路、调车）信号机的线路上，以两端警冲标间的距离为线路有效长；设有出站（进站、调车）信号机的线路上，以信号机一端到警冲标一端的距离为线路有效长。

设有水鹤的线路，以水鹤前 25 m 至另一端警冲标间的距离（线路中部设有水鹤的不考虑）为线路有效长。

尽头线以警冲标（或对向道岔尖轨尖端）至车挡（或断面站台）的距离为线路有效长。如图 1.22（a）所示。

2. 轨道电路时

以警冲标计算有效长的线路，按轨道绝缘计算。如图 1.22（b）所示。

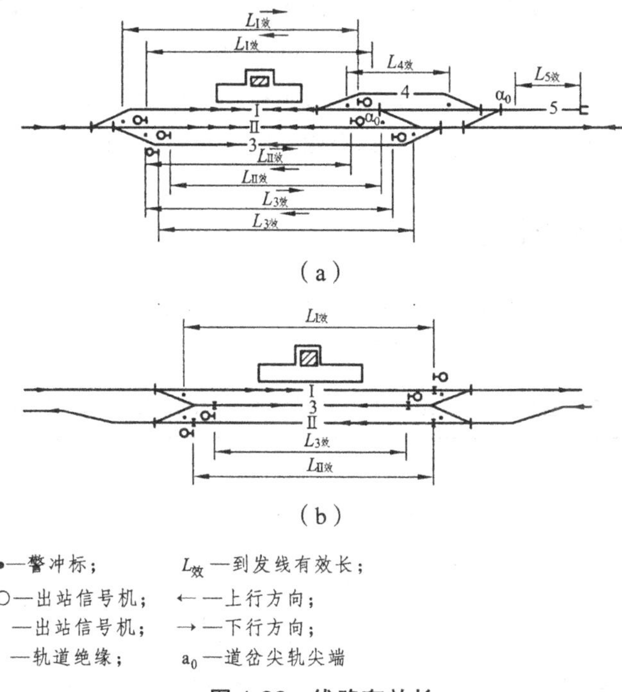

图 1.22　线路有效长

七、股道容车数的计算

容车数的计算是以换算长度 11 m 或 14.3 m 为一辆进行计算。

（1）按线路有效长度减去机车长度（1 台或多台）和 30 m 附加制动距离后分别除以换算长度 11 m 或 14.3 m 计算。

$$容车数=\frac{线路有效长-牵引机车长度-30\ \mathrm{m}\ (附加制动距离)}{11\ \mathrm{m}或14.3\ \mathrm{m}}\ (辆)$$

（2）在调车场内的线路，由于溜放或驼峰解散等原因车辆不可能钩钩都连挂在一起，线路不能充分利用，规定利用率按 75% 计算。

$$容车数=\frac{线路有效长\times 75\%}{11\ \mathrm{m}或14.3\ \mathrm{m}}\ (辆)$$

（3）货物装卸、加冰、洗刷消毒等线路容车数按线路实际可能利用的长度计算。

$$容车数=\frac{线路实际利用长度}{11\ \mathrm{m}或14.3\ \mathrm{m}}\ (辆)$$

（4）尽头线进行装卸作业容车数按线路有效长减去 10 m 安全距离计算。

$$容车数=\frac{线路有效长-10\ \mathrm{m}\ (安全距离)}{11\ \mathrm{m}或14.3\ \mathrm{m}}\ (辆)$$

（5）牵出线容车数按线路有效长减去 1 台机车长（按 30 m）和 10 m 安全距离再除以 11 m 或 14.3 m 计算。

$$容车数=\frac{线路有效长-30\ \mathrm{m}\ (1台机车长度)-10\ \mathrm{m}\ (安全距离)}{11\ \mathrm{m}或14.3\ \mathrm{m}}\ (辆)$$

（6）如果一线路出现不同的线路有效长和容车数，应分别计算说明。

（7）最大容车数，不分线别均按各线路有效长度分别除以 11 m 或 14.3 m。

八、线路平面及纵断面

客货共线铁路的Ⅰ，Ⅱ级线路区间最小曲线半径及最大限制坡度规定见表 1.5、表 1.6。客运专线铁路的区间曲线半径规定见表 1.7。

表 1.5 客货共线铁路的Ⅰ，Ⅱ级线路区间线路最小曲线半径

线路等级	Ⅰ			Ⅱ	
路段设计行车速度 /（km/h）	200	160	120	120	80
一般 / m	3 500	2 000	1 200	1 200	600
特殊困难 / m	2 800	1 600	800	800	500

表 1.6 客货共线铁路的Ⅰ，Ⅱ级线路区间线路最大限制坡度 ‰

铁路等级		Ⅰ		Ⅱ	
		一般	困难	一般	困难
牵引种类	电　力	6.0	15.0	6.0	20.0
	内　燃	6.0	12.0	6.0	15.0

注：各级铁路的加力牵引坡度，内燃牵引的可用至 25‰，电力牵引的可用至 30‰。

表 1.7 客运专线铁路区间最小曲线半径和最大曲线半径

设计速度 /（km/h）	最小曲线半径 / m		最大曲线半径 / m	
	一般	困难	一般	困难
200	2 200	2 000	10 000	12 000
250	4 000	3 500	10 000	12 000
300	4 500		12 000	14 000
350	7 000		12 000	14 000

曲线半径和坡度不符合上述规定时，须经铁道部批准，方能采用。

九、线路坡度的计算

换算坡度的计算方法是平均坡度减去曲线阻力当量坡度（即将曲线阻力换算为相当数量阻力的坡度）。

（1）平均坡度。

$$i'=\frac{\pm i_1'\times s_1'\pm i_2'\times s_2'\pm\cdots\pm i_n'\times s_n'}{s_1'+s_2'+\cdots+s_n'}$$

式中 i_1'，i_2'，…，i_n'——各段实际坡度（‰）；

s_1'，s_2'，…，s_n'——各段坡道的实际长度（m）。

（2）制动距离内曲线阻力当量坡度。

$$i''=\frac{700}{s_1'+s_2'+\cdots+s'}\times\left(\frac{s_1''}{R_1}+\frac{s_2''}{R_2}+\cdots+\frac{s_n''}{R_n}\right)$$

式中 s_1''，s_2''，…，s_n''——各曲线的长度（m）；

R_1，R_2，…，R_n——各曲线的半径（m）。

（3）制动距离内的换算坡度。

$$i_{换算}=i'-i''$$

制动距离内换算坡度计算实例（见图 1.23）：

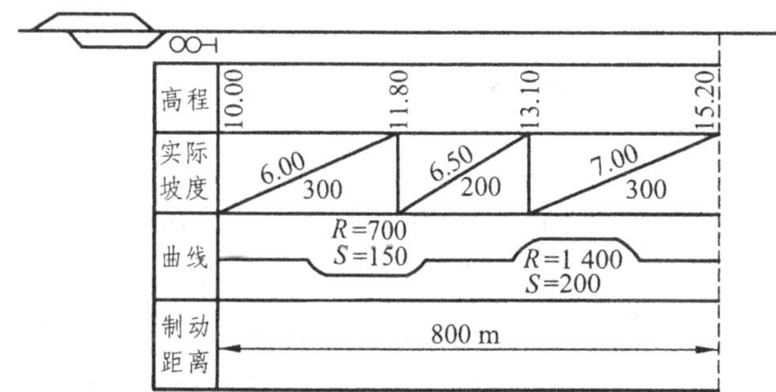

图 1.23 制动距离线路图

解 $i'=\dfrac{6\times300+6.5\times200+7\times300}{800}=6.50$

$$i''=\frac{700}{800}\times\left(\frac{150}{700}+\frac{200}{1\,400}\right)=0.31$$

$$i_{换算}=i'-i''=6.50-0.31=6.19$$

十、线路编号的规定

站内的股道，应由工务部门会同电务部门、车站共同统一顺序编号。

股道编号，单线区段内的车站，从靠近站舍的线路起，向远离站舍方向顺序编号；双线区段内的车站，从正线起顺序编号，上行为双号，下行为单号；尽头式车站，向终点方向由左侧开始编号，如站舍位于线路一侧时，从靠近站舍的线路起，向远离站舍方向顺序编号。

十一、道 岔

道岔是线路和线路间连接和交叉设备的总称。它的作用是使机车车辆由一条线路转入另一条线路，或在同一平面上越过另一条线路。

（一）道岔的组成

道岔都是由转辙部分、连接部分和辙叉部分组成，如图 1.24 所示。普通单开道岔是一条直线线路向左或向右分岔处同另一条线路连接的设备。向左分岔的称为左开道岔，向右分岔的称为右开道岔。

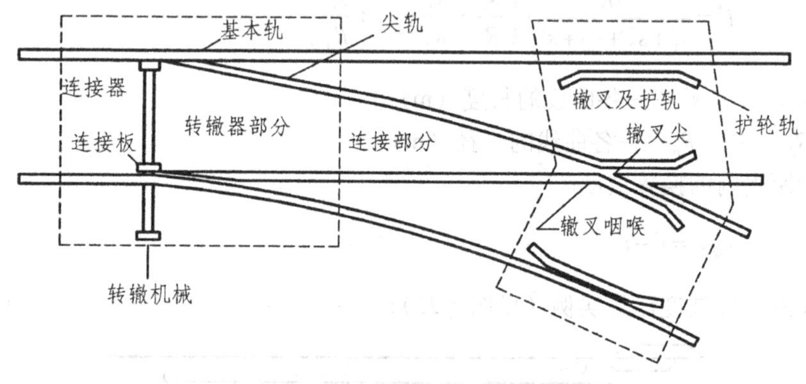

图 1.24 单开道岔构造

1. 转辙部分

转辙部分由一对尖轨、一对基本轨、尖轨和基本轨间的各种连接零件及转辙机械组成（见图 1.25）。其作用是将尖轨扳动在不同的位置，使机车车辆沿直线或侧线运行。

两根尖轨分别位于两根基本轨的内侧，用连接杆连接在一起，同时动作。当其中一根尖轨尖端与基本轨密贴时，另一根尖轨与相邻的基本轨分离，以利轮缘通过。利用转撤机械，可以转换尖轨的位置，使机车车辆由一股线路转往另一股线路。

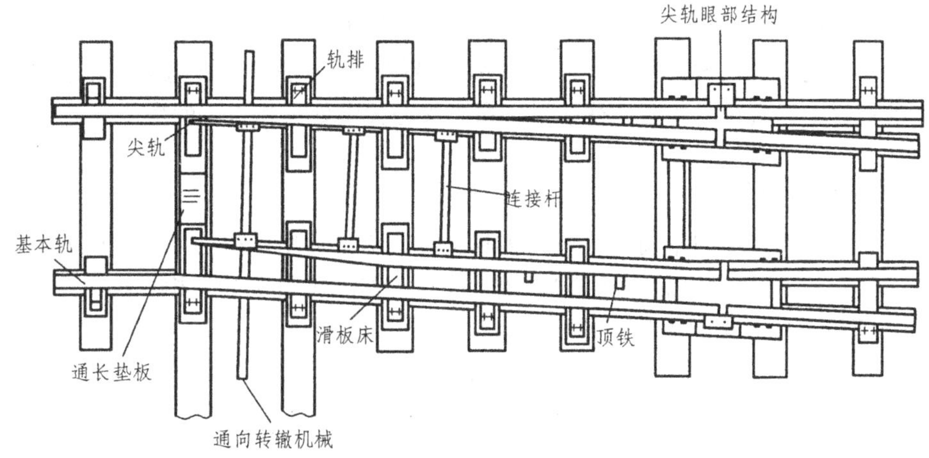

图 1.25　转辙部分

转辙部分的连接零件包括滑床板、轨撑、间隔铁、顶铁、连接杆等。转辙机械有手动和电动两种。

2. 辙叉部分

辙叉部分由一副辙叉心、两条翼轨（辙叉翼）和两根护轮轨组成。它的作用是使机车车辆的车轮能够安全地通过两条相互交叉的钢轨。

辙叉心两作用边之间的夹角称为辙叉角（α），辙叉心两作用边延长线的交点称为辙叉理论尖端。而实际制造的尖端有 6～10 mm 的宽度，称为辙叉实际尖端。两翼轨间的最小距离处叫做辙叉咽喉，从辙叉咽喉到实际尖端的距离，由于轨线中断，车轮在此处对钢轨产生剧烈冲击，所以称为“有害空间”（见图 1.26）。

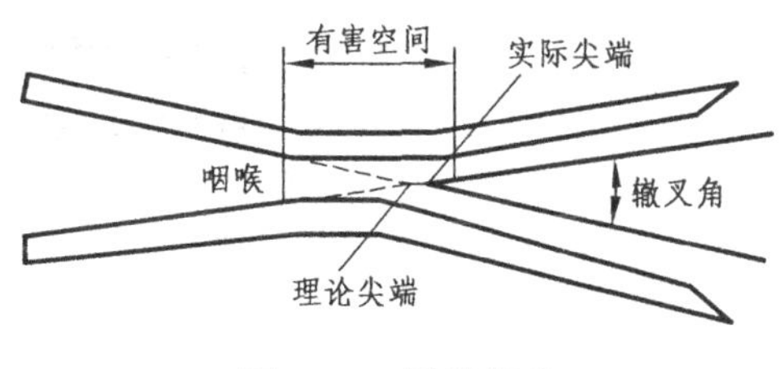

图 1.26　辙叉部分

3. 连接部分

连接部分是把转辙部分与辙叉部分连接起来的设备，包括两股直线钢轨和两股曲线钢轨，曲线钢轨又称导曲线。

（二）道岔辙叉号数

道岔辙叉号数（N）是指辙叉根端长和根端支距的比值，表明道岔各部分的主要尺寸，即用道岔辙叉角的余切值来表示（见图 1.27）。

$$N=\frac{甲距}{乙距}=\frac{FE}{AE}=\text{ctg}\alpha$$

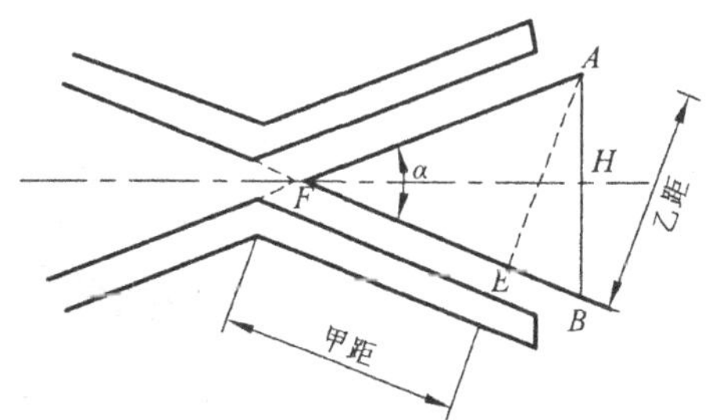

图 1.27　道岔辙叉号数示意图

式中　N——道岔辙叉号数；

α——辙叉角；

甲距——从辙叉心理论尖端沿作用边到相应点的垂直长度；

乙距——辙叉心一作用边上任一点到另一作用边的垂直距离。

测量道岔辙叉号数的方法很多，现场常用的最简单的方法是用脚测量：先在叉心顶面上找一脚宽的长度，然后在此宽度上往前量，量到叉心尖端处是几脚，就是几号道岔。

（三）道岔的种类

道岔按其构造和用途的不同，可分为多种类型。除普通单开道岔外，常用的还有双开道岔（见图 1.28）、三开道岔（见图 1.29）、菱形交叉道岔（见图 1.30）和复式交分道岔（见图 1.31）、交叉渡线道岔（见图 1.32）等。

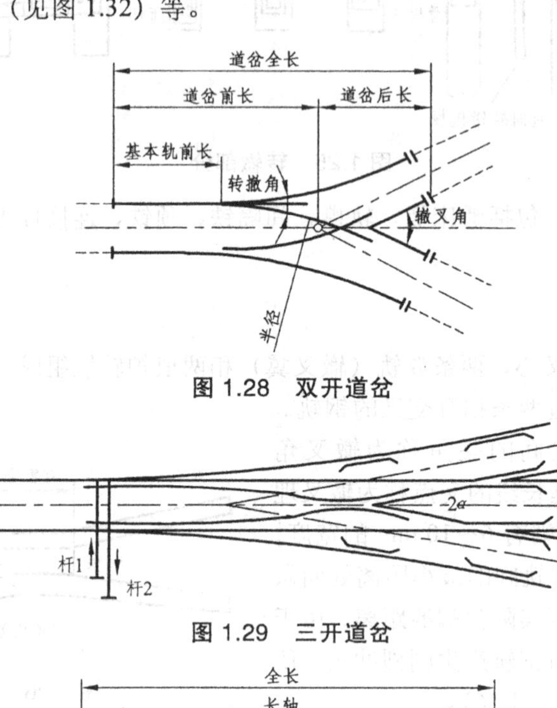

图 1.28 双开道岔

图 1.29 三开道岔

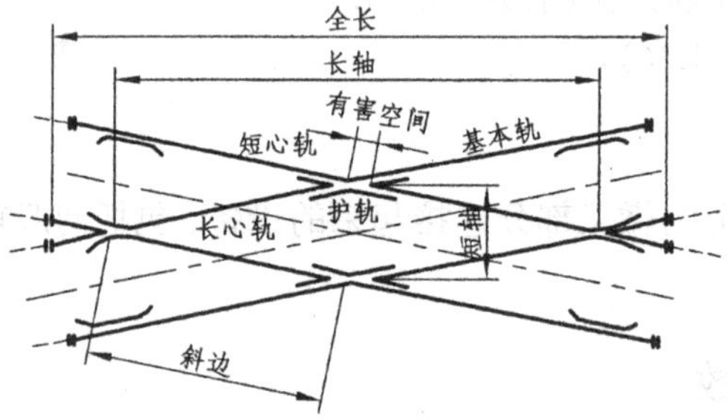

全长
长轴
有害空间
短心轨
基本轨
护轨
长心轨
短轴
斜边

图 1.30 菱形交叉道岔

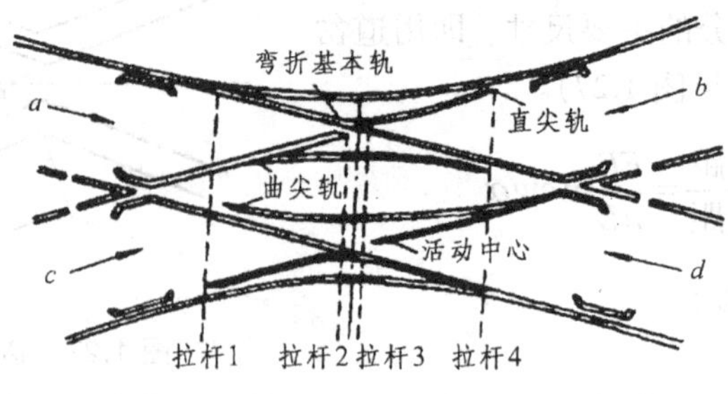

图 1.31 复式交分道岔

图 1.32　交叉渡线道岔

十二、道岔辙叉号数对列车的影响及铺设

道岔辙叉号数应符合下列规定：

（1）用于侧向通过列车，速度 80 km/h 以上至 140 km/h 的单开道岔，不得小于 30 号。

（2）用于侧向通过列车，速度 50 km/h 以上至 80 km/h 的单开道岔，不得小于 18 号。

（3）用于侧向通过列车，速度不超过 50 km/h 的单开道岔，不得小于 12 号。

（4）用于侧向接发停车旅客列车的单开道岔，不得小于 12 号。

（5）用于侧向接发停车货物列车并位于正线的单开道岔，在中间站不得小于 12 号，在其他车站不得小于 9 号。

（6）其他线路的单开道岔，不得小于 9 号。

（7）狭窄的站场采用交分道岔，不得小于 9 号，且尽量不用于正线；必须采用时，不得小于 12 号。

（8）峰下线路采用对称道岔，不得小于 6 号；采用三开道岔，不得小于 7 号。

（9）段管线采用对称道岔，不得小于 6 号。

既有道岔的类型及辙叉号数不符合上述规定时，应按该道岔的号数限制行车速度，且应有计划地进行改造。驼峰下线路现有 6.5 号对称道岔，允许保留。

在新建或改建铁路上，列车运行速度 120 km/h 以上并小于 160 km/h 的区段，正线道岔采用固定型辙叉、轨底坡 1∶40、分动外锁闭的Ⅱ型道岔；列车运行速度 160 km/h 及以上至 200 km/h 或货车轴重 25 t 的区段，正线道岔应采用可动心轨，轨底坡 1∶40、分动外锁闭的Ⅰ型道岔。

十三、道岔的编号与定位

1. 道岔编号

站内的道岔，应由工务部门会同电务部门、车站共同统一顺序编号。

道岔编号，从列车到达方向起顺序编号，上行为双号，下行为单号；尽头线上，向线路终点方向顺序编号。车站划分车场时，每个车场的道岔单独编号。一个车站不准有相同的编号。

2. 道岔定位

（1）为了保证行车安全，并考虑工作上的便利，对道岔应规定出经常保持的位置，这个位置叫做道岔定位。

（2）道岔除使用、清扫、检查或修理外，均需保持定位。

道岔的定位规定如下：

① 单线车站正线进站道岔，为由车站两端向不同线路开通的位置；

② 双线车站正线进站道岔，为各该正线开通的位置；

③ 区间内正线道岔及站内正线上其他道岔（引向安全线、避难线的除外），为正线开通的位置；

④ 引向安全线、避难线的道岔，为安全线、避难线开通的位置；

⑤ 其他由车站负责管理的道岔，由车站规定。

道岔的定位，应在《车站行车工作细则》内记明。

进路式电气集中操纵的道岔（引向安全线、避难线的除外），可不保持定位。

段管线道岔的定位，由各段自行规定。

十四、道岔禁止使用的情况

道岔应经常保持良好状态，有下列缺陷之一时，禁止使用：

（1）内锁闭道岔两尖轨互相脱离，分动外锁闭道岔两尖轨与连接装置、心轨接头铁与拉板相互分离或外锁闭装置失效。

（2）尖轨尖端与基本轨、可动心轨尖端与翼轨在静止状态不密贴。

（3）尖轨、可动心轨被轧伤，轮缘有爬上尖轨、可动心轨的危险。

（4）在尖轨、可动心轨顶面宽 50 mm 及以上的断面处，尖轨顶面低于基本轨顶面、可动心轨顶面低于翼轨顶面 2 mm 及以上。

（5）基本轨垂直磨损，50 kg/m 及以下钢轨，在正线上超过 6 mm，到发线上超过 8 mm，其他站线上超过 10 mm；60 kg/m 及以上钢轨，在线路允许速度大于 120 km/h 的正线上超过 6 mm，其他正线上超过 8 mm，到发线上超过 10 mm，其他站线上超过 11 mm。33 kg/m 及其以下的钢轨，由铁路局规定。

（6）在辙叉心宽 40 mm 的断面处，辙叉心垂直磨耗（不含翼轨加高部分），50 kg/m 及以下钢轨，在正线上超过 6 mm，到发线上超过 8 mm，其他站线上超过 10 mm；60 kg/m 及以上钢轨，在线路允许速度大于 120 km/h 的正线上超过 6 mm，其他正线上超过 8 mm，到发线上超过 10 mm，其他站线上超过 11 mm；可动心轨宽 40 mm 断面及宽 20 mm 断面对应的翼轨垂直磨耗（不含翼轨加高部分）超过 6 mm。33 kg/m 及其以下的钢轨，由铁路局规定。

（7）辙叉心作用面至护轮轨头部外侧的距离小于 1 391 mm，或翼轨作用面至护轮轨头部外侧的距离大于 1 348 mm。

（8）尖轨、基本轨或辙叉损坏。

（9）道岔护轨螺栓、可动心轨咽喉和叉后间隔铁螺栓、长心轨与短心轨联结螺栓、钢枕立柱螺栓的同一部位同时有两根螺栓缺少或折损。

第二节　信号、联锁、闭塞、通信设备

一、信号在铁路运输中的重要作用

铁路运输必须有高度集中和统一的指挥，才能保证列车按规定的速度安全、迅速和不间断地运行。信号是指示列车运行及调车工作的命令，是实现上述要求的重要保证，所以，行车有关人员必须严格按信号的指示进行工作，任何单位、任何人不得违反。

二、铁路信号的分类

铁路信号分为视觉信号和听觉信号。

视觉信号的基本颜色：

红色——停车；

黄色——注意或减低速度；

绿色——按规定速度运行。

听觉信号：号角、口笛、响墩发出的音响和机车、轨道车的鸣笛声。

三、视觉信号按使用时间的分类

视觉信号分为昼间、夜间及昼夜通用信号。在昼间遇降雾、暴风雨雪及其他情况，致使停车信号显示距离不足 1 000 m，注意或减速信号显示距离不足 400 m，调车信号及调车手信号显示距离不足 200 m 时，应使用夜间信号。

隧道内只采用夜间或昼夜通用信号。

四、信号装置

信号机按类型分为色灯信号机、臂板信号机和机车信号机。信号机按用途分为进站、出站、通过、进路、预告、接近、遮断、驼峰、驼峰辅助、复示、调车信号机。

信号表示器分为道岔、脱轨、进路、发车、发车线路、调车及车挡表示器。

五、各种信号机及表示器显示距离的规定

各种信号机及表示器在正常情况下的显示距离：

（1）进站、通过、接近、遮断信号机，不得少于 1 000 m；

（2）高柱出站、高柱进路信号机，不得少于 800 m；

（3）预告、驼峰、驼峰辅助信号机，不得少于 400 m；

（4）调车、矮型出站、矮型进路、复示信号机，容许、引导信号及各种表示器，不得少于 200 m。

在地形、地物影响视线的地方，进站、通过、接近、预告、遮断信号机的显示距离，在最坏的条件下不得少于 200 m。

六、信号机设置位置的规定

信号机应设在列车运行方向的左侧或其所属线路的中心线上空。特殊地段，因条件限制需设于右侧时，须经铁路局批准。

信号机设置的地点，由电务部门会同运输、机务及工务等有关部门共同研究确定。

在确定设置信号机地点时，除满足信号显示距离的要求外，还应考虑到该信号机不致被误认为邻线的信号机。

七、进站信号机的设置地点、显示及意义

（1）车站必须装设进站信号机。进站信号机应设在距进站最外方道岔尖轨尖端（顺向为警冲标）不少于 50 m 的地点，如因调车作业或制动距离的需要，一般不超过 400 m。

双线自动闭塞区间反方向进站信号机前方应设置预告标。

（2）进站色灯信号机显示下列信号。

① 进站色灯信号机（四显示自动闭塞区段除外）：

a. 一个绿色灯光——准许列车按规定速度经正线通过车站，表示出站及进路信号机在开放状态，进路上的道岔均开通直向位置。

b. 黄色灯光——准许列车经道岔直向位置，进入站内正线准备停车。

c. 黄色灯光——准许列车经道岔侧向位置，进入站内准备停车。

d. 一个黄色闪光和一个黄色灯光——准许列车经过 18 号及其以上道岔侧向位置，进入站内越过次一架已经开放的信号机，且该信号机的进路，经道岔的直向位置或 18 号及其以上道岔的侧向位置。

e. 一个红色灯光——不准列车越过该信号机。

f. 一个绿色灯光和一个黄色灯光——准许列车经道岔直向位置，进入站内越过次一架已经开放的信号机准备停车。

② 四显示自动闭塞区段进站色灯信号机：

a. 一个绿色灯光——准许列车按规定速度经道岔直向位置进入或通过车站，表示运行前方至少有三个闭塞分区空闲。

b. 一个黄色灯光——准许列车按限速要求越过该信号机，经道岔直向位置进入站内正线准备停车。

c. 两个黄色灯光——准许列车按限速要求越过该信号机，经道岔侧向位置进入站内准备停车。

d. 一个黄色闪光和一个黄色灯光——准许列车经过 18 号及其以上道岔侧向位置，进入站内越过次一架已经开放的信号机，且该信号机的进路，经道岔的直向位置或 18 号及其以上道岔的侧向位置。

e. 一个红色灯光——不准列车越过该信号机。

f. 一个绿色灯光和一个黄色灯光——准许列车按规定速度越过该信号机，经道岔直向位置进入站内，表示次一架信号机开放一个黄灯。

八、出站信号机的设置、显示及意义

（1）在车站的正线和到发线上，应装设出站信号机。出站信号机应设在每一发车线的警冲标内方（对向道岔为尖轨尖端外方）适当地点。在调车场的编发线上，必要时可设线群出站信号机。

(2) 出站色灯信号机显示下列信号。

① 三显示自动闭塞区段:

a. 一个绿色灯光——准许列车由车站出发，表示运行前方至少有两个闭塞分区空闲。

b. 一个黄色灯光——准许列车由车站出发，表示运行前方有一个闭塞分区空闲。

c. 一个红色灯光——不准列车越过该信号机。

d. 两个绿色灯光——准许列车由车站出发，开往半自动闭塞区间。

e. 在兼作调车信号机时，一个月白色灯光——准许越过该信号机调车。

② 四显示自动闭塞区段:

a. 一个绿色灯光——准许列车由车站出发，表示运行前方至少有三个闭塞分区空闲。

b. 一个绿色灯光和一个黄色灯光——准许列车由车站出发，表示运行前方有两个闭塞分区空闲。

c. 一个黄色灯光——准许列车由车站出发，表示运行前方有一个闭塞分区空闲。

d. 一个红色灯光——不准列车越过该信号机。

e. 两个绿色灯光——准许列车由车站出发，开往半自动闭塞区间。

f. 在兼作调车信号机时，一个月白色灯光——准许越过该信号机调车。

③ 半自动闭塞区段:

a. 一个绿色灯光——准许列车由车站出发。

b. 一个红色灯光——不准列车越过该信号机。

c. 两个绿色灯光——准许列车由车站出发，开往次要线路。

d. 在兼作调车信号机时，一个月白色灯光——准许越过该信号机调车。

九、进路信号机的显示及意义

① 接车进路色灯信号机的显示与进站色灯信号机相同。

② 发车进路色灯信号机显示下列信号（四显示自动闭塞区段除外）:

a. 一个绿色灯光——准许列车由车站经正线出发，表示出站和进路信号机均在开放状态。

b. 一个黄色灯光——准许列车运行到次一色灯信号机之前准备停车。

c. 一个绿色灯光和一个黄色灯光——准许列车按规定速度越过该信号机，表示该信号机列车运行前方至少有一架进路信号机在开放状态。

d. 一个红色灯光——不准列车越过该信号机。

③ 四显示自动闭塞区段发车进路色灯信号机显示下列信号:

a. 一个绿色灯光——表示该信号机列车运行前方至少有两架信号机经道岔直向位置在开放状态。

b. 一个绿色灯光和一个黄色灯光——表示该信号机列车运行前方至少有一架信号机经道岔直向位置在开放状态。

c. 一个黄色灯光——准许列车运行到次一色灯信号机之前准备停车。

d. 一个红色灯光——不准列车越过该信号机。

④ 接车或发车进路色灯信号机兼作调车信号机时，一个月白色灯光——准许越过该信号机调车。

⑤ 同时具有接车和发车进路功能的接发车进路色灯信号机的显示与接车、发车进路色灯信号机相同。

十、调车色灯信号机显示及意义

调车色灯信号机显示下列信号：

一个月白色灯光——准许越过该信号机调车；

一个月白色闪光灯光——装有平面溜放调车区集中联锁设备时，准许溜放调车；

一个蓝色灯光——不准越过该信号机调车。

不办理闭塞的站内岔线，在岔线入口处设置的调车信号机，可用红色灯光代替蓝色灯光。

在尽头式到发线上，设置的起阻挡列车运行作用的调车信号机，应采用矮型三显示机构，用红色灯光代替蓝色灯光。当该信号机的红色灯光熄灭、显示不明或显示不正确时，应视为列车的停车信号。

十一、引导信号的设置、用途及显示意义

进站及接车进路色灯信号机的引导信号显示一个红色灯光及一个月白色灯光——准许列车在该信号机前方不停车，以不超过 20 km/h 速度进站或通过接车进路，并须准备随时停车。

十二、复示信号机

（1）进站、出站、进路信号机及线路所通过信号机，因受地形、地物影响，达不到规定的显示距离时，应装设复示信号机。

（2）设在车站岔线入口处的调车色灯信号机，达不到规定的显示距离时，根据需要可装设调车复示信号机。

（3）色灯复示信号机分下列几种：

① 进站色灯复示信号机采用灯列式机构，显示下列信号：

a. 两个月白色灯光与水平线构成 60° 显示——表示进站信号机显示列车经道岔直向位置向正线接车信号；

b. 两个月白色灯光水平位置显示——表示进站信号机显示列车经道岔侧向位置接车信号；

c. 无显示——表示进站信号机在关闭状态。

② 出站及进路色灯复示信号机显示下列信号：

a. 一个绿色灯光——表示出站或进路信号机在开放状态；

b. 无显示——表示出站或进路信号机在关闭状态。

③ 调车色灯复示信号机显示下列信号：

a. 一个月白色灯光——表示调车信号机在开放状态；

b. 无显示——表示调车信号机在关闭状态。

（4）进站、出站、进路、驼峰及调车色灯复示信号机均采用方形背板，以区别于一般信号机。

十三、通过信号机

（1）通过信号机应设在闭塞分区或所间区间的分界处。自动闭塞区段的通过信号机，不应设在停车后可能脱钩或电气化线路过分相的处所，并尽可能不设在启动困难的地点。

自动闭塞区段信号机设置位置和显示关系应根据列车牵引计算确定，并应满足列车运行速度规定的制动距离和线路通过能力的要求。

在自动闭塞区段内，当货物列车在设于上坡道上的通过信号机前停车后启动困难时，在该信号机上应装设容许信号。在进站信号机前方第一架通过信号机上，不得装设容许信号。

在三显示自动闭塞区段的进站信号机前方第一架通过信号机柱上，应涂三条黑斜线；在四显示自动闭塞区段的进站信号机前方第一、第二架通过信号机的机柱上，应分别涂三条、一条黑斜线，以与其他通过信号机相区别。

（2）通过色灯信号机显示下列信号。

① 三显示自动闭塞区段：

a. 一个绿色灯光——准许列车按规定速度运行，表示运行前方至少有两个闭塞分区空闲。

b. 一个黄色灯光——要求列车注意运行，表示运行前方有一个闭塞分区空闲。

c. 一个红色灯光——列车应在该信号机前停车。

② 四显示自动闭塞区段：

a. 一个绿色灯光——准许列车按规定速度运行，表示运行前方至少有三个闭塞分区空闲。

b. 一个绿色灯光和一个黄色灯光——准许列车按规定速度运行，要求注意准备减速，表示运行前方有两个闭塞分区空闲。

c. 一个黄色灯光——要求列车减速运行，按规定限速要求越过该信号机，表示运行前方有一个闭塞分区空闲。

d. 一个红色灯光——列车应在该信号机前停车。

③ 半自动闭塞区段：

a. 一个绿色灯光——准许列车按规定速度运行。

b. 一个红色灯光——不准列车越过该信号机。

十四、手信号

列车运行时，有关人员应遵守下列手信号的显示：

（1）停车信号：要求列车停车。

昼间——展开的红色信号旗；夜间——红色灯光。

昼间无红色信号旗时，两臂高举头上向两侧急剧摇动；夜间无红色灯光时，用白色灯光上下急剧摇动。

（2）减速信号：要求列车降低到要求的速度。

昼间——展开的黄色信号旗；夜间——黄色灯光。

昼间无黄色信号旗时，用绿色信号旗下压数次；夜间无黄色灯光时，用白色或绿色灯光下压数次。

(3) 发车指示信号：要求运转车长显示发车信号。

昼间——高举展开的绿色信号旗在靠列车的一面上下缓动；夜间——高举绿色灯光上下缓动。

(4) 发车信号：要求司机发车。

昼间——展开的绿色信号旗上弧线向列车方面作圆形转动；夜间——绿色灯光上弧线向列车方面作圆形转动。

在设有发车表示器的车站，按发车表示器显示发车。

(5) 通过手信号：准许列车由车站（场）通过。

昼间——展开的绿色信号旗；夜间——绿色灯光。

(6) 引导手信号：准许列车进入车场或车站。

昼间——展开的黄色信号旗高举头上左右摇动；夜间——黄色灯光高举头上左右摇动。

(7) 特定引导手信号显示方式：昼间为展开绿色信号旗高举头上左右摇动，夜间为绿色灯光高举头上左右摇动。

十五、听觉信号

听觉信号，长声为 3 s，短声为 1 s，音响间隔为 1 s。重复鸣示时，须间隔 5 s 以上。机车、轨道车鸣笛鸣示方式见表 1.8。

表 1.8 机车、轨道车鸣笛鸣示方式表

名 称	鸣示方式	使用时机
启动注意信号	一长声 —	1. 列车启动或机车车辆前进时（双机牵引或使用补机时，本务机车鸣笛后，补机应回答，本务机车再鸣笛一长声后启动）； 2. 接近车站、鸣笛标、曲线、道口、桥梁、隧道、行人、施工地点、黄色信号、引导信号、容许信号或天气不良时； 3. 自动闭塞区间，通过信号机前停车后，能继续运行，通知运转车长时； 4. 电力机车在检修及整备中，准备降下或升起受电弓时
退行信号	二长声 — —	列车、机车车辆、单机开始退行时
召集信号	三长声 — — —	要求防护人员撤回时
牵引信号	一长一短声 —·	途中本务机车要求补机牵引运行时（补机应以同样信号回答）
惰行信号	一长两短声 —··	本务机车要求补机惰力推进时（补机应以同样信号回答）
途中降弓信号	一短一长声 ·—	1. 电力机车双机牵引，本务机车司机要求补机降下受电弓时（补机须以同样信号回答）； 2. 电力机车司机在途中发现降弓手信号时，应鸣此信号回示
呼唤信号	二短一长声 ··—	1. 机车要求出入段时； 2. 在车站要求显示信号时

续表　1.8

名　称	鸣示方式	使用时机
警报信号	一长三短声 — ···	1. 发现线路有危及行车安全的不良处所时； 2. 列车发生重大、大事故及其他需要救援情况时； 3. 列车在区间内停车后，不能立即运行，通知运转车长时
试验自动制动机及复示信号	一短声 ·	1. 试验制动机开始减压时； 2. 接到试验制动结束的手信号，回答试风人员时； 3. 调车作业中，表示已接受调车长所发出的手信号时
缓解及溜放信号	二短声 ··	1. 试验制动机缓解时； 2. 要求列车乘务组缓解人力制动机时； 3. 复示溜放调车信号时
拧紧人力制动机信号	三短声 ···	1. 要求列车乘务组拧紧人力制动机时； 2. 要求就地制动时
紧急停车信号	连续短声 ·······	司机发现（或接到通知）邻线发生障碍，向邻线上运行的列车发出紧急停车信号时。邻线列车司机听到此种信号后，应紧急停车

口笛、号角鸣示方式见表 1.9。

表 1.9　口笛、号角鸣示方式表

用途及时机	鸣示方式	
发车、指示机车向显示人反方向移动	一长声	—
指示机车向显示人方向移动	一短一长声	·—
指示发车	一长一短声	—·
试验制动机减压	一短声	·
试验制动机缓解	二短声	··
试验制动机完了及安全信号	一短一长二短声	· — ··
一道	一短声	·
二道	二短声	··
三道	三短声	···
四道	四短声	····
五道	五短声	·····
六道	一长一短声	—·
七道	一长二短声	—··
八道	一长三短声	—···
九道	一长四短声	—····
十道	二长声	— —
二十道	二短两长声	··— —

续表 1.9

用途及时机		鸣示方式	
十、五、三车距离信号	十车	三短声	···
	五车	二短声	··
	三车	一短声	·
连接及停留车位置		一长一短一长声	—·—
停车		连续短声	·····
要求司机鸣笛		二长三短声	— —···
试拉		一短声	·
减速		连续二短声	··
溜放		三长声	— — —
取消		二长一短声	— —·
再显示		二长二短声	— —··
车接近通报信号	上行	二长声	— —
	下行	一长声	—

十六、进路表示器

（1）出站信号机有两个及其以上的运行方向，而信号显示不能分别表示进路方向时，应在信号机上装设进路表示器。

发车进路兼出站信号机，根据需要可装设进路表示器，区分进路方向。

双线自动闭塞区段，有反方向运行条件时，出站信号机应装设进路表示器。

（2）进路表示器仅在其主体信号机开放后，才能着灯，用于区别进路开通方向或双线区段反方向发车，不能独立构成信号显示。

① 两个发车方向，当信号机在开放的条件下，分别按左、右两个白色灯光，区别进路开通方向。

② 三个发车方向，其显示方式如下：

a. 信号机在开放状态及机柱左方显示一个白色灯光——表示进路开通，准许列车向左侧线路发车；

b. 信号机在开放状态及机柱中间显示一个白色灯光——表示进路开通，准许列车向中间线路发车；

c. 信号机在开放状态及机柱右方显示一个白色灯光——表示进路开通，准许列车向右侧线路发车。

十七、发车线路表示器

（1）设有线群出站信号机时，应在线群每一条发车线路的警冲标内方适当地点装设发车线路表示器。

（2）发车线路表示器在线群出站信号机开放后显示一个白色灯光——准许该线路上的列车发车。

不许发车的线路，所属该线路的发车线路表示器不能着灯。

发车线路表示器可用于驼峰调车场，作为调车线路表示器，显示一个白色灯光——准许调车。

十八、发车表示器

（1）发车指示信号或发车信号辨认困难，而中转信号又延长站停时间的车站，应在便于司机瞭望的地点装设发车表示器。

（2）发车表示器经常不着灯；显示一个白色灯光——表示运转车长准许发车。

十九、联锁、联锁设备及联锁设备的分类

为确保车站范围内列车运行和调车作业的安全，使有关的道岔和信号机之间、信号机和信号机之间建立的一种相互制约的关系，叫做联锁。

实现联锁关系的设备叫做联锁设备。

联锁设备分为集中联锁（继电联锁和计算机联锁）和非集中联锁（臂板电锁器联锁和色灯电锁器联锁）。

编组站、区段站和电源可靠的其他车站，均应采用集中联锁。

二十、电气集中联锁及 6502 电气集中联锁的主要设备

把许多道岔、进路和信号机，用电力在一个地点集中控制和监督，并实现它们之间联锁的设备，叫做电气集中联锁。简单地说就是：电气联锁，集中操纵。

电气集中联锁设备由室内设备和室外设备两大部分组成。

6502 电气集中联锁室内设备有：控制台、区段人工解锁按钮盘、继电器组合及组合架、电源屏、分线盘。

二十一、6502 电气集中联锁轨道电路的作用

轨道电路有下列几个作用：

（1）可以检查和监督股道是否占用，防止错误地办理进路，即防止向已经被机车车辆占用的线路接车；

（2）可以检查和监督道岔区段有无机车车辆通过，锁闭占用道岔区段的道岔；

（3）监督轨道上的钢轨是否完好，当某一轨道电路区段的钢轨折断时，轨道继电器也将因无电而释放衔铁，防护这一区段股道的信号机也就不能开放；

（4）传输不同的信号，使信号机根据所防护区段及前邻近区段被占用情况的变化而变换显示。

二十二、轨道电路区段的划分及命名

为了确切反映机车车辆所在位置，增加平行作业的机会，提高车站作业效率，要求将轨道电路划分成若干区段（见图 1.33）。

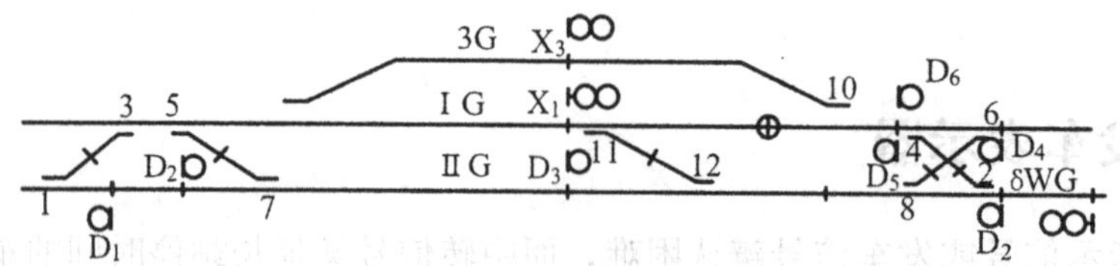

图 1.33 轨道电路

1. 划分方法

（1）凡是有信号机的地点都应装设绝缘点，将信号机前后划分成不同区段。

（2）增加平行作业的机会。例如：第一渡线道岔中间都装设绝缘点；为了使（图中）3道向下行发车不影响 1 道上行接车，在 10 号和 14 号道岔也加装了绝缘点。

注意：① 一个道岔区段最多容纳 3 组道岔。

② 作业比较繁忙的大站，尽量把区段划分得短一点，以利提高作业效率。

2. 道岔区段命名

（1）只有一个道岔的区段，就用本道岔编号命名，如 12 号所区段就叫 12 号道岔区段，通常电务叫做 12DG;

（2）有两组及以上的道岔，所在的区段用最小和最大道岔编号结合在一起命名，例如：2～8 号道岔区段，通常叫做 2-8DG。

3. 股道区段命名

就用股道编号命名，如 I G，II G，3G。

4. 无岔区段的命名

用无岔区段两端道岔编号命名。例如：1/7 号无岔区段，命名为岔 1/7G。

二十三、出站信号机、轨道绝缘与警冲标三者之间的尺寸要求

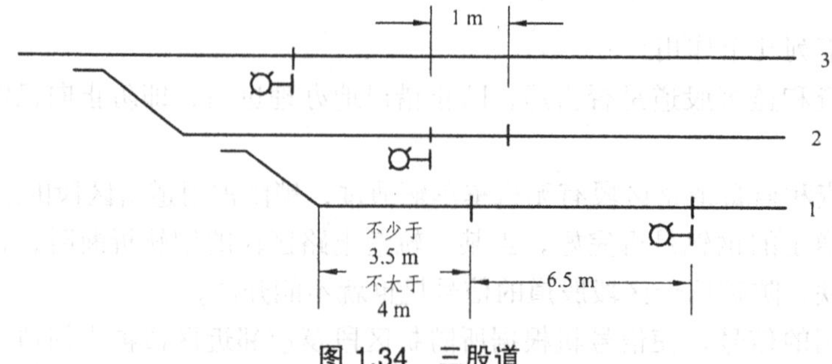

图 1.34 三股道

图 1.34 表明：三股道的轨道绝缘与信号机的设置位置各不相同，3 道轨道绝缘与信号机

并列，即坐标点是一直线，这是原则要求。但实际上这个原则要求常常不能实现。所以，允许绝缘点向出站信号机外方移动不大于 1 m 的距离（如 2 道绝缘），向信号机内方移动不大于 6.5 m 的距离（如 1 道绝缘）；但应保证绝缘距警冲标 3.5～4 m。

这三项尺寸的理论根据：

（1）绝缘点向信号机外方移动不大于 1 m，是因为任何机车车辆的最外端（即车钩的最外端）未越过信号机，肯定机车车辆最外端车轮踏面不会轧上轨道绝缘。这就不会影响信号机的开放关闭。

（2）绝缘点向信号机内方移动不大于 6.5 m，是因为考虑绝缘点向信号机内方移动距离稍多些时能够不影响信号机的开放与关闭，又考虑有现成缝轨时安装绝缘的可能性更大些。

（3）在装有轨道电路的车站，轨道缘距警冲标应在 3.5～4 m。这是因为机车车辆的最外端车轴的中心距车钩的最外端都小于 3.5 m。所以，只要列车或车列最后一辆车，最后一个车轮踏面进入绝缘点以内，就能肯定车钩的最外端在警冲标内方。如果大于 4 m，车钩的最外端已进入警冲标内方，最后一个车轮踏面也轧不上绝缘，影响作业和线路有效长。

二十四、什么是侵入限界绝缘？有何危害？如何保证作业安全？

轨道绝缘距警冲标一般应在 3.5～4 m，但是当相邻两组岔警冲标之间的距离不足 7 m 时，装于他们中间的分界绝缘就不能满足上述要求，称为侵入限界绝缘。

由于侵入限界绝缘距警冲标小于 3.5 m，当车辆停留在警冲标内方轨道电路范围内时，因车辆的最外方车轮距车辆端部尚有一段不大于 3.5 m 的长度，所以其车钩及车辆边缘可能侵入邻线的建筑接近限界，不能保证邻线行车安全。

调车人员应熟悉现场侵限绝缘位置，调车作业停车返岔时要正确掌握停车位置。信号人员在排列调车进路时，涉及侵限绝缘的作业，不准擅自使调车机停车等待排列其他进路，如需停车待避，必须口头通知，并以调车信号防护。

二十五、6502 电气集中道岔锁闭的方式

6052 电气集中道岔锁闭方式有四种：

（1）把单独操纵道岔按钮拉出，点亮按钮红灯，该道岔就锁住，叫做单操锁闭；

（2）按压进路的始、终端按钮后，进路上点亮白光带时，进路上的所有道岔就被锁住，叫做进路锁闭；

（3）道岔区段有车占用或轨道电路故障，该区段内的疲乏岔处于锁闭状态，叫做区段锁闭；

（4）集中区的道岔联锁失效或非集中联锁的道岔需要加锁时，使用钩锁器等将道岔锁于所需位置，叫做人工锁闭。

二十六、6502 电气集中进路的解锁

进路解锁的方式分正常解锁和非正常解锁两类：

1. 电气集中联锁进路的正常解锁要执行“三点检查”或“两点检查”（见图 1.35）

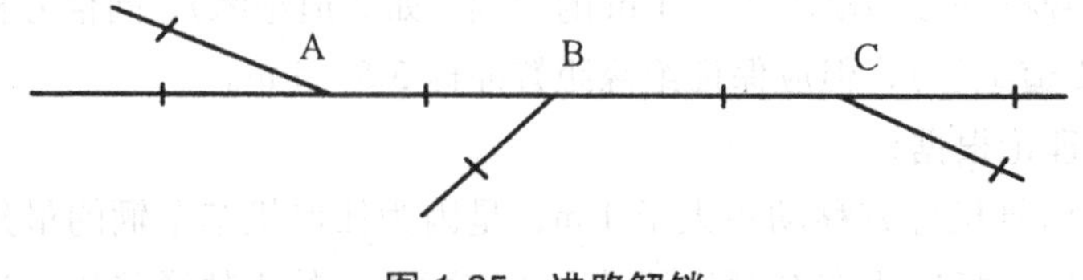

图 1.35　进路解锁

(1) 三点检查。为使 B 区段解锁，要检查：

① 车曾占用过 A（占用并出清）；

② 车占用并出清 B；

③ 车进入 C。

只有满足三点检查，B 区段才能解锁。

(2) 两点检查：

两点检查用于出站、进站、进路信号机、差置调车信号机、尽头线调车信号机的内方轨道区段。因为相邻前方区段为到发线区间、无岔区段或尽头线，为使 B 区段解锁，两点检查应满足：

① 车进入 B 区段并出清本区段；

② 车进入了 C 区段。

2. 正常解锁有以下几个情况

(1) 取消进路解锁。车未接近，进路空闲，办理取消手续信号关闭，进路随即解锁。

(2) 进路的人工解锁。车已接近而不得不取消进路时，要延时解锁；接车和正线发车进路延时 3 min；调车和侧线发车进路延时 30 s。延时从信号机关闭算起，若在延时过程中车冒进信号，进路则不再解锁。

(3) 调车中途返回进路的解锁。

(4) 故障解锁。

① 丢光带漏解锁；

② 停电恢复供电时，全部出现白光带。

处理：一个人按压总人工解锁按钮，一个人使用总人工解锁盘，破封按压道岔区段按钮，要认真执行呼唤应答，防止按错。有客车进路时不准办理故障解锁。

二十七、6502 电气集中信号的关闭时机

进站、进路、出站时，列车头部超过信号机绝缘后，信号机即关闭。调车信号机整列越过信号机绝缘后调车信号机才能关闭，这主要是考虑调车时常常推进运行，方便司机看信号。

线路两端的调车信号机（出站、进路兼调车信号机）信号开放后调车车列全部出清，线路股道空闲，信号机自行关闭。如线路内仍留有车辆，调车列必须全部出清，信号机内方第一轨道区段信号才能关闭。

二十八、进路及进路的分类

站内列车或调车车列由一个地点到另一个地点所运行的经路叫做进路。

进路式电气集中的车站，当排列列车或调车进路时，按下始端、终端两个按钮后所排出的一条运行上较为合理的进路称基本进路。

除基本进路外，所排出的方案进路（亦称变更进路）称迂回进路。

进路分为列车进路和调车进路两种。

列车进路是指：

（1）接车进路——由进站信号机起至接车线末端计算该线有效长的警冲标或出站信号机止的一段线路。

（2）发车进路——由列车前端起至相对进路信号机或站界标止的一段线路。

（3）通过进路——为该列车通过线两端进站信号机或站界标间的一段线路。

调车进路是指由调车车列或单机运行方面的前端起至本运行方面目的地（指定地点）或防护设备止的一段线路。

二十九、敌对进路

站内联锁范围内的固定进路，凡不能以道岔的位置分开敌对关系的均为敌对进路。下列进路规定为敌对进路：

（1）同一到发线上对向的列车进路与列车进路；

（2）同一到发线上对向的列车进路与调车进路（包括电气集中联锁的局部控制调车作业）；

（3）同一咽喉区内对向重叠的列车进路；

（4）同一咽喉区内对向或顺向重叠的列车进路与调车进路；

（5）同一咽喉区内对向重叠的调车进路；

（6）当进站信号机对外方的列车制动距离内接车方向有超过 6‰ 的下坡道，而在该下坡道方向的接车线末端未设有线路隔开设备时，该下坡道方向的接车进路与对方咽喉的接车进路、非同一到发线上顺向的发车进路以及对方咽喉的调车进路；

（7）电气集中联锁的车站，由于防护进路的信号机设在侵入限界的轨道绝缘节处，而禁止同时开通的进路。

三十、列车、调车进路的接近区段

（1）接车进路一般为信号机前方第一闭塞分区或第一轨道区段；

（2）发车进路一般为发车线；

（3）同方向两架列车信号机，当其信号显示有联系时，其后一架列车信号机所防护进路的接近区段应从前一架列车信号机后方第一轨道区段开始；

（4）进站信号机外制动距离内，进站方向为超过 6‰ 的下坡道，当设计接车进路的延续进路时，该延续进路的接近区段应从进站信号机前方第一闭塞分区或第一轨道区段开始；

（5）调车进路一般为信号机前方第一轨道区段。

三十一、《铁路技术管理规程》对联锁设备的要求

（1）站内正线及到发线上的道岔，均须与有关信号机联锁。区间内正线上的道岔，须与有关信号机或闭塞设备联锁。各种联锁设备（驼峰除外）应满足下列条件：

① 当进路上有关道岔开通位置不对或敌对信号机未关闭时，该信号机不能开放；信号机开放后，该进路上的有关道岔不能扳动，其敌对信号机不能开放。

② 正线上的出站信号机未开放时，进站信号机不能开放通过信号；主体信号机未开放时，预告信号机不能开放。

③ 装有转换锁闭器，电动、电空、电液转撤机的道岔，当第一连接杆处的尖轨与基本轨间有 4 mm 及以上间隙时，不能锁闭或开放信号机；如联锁道岔采用牵纵拐，达不到上述标准时，应逐步改造。

④ 区间内正线上的道岔，未开通正线时，两端站不能开放有关信号机或取出路签（牌）。设在辅助所的闭塞设备与有关站闭塞设备应联锁。

（2）电气集中联锁设备应保证：当机车、车辆通过道岔时，该道岔不可能转换；列车进路向占用线路上开通时，有关信号机不可能开放（引导信号机除外）；能监督是否挤岔，并于挤岔的同时使防护该进路的信号机自动关闭，被挤道岔未恢复前，有关信号机不能开放。

电气集中联锁设备，在控制台上（或操纵，表示分列式的表示盘上）应能监督线路与道岔区段是否占用、进路开通及锁闭，复示有关信号机的显示。

（3）信号设备联锁关系的临时变更或停止使用，须经铁路局批准。

三十二、计算机联锁设备

计算机联锁是一种将车站道岔、轨道电路和信号机用计算机进行集中有效控制和管理的重要行车设备，是车站值班员赖以组织行车必不可少的工具，同时也是一种在设备发生故障或人为错误操作时能够将故障导向安全的保安设备。简单地说，计算机联锁就是由计算机技术构成的车站信号自动控制系统。车站计算机联锁不仅继承了继电联锁的全部功能，而且以其先进的数字化技术、综合功能优势显示出广阔的发展前景。

三十三、区间和分区的分类及划分方法

列车运行是以车站、线路所划分的区间及自动闭塞区间的通过信号机所划分的闭塞分区作间隔。

区间及闭塞分区的界限，按下列各项规定划分：

（1）站间区间——车站与车站间。

① 在单线上，以进站信号机柱的中心线为车站与区间的分界线；

② 在双线或多线区间的各线上，分别以各该线的进站信号机柱或站界标的中心线为车站与区间的分界线。

（2）所间区间——两线路所间或线路所在车站间，以该线上的通过信号机柱的中心线为所间区间的分界线。设有进站信号机的线路所，所间区间的分界方法与站间区间相同。

（3）闭塞分区——自动闭塞区间同方向相邻的两架色灯信号机间，以该线上的通过信号机柱的中心线为闭塞分区的分界线。

三十四、行车闭塞法及闭塞设备

1. 行车闭塞法

为保证列车的安全，在组织列车运行时，通过人工或设备控制，使一个区间（或闭塞分区）在同一时间内，只有一个列车占用的方法，称为行车闭塞法。行车基本闭塞法有下列三种：

（1）自动闭塞。是根据列车运行及有关闭塞分区状态自动变换通过信号机显示而司机凭信号行车的闭塞方法，它是一种先进的行车闭塞方法。自动闭塞是在列车运行过程中自动完成闭塞作用的。自动闭塞将一个区间划分成若干个小段（闭塞分区），在每个闭塞分区的起点都装设通过信号机用以防护其后方的闭塞分区。每个闭塞分区内都装设轨道电路，通过轨道电路将列车和通过信号机的显示联系起来，根据列车运行及有关闭塞分区的状态，使通过信号机的显示自动变换。因为闭塞作用的完成不需要人工操纵，故称为自动闭塞。自动闭塞不需要办理闭塞手续，并可在两站间的区间同时开行数列追踪列车。

（2）半自动闭塞。

（3）自动站间闭塞。

电话闭塞法是当基本闭塞法不能使用时所采用的代用闭塞法。

2. 闭塞设备

保证在一个区间或闭塞分区同一时间只能运行一个列车的设备称为闭塞设备。各站均须装设基本闭塞设备。闭塞设备分为自动闭塞设备、半自动闭塞设备和自动站间闭塞设备。具体设置条件如下：

（1）在单线区段，应采用半自动闭塞或自动站间闭塞设备，繁忙区段可根据情况采用自动闭塞设备；

（2）在双线区段，应采用自动闭塞设备。

半自动闭塞设备是通过两相邻车站的闭塞机、出站（通过）信号机和轨道电路所构成的电气联锁关系的闭塞设备。发车前必须办理闭塞手续。单线半自动闭塞必须得到邻站同意接车的闭塞信号，出站（通过）信号机才能开放。在列车未到达接车站前，不得解除闭塞，两站（双线区段为发车站）向该区间的出站信号机都不能开放，保证一个区间在同一时间内只有一个列车运行。半自动闭塞不能检查区间有无遗留机车车辆，必须由车站接车人员确认列车整列到达，方可解除闭塞（见表 1.10、表 1.11）。

在一个区段内，原则上应采用同一类型的闭塞方式。

在列车运行速度超过 120 km/h 的双线区段，应采用速差式自动闭塞，列车紧急制动距离由两个及其以上闭塞分区长度保证。速差式自动闭塞是指每一种信号显示均表示不同行车速度的自动闭塞信号显示制度。

三显示与四显示自动闭塞的区别：

表 1.10 单线继电半自动闭塞操作顺序

甲站（发车站）	乙站（接车站
1. 甲站值班员请求向乙站发车，按压闭塞按钮，发车表示灯亮黄灯，电铃鸣响	2. 乙站电铃鸣响，接车表示灯亮黄灯
4. 甲站电铃鸣向，发车表示灯亮绿灯	3. 乙站值班员同意甲站发车，按压闭塞按钮，接车表示灯亮绿灯
5. 甲站开放出站信号	
6. 列车出发进入甲站轨道电路区段，发车表示灯亮红灯	7. 乙站电铃鸣响，接车表示灯亮红灯，开放进站信号
	8. 列车到达进入乙站轨道电路区段，接车和发车表示灯都亮红灯
10. 甲站电铃鸣响，发车表示灯熄灭	9. 乙站发送到达复原信号，拉出闭塞按钮，接车和发车表示灯都熄灭

表 1.11 双线继电半自动闭塞操作顺序

甲站（发车站）	乙站（接车站）
1. 甲站要向乙站发车，通知乙站后，甲站值班员开放出站信号机，发车表示灯亮绿灯	
2. 列车出发进入甲站发车轨道电路区段，发车表示灯亮红灯	3. 乙站电铃鸣响，接车表示灯亮红灯，开放进站信号机
5. 发车表示灯亮黄灯	4. 列车到达进入乙站接车轨道电路区段，电铃鸣响，接车表示灯亮黄灯
7. 发车表示灯熄灭	6. 乙站确认列车到达后，关闭进站信号，拉出闭塞按钮，接车表示灯熄灭

三显示自动闭塞利用红、黄、绿三种显示来表明闭塞分区的空闲或占用，只能预告列车运行前方两个闭塞分区的空闲状态。列车从最高速度到停车的制动距离为一个闭塞分区，提高列车速度和增加列车重量都需要加大列车的制动距离，从而也就加大了闭塞分区的长度，导致列车追踪间隔加长，区间通过能力下降。

四显示自动闭塞是一种新型自动闭塞制式，它增加了一种绿黄显示，能预告列车运行前方至少三个闭塞分区的空闲状态。列车从最高速度到停车的制动距离为两个（或多个）闭塞分区，这样既可适当缩短闭塞分区的长度，从而缩短列车追踪的间隔，增加区间通过列车的对数，又能满足列车制动距离的要求。因此，采用四显示自动闭塞对提高区间通过能力、提高运行速度、保证行车安全都是十分有利的。

三十五、铁路通信设备

铁路通信设备是铁路指挥列车运行、组织运输生产提高效率、保证安全的通信设备的总称。铁路运输通信网包括基础电信业务和专用通信系统两大部分。

铁路运输通信的业务包括干、局线通信，区段通信，站场通信，区间通信，应急通信，列车通信，无线通信，铁路电话（电话）会议，公务电服、电话等各种信息业务。

铁路运输调度系统、区段专用调度系统、站场各部门联络、区间联络、无线列车调度、TDCS 无线车次号、列车防护告警、列尾机车控制、列车广播、客运广播、站场广播、车站运转通信记录、道口无线预警、行车闭塞、TMIS、TDCS、红外轴温测试、客票系统、车号识别系统、信号微机监测系统、办公网系统、5T 系统、无线调度命令传输、铁路公务电话、铁路电报、铁路运输可视（间频）电话会议等铁路运输业务都与铁路通信有关。

三十六、列车调度指挥系统（TDCS）及其功能

1. 列车调度指挥系统（TDCS）

TDCS 是英文 Train Dispatcher Command System 缩写，即列车调度指挥系统，是铁路运输生产的重要基础装备。

2. TDCS 系统主要功能

（1）实时监视列车运行状态及现场信号设备运用状态，并具有历史信息回放和查询功能。

（2）站间透明功能。相邻车站相互可见对方行车作业情况。

（3）调度令及行车计划下达功能。由调度所将调度令及行车计划下达到相关调度区段指定车站。

（4）无线车次号追踪、校核及上传功能。收集有无列调设备传送的列车信息。

（5）自动报点及正、晚点的统计功能。根据班计划及次追踪结果，自动或手动上报列车到发点或通过点。

（6）列车运行图管理功能。根据各车站上报的列车至发点实时绘制运行图。

（7）高性能的网络安全功能。防止非法用户入侵系统，进行漏洞评估及实时在线查杀病毒。

三十七、TMIS 与 TDCS 系统之间的关联

TMIS 是运输管理信息系统（Transport Managment Information System）。在铁路局调度指挥中心，以行调台为界，将行调台的行车调度指挥管理信息的各项功能纳入 TDCS，其他调度台的调度信息管理功能由 TMIS 和其他系统完成。TDCS 中心机房设有 T-D 结合通信机，TMIS 中心机房设有 T-D 结合中间库，共同完成 TMIS 和 TDCS 之间的数据交换。

TMIS-TDCS 的信息有：基本图、日班图、日班计划、邻台计划、出发列车编组信息。

TDCS-TMIS 的信息有：阶段计划，实际运行图，甩挂车作业、现在车、小编组、邻台计划。

三十八、调度集中系统（CTC）介绍

1. CTC 的含义

调度集中是调度中心（调度员）对某一区段内的信号设备进行集中控制，对列车运行直接指挥、管理的技术装备。它既是现代化行车指挥设备，也是现代运输组织模式。

CTC 是英文 Centralized Traffic Control（调度集中）三个单词开头字母组成的缩略语。

2. CTC 调度集中在行车组织方式上的改变

传统行车组织模式：调度员⟷车站值班员⟷列车。

调度集中行车组织模式：调度指挥中心⟷列车。

调度集中现代化的行车组织模式大大淡化了中间站的作用。

3. 传统调度集中的突出矛盾

我国铁路客货混合运输，中低速列车共线，大多数车站有调车作业，这是我国不同于世界上其他国家独具的国情与路情。传统调度集中与车站联锁设备的结合电路，是将调度所集中控制与车站值班员利用联锁控制台控制严格分开，在同一时间只能一方有权控制，控制权转换必须通过设备办理严格的确保安全的互锁手续，因此遥控权与站控权或局控权是无法统一的。传统调度集中在铁路线上实施集中控制时，存在着无法解决的集中控制与频繁下放车站控制进行调车作业的矛盾。

4. 分散自律调度集中（CTC）的特点

分散：对于调度中心控制而言，将过去由调度中心集中控制所有车站的列车作业方式改变为将列车运行调整计划下传到各个车站自律机中自主执行，独立控制各自的列车和调车作业。

自律：依据各站的特点，系统按照《铁路技术管理规程》、《铁路行车组织规则》、《铁路运输调度规则》和《车站行车工作细则》等规则自动协调列车作业和调车作业的矛盾，控制列车进路和调车进路。

分散自律技术的实质是比照我国铁路运输指挥的模式，将调度员指挥调度列车的知识和车站值班员指挥控制本站列车调车作业的知识以形式化的描述纳入计算机处理。

分散自律技术的基本原则：列车作业优先于调车作业，调车作业不得干扰列车作业。发生冲突时由系统判断，给出建议后执行。

5. 分散自律调度集中（CTC）适用范围

新一代调度集中系统既适用于有人（有行车人员配置）车站，也适用于无人（无行车人员配置）车站。通过对现行运输过程的优化，实现列车运行、调车作业的行车指挥自动化，实现客货运业务的中间站行车岗位无人化。

6. 分散自律调度集中（CTC）的主要功能

（1）列车运行计划计算机管理和辅助编制；列车运行计划自动、人工调整；计划自动下达。

（2）调车作业计划计算机管理和辅助编制；调车作业计划自动下达；调车作业通知单自动生成。

（3）系统依据列车运行计划、《铁路技术管理规程》、《铁路行车组织规则》、《车站行车工作细则》等规定，以及相关联锁技术条件对列车、调车作业进行分散自律安全控制。对违反分散自律安全条件的人工操作，系统能进行安全提示。

（4）调度命令自动下达。

(5) 调度命令、调车作业通知单、行车凭证和路票等不停车交付。

(6) 接车进路信息自动预告。

(7) 车次号自动追踪、列车到发点自动采集。

(8) 列车实际运行图自动描绘。

(9) 行车日志自动生成。

(10) 邻站行车信息透明监视。

(11) 邻站运行图透明监视。

(12) 设备状态监视、历史信息再见、操作事件记录。

三十九、调度集中(CTC)和TDCS的关系

新一代CTC与TDCS(原DMIS,现规范为TDCS)不是一个系统。CTC侧重于行车控制,TDCS侧重于调度指挥。CTC与TDCS两系统存在功能互补的需求。CTC与TDCS均需要网络平台、信息平台的支持。关于CTC与TDCS,铁道部明确规定:"以TDCS为平台,以CTC为核心,在TDCS的基础上发展CTC。"

四十、中国列车运行控制系统(CTCS)介绍

1. CTCS含义

CTCS是Chinese Train Control System的缩写,即中国列车运行控制系统,它以分级的形式满足不同线路运输需求,在不干扰机车乘务员正常驾驶的前提下有效地保证列车运行的安全。

2. CTCS的基本功能

(1) 系统按照故障-安全原则,采用冗余结构进行系统设计,在任何情况下防止列车无行车许可证运行。

(2) 防止列车超速运行,包括列车超过进路允许速度、线路结构规定的速度、机车车辆构造速度、临时限速和紧急限速、铁路有关运行设备的限速;能够以字符、数字及图形等方式显示列车运行速度、允许速度、目标速度和目标距离;能够实时给出列车超速、制动、允许缓解等表示以及设备故障状态的报警。

(3) 防止列车溜逸。

3. CTCS根据不同线路需求的分级

依据不同的线路、不同的传输信息方式和闭塞理念,CTCS划分为5个等级,依次为CTCS0~CTCS4级。

CTCS0级为既有线的现状,即由目前使用的通用式机车信号和运行监控记录装置构成。

CTCS1级为面向160 km/h以下的区段,由主体机车信号和加强型运行监控记录装置组成。它需在既有设备的基础上强化改造,达到机车信号主体化的要求,增加点式设备,实现列车运行安全监控。

CTCS2 级为面向提速干线和高速新线，采用车-地一体化设计，基于轨道电路传输信息的列车运行控制系统。适用于各种限速区段，地面可不设通过信号机，机车乘务员凭车载信号行车。

CTCS3 级为面向提速干线、高速新线或特殊线路，基于无线传输信息并采用轨道电路等方式检查列车占用的列车运行控制系统。适用于各种限速区段，地面可不设通过信号机，机车乘务员凭车载信号行车。

CTCS4 级为面向高速新线或特殊线路，基于无线传输信息的列车运行控制系统。地面不设通过信号机，机车乘务员凭车载信号行车。列车定位和完整性检查由无线闭塞中心和车载验证系统共同完成。

四十一、调度集中（CTC）和中国列车运行控制系统（CTCS）的关系

CTC 给 CTCS 送调度命令、接发车信息、临时限速信息、运行方向信息等。

调度命令以无线方式向机车发送，并以“表格形式”显示。

四十二、调度集中和车站联锁设备的关系

调度集中对车站实行分散自律控制时，车站自律机根据收到的调度中心下达的列车运行计划、直接操作指令和车站值班员直接操作指令，经检测适时发送给联锁系统执行。排列进路、动作信号设备，联锁关系由车站联锁设备保证。

四十三、机车信号和主体机车信号

机车信号就是将地面信号机的显示连续不断地传递到司机室内信号机上的设备。这种设备可以预先通知司机列车运行所接近地面信号的显示情况，这样司机就能够在恶劣条件下确认信号，从容地驾驶列车和及时地采取制动措施，提高了列车的运输效率和运行安全。

主体机车信号是作为行车凭证的机车信号。它是由车载信号和地面信号设备共同构成的系统，必须符合故障-安全的原则：车载设备应具有运行数据记录的功能，地面信号设备应能正确发送信息。

四十四、列车运行控制系统 ATP，ATC，ATO

ATP 系统，即列车速度监督系统，可对列车运行速度进行分级或连续监督，当列车实际速度超过允许值时，输出列车常用制动或紧急制动。

这种系统以仪表指示方式，即车内信号方式向司机给出列车应有速度、目标距离和目标速度等显示，司机只要按车内速度信号操作机车运行，就能可靠保证列车安全运行，防止冒进信号。

ATC 系统可实时监督列车的运行速度，并把它与允许速度进行比较，通过控制列车多级常用制动，自动降低列车速度，保证行车安全。

ATO 系统，可实现列车自动驾驶，自动加速、减速，使列车保持在保证行车安全和符合运行计划要求的最优化运行状态。

第三节 机车、车辆、供电设备

一、机车根据其动力及用途的分类

机车根据其动力不同分为电力机车和内燃机车两种；根据用途不同分为客运机车和货运机车两种。

二、铁路车辆的分类

车辆按用途分为客车、货车及特种用途车（如试验车、发电车、轨道检查车、检衡车、除雪车等）。

三、车辆的组成部分

车辆由车体、车底架、走行部、车钩、缓冲装置及制动机五大部分组成。

四、车辆的标记

为了表示车辆的类型、特性，以便于使用、检修和统计，每一车辆明显的地方都应涂有铁道部规定的各种标记。

1. 共同标记

（1）路徽：凡铁道部所属铁路车辆，均涂打人民铁道路徽。

（2）车号：包括车辆型号及号码。其中型号由基本型号与辅助型号组成。基本型号代表车辆的种类，辅助型号代表车辆的构造型号。号码表示车辆的顺序号码。

（3）自重：车辆在空车状态时，本身的全部重量。以吨为单位。

（4）载重：车辆技术条件所允许的载重量。以吨为单位。

（5）容积：为货车（平车除外）、行李车及邮政车可供装载的容量，以立方米（m^3）表示。平车以（长×宽）表示。

（6）换长：车辆两端车钩在锁闭位置时钩舌内侧面间的换算长度。

（7）客车配属：客车必须配属到各车辆段负责保养，在车端涂以配属局、段略号。

（8）客车定员：标明客车的座位数或卧铺数。

（9）定期修理：标明客货车辆修程和期限。

2. **特殊标记**

(1) ㊀人: 具有车窗及床托设备的棚车，必要时，可以输送人员；

(2) 古: 表示车内有拴马环设备；

(3) ●: 表示禁止通过机械化驼峰的车辆；

(4) 关: 表示活动墙板放下时，超过机车车辆限界，必须关闭后，才准运行；

(5) 超: 表示车辆部分配件超过车辆界限，但不危及行车安全的货车；

(6) 特: 可装运坦克及特殊货物的车辆；

(7) MC: 表示可以用于国际联运的车辆；

(8) 装运指定货物品种的罐车专用标记，如“轻油罐车”、“黏油罐车”、“滑油罐车”及“硫酸罐车”等；

(9) 装运酸、碱类的罐车和专用危险品的特种车，在车体两侧涂打黄色（毒品）或红色（爆炸品）的色带，并涂“危险”二字的特殊标记。又如救援列车车体侧涂有宽 200 mm 白色横线等均为特殊标记。

五、货车定期检修的修程及检修周期

货车定期检修分为厂修、段修、辅助和轴检（见表 1.12）。

表 1.12 货车定期检修周期

<table>
<tr><th rowspan="2">车 种</th><th rowspan="2">厂修</th><th rowspan="2">段修</th><th colspan="3">辅 修</th></tr>
<tr><th>滑动轴承</th><th>有轴箱滚动轴承</th><th>无轴箱滚动轴承</th></tr>
<tr><td>冷藏车、酸碱类罐车、液化厂油气罐车、液氧罐车</td><td>4 年</td><td rowspan="2">1 年</td><td rowspan="3">3 个月</td><td rowspan="3">6 个月</td><td rowspan="3">1 年</td></tr>
<tr><td>棚车、敞车、平车、煤车、矿石车、砂石车、罐车、家畜车、通风车、粮食车、水泥车、活鱼车、守车、载重 60 t 的凹型车</td><td>5 年</td></tr>
<tr><td>不常用的专用车、载重 90 t 及以上的货车</td><td>8 年</td><td>2 年</td></tr>
</table>

六、车辆检修色票的种类

车辆检修色票有五种：“送往修理专用线”的色票、“送往车辆段”的色票、“送往修理工厂”的色票、“倒装”货车的色票、“送往某站列车检修所”的色票。

七、车辆换长的计算

铁路车辆由于种类不同、用途不同，其实际长度也不一样，为了便于表示和掌握机车、车辆、车列或列车的长及其对运输设备的适应情况，规定以两端车钩钩舌内侧距离为 11 m 长的 30 t 货车为换算单位，来换算每一辆车的长度。也就是测量车辆两端车钩钩舌侧距离的长度（m）与 11 m 的比值，即为该车的换长。其计算公式如下：

$$换长=\frac{S}{11}$$

式中　S——两端钩舌内侧距离（m）。

测量车辆两端车钩钩舌内侧距离时，两车钩都必须在锁闭位置。计算时，算至小数第 1 位，小数第 2 位四舍五入。

八、车辆的方向和部件位置的规定

车辆的方向是以制动缸推出的方向决定的，其推出的方向为第 1 位，相反的方向为第 2 位。第 1 位车端一般都装有手制动机。对于多制缸的长大货物车，以装有手制动装置的一端为第 1 位，个别两端都装有手制动装置的车辆，以出厂时所涂打的标记为准。货车的车轴、车轮、轴箱、车钩、转向架、车架各梁和其他部件的位置称呼方法，是由第 1 位车端数起，顺序数到第 2 位车端的。如果位置是左右对称的，则站立在第 1 位车端并面向第 2 位车端，按照从左到右的顺序从第 1 位车端数到第 2 位车端。

九、制动机按构造和作用的分类及制动原理

自动制动机在缓解状态时，制动主管与副风缸压力一样（压缩空气由机车或例检空气推动活塞并借杆传动作用，使闸瓦压迫车轮而起制动作用）。手制动机是用人力拧动手制动机的手轮或手把。肢踏式制动机用肢踩脚蹬，借杆的传动作用，使闸瓦抱压车轮而起制动作用。

十、折角塞门和截断塞门的作用

折角塞门装于车辆制动主管的两端，用以在摘挂车辆时关闭或开放压缩空气通路。截断塞门安装在制动支管上，用以开通或遮断制动支管与制动缸的空气通路。当车辆上所装的货物按规定应停止制动机的作用时，或当制动机发生故障时，将其关闭，以停止该制动机的作用。

十一、动车组

动车组按牵引动力方式可分为内燃动车组和电力动车组，按动力配置方式可分为动力集中式动车组和动力分散式动车组。

十二、自轮运转特种设备

自轮运转特种设备是在铁路营业线上运行的轨道车及铁路施工、维修专用车辆（包括轨道起重机、架桥机、铺轨机、接触网架线车、放线车、检修车、大型养路机械等）。

十三、牵引供电设备应满足的要求

牵引供电设备应保证不间断行车可靠供电。牵引供电能力必须与线路的运输能力相适应，

满足规定的列车重量、密度和速度的要求。接触网额定电压值为 25 kV，最高工作电压为 27.5 kV，最低工作电压为 19 kV。

牵引变电所须具备双电源、双回路受电。牵引变压器采用固定备用方式并具备自动投切功能。当一个牵引变电所停电时，相邻的牵引变电所能越区供电。平均功率因数不低于 0.9。

接触网的分段、分相的位置应考虑检修停电方便和缩小故障停电范围，并充分考虑电力机车牵引的列车（电力动车组）正常运行和调车作业的需要。双线电化区段应具备反方向行车条件。

确需由车站接触网引接小容量非牵引负荷时，须经铁路局批准。

枢纽及较大区段站应设开闭所。枢纽及较大区段站的负荷开关和电动隔离开关应纳入远动控制。

十四、接触网导线在最大弛度时距钢轨顶面的高度及保证人员安全的要求

接触网导线最大驰度距离轨顶面的高度不超过 6 500 mm；在区间和中间站，不少于 5 700 mm（旧线改造不少于 5 300 mm）；在编组站、区段站和个别较大的中间站站场不少于 6 200 mm。

为保证人身安全，除专业人员执行有关规定外，其他人员（包括所携带的物件）与牵引供电设备带电部分的距离，不得少于 2 000 mm。

在设有接触网的线路上，严禁攀登车顶及在装载货物的车辆上作业；如确需作业，须在指定的线路上，将接触网停电接地后，方准进行。

十五、隔离开关在电气化铁路牵引供电中的主要用途及操作注意事项

隔离开关主要设在侧线，货物线、整备线、机务段及机车折返段等线路的接触网支线上。它的主要用途是当需接触网停电作业或检修时，实现与正线接触网线的可靠隔离，以保证作业及检修工作人员的安全和运行部分的正常工作。

在操作隔离开关时应注意:

（1）离开关闭作业时，必须使用绝缘棒，有两人在场，一个操作一人监护。操作人员、监护人员必须有供电段发给的隔离开关操作合格证。

（2）操作前，操作人员必须穿戴规定的绝缘鞋和绝缘手套，使用前进行简略漏气试验，并确认开关及其传动装置正常，接地线良好，方准按规程操作。

（3）操作要准确、迅速，一次开闭到底，中途不得停留和发生冲突。操作过程中人体各部不得与支柱及其构件相接触。当雷电来临和雷电时间，禁止操作隔离开关。

（4）当发现隔离开关及其传动装置状态不良时，车站值班员应立即要求电力调度派人检修，如危及人身、行车安全，在修好之前不得进行操作，并严禁擅自攀登支柱自行修理。

（5）绝缘鞋、绝缘手套和绝缘棒要存放于防凉干燥、不落灰尘的容器内，每 6 个月由各站、段送供电段检查并试验一次，每次使用后，用干布擦净。

第二章　运输组织

第一节　列车运行图

一、概　述

铁路的列车运行是一个很复杂的环节，它要利用很多种铁路技术设备，要求各个部门的工种、各项作业之间互相协调配合，才能保证行车安全完成运输任务并提高效率。编制列车运行图就是为了达到这个目的。

列车运行图是全路行车组织工作的基础，所有与列车运行有关的铁路各部门，必须按列车运行图的要求，组织本部门的工作，以保证列车按运行图行车。

列车运行规定了列车占用区间的程序、列车在每个车站到达和出发（或通过）时刻、列车在区间运行时间、列车在车站的停站时间以及机车交路等。

车站要根据列车运行图规定的列车到达和出发时刻，安排本站的行车工作、调车工作和全站的客货运输计划；机务部门应根据运行图的要求，确定每天需要派出的机车台数、派出的时刻，以及安排机车整备和乘务员作息计划；其他如工务、电务、建筑、水电等部门，也都应根据运行图的规定来安排施工计划和维修计划。就这样通过列车运行图，把整个铁路网上的各铁路网上的各部门的工作联系成为一个统一的整体，都严格按照一定的程序有条不紊地进行工作，保证列车按运行图运行。所以，列车运行图是铁路运输工作的一个综合性计划。

列车运行图是运用坐标原理来表示列车运行的一种图解形式。在运行图上，将横轴按一定比例用竖线划成等份，竖线代表一昼夜的小时和分钟；将纵轴按一定比例用横线加以划分，横线代表车站的中心线，这就构成了列车运行图的基本格式。

按照不同需要，运行图在时间划分上有以下三种格式：

（1）二分格运行图（见图 2.1）。用于编制新运行图时使用。

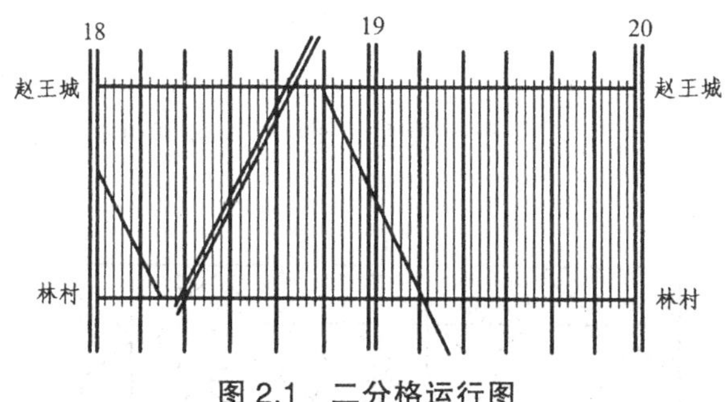

图 2.1　二分格运行图

（2）十分格运行图（见图 2.2）。主要供调度员在日常调度指挥工作中绘制实际运行图时使用。

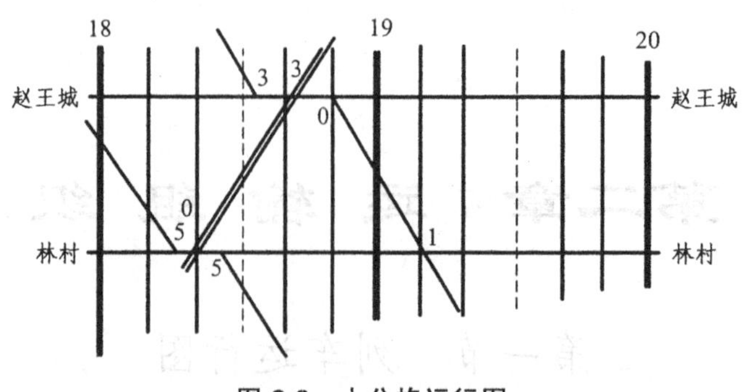

图 2.2 十分格运行图

(3) 小时格运行图（见图 2.3）。主要用于编制旅客列车方案图和机车周转图。

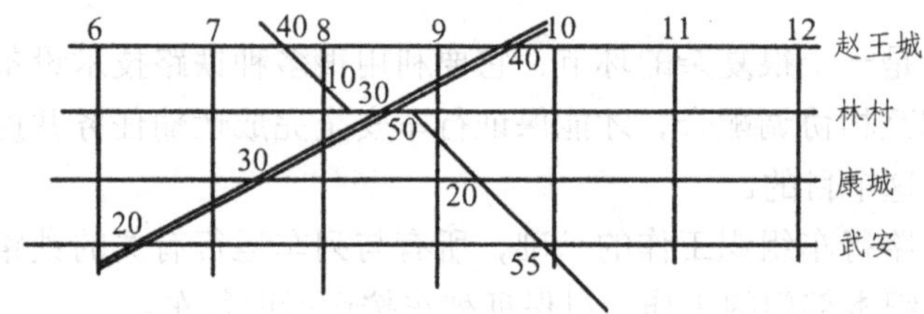

图 2.3 小时格运行图

二、列车运行图分类

根据铁路线路的技术设备和列车运行速度等具体条件，列车运行图可分为下列种类：

(1) 按照区间正线数目的不同，列车运行图可分为：

① 单线运行图。在单线区段，上下行方向的列车都在同一正线上运行，所以，两个方向的列车必须在车站上进行交会，如图 2.4 所示。

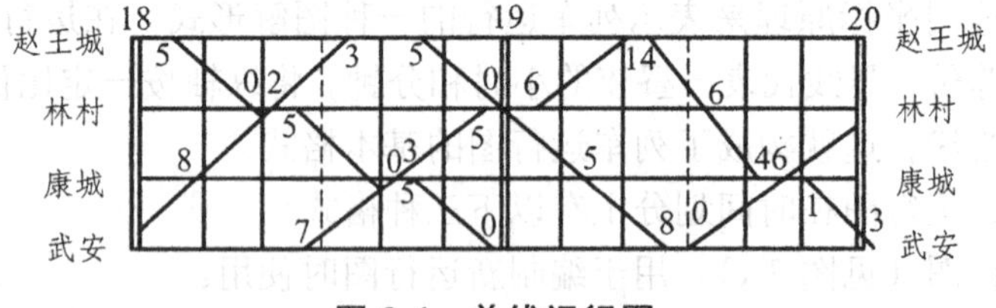

图 2.4 单线运行图

② 双线运行图。在双线区段，上下列车在各自的正线上运行，上下行方向的列车运行互不干扰，可以在区间内，也可以在车站交会。但列车的越行必须在车站上进行，如图 2.5 所示。

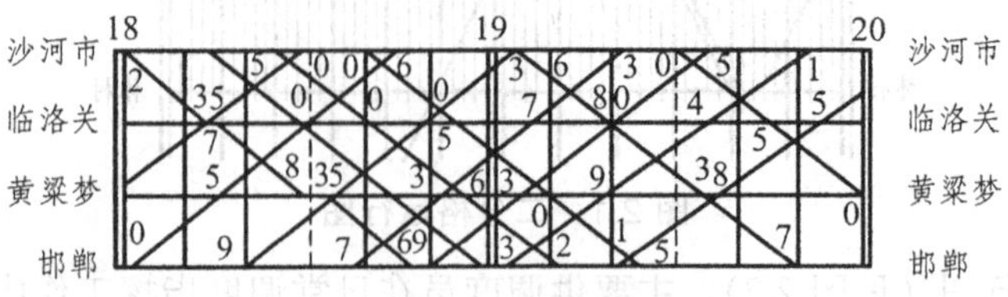

图 2.5 双线运行图

③ 单双线运行图。在有部分双线区段，单线区间和双线区间各按单线运行图和双线运行图的特点铺画运行线，如图 2.6 所示。

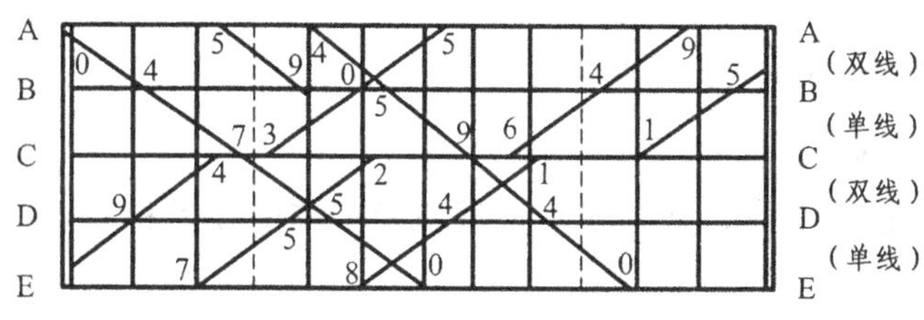

图 2.6 单双线运行图

（2）按照列车运行速度的不同，运行图可分为平行运行图和非平行运行图。

（3）按照上下行方向列车数目的不同，运行图可分为成对行图和不成对行图。

三、列车运行图的要素

列车运行图虽有各种不同的类型，但它总是由一些基本的要素所组成的。主要的要素有：列车在区间运行时分，列车在中间站的停站时间，机车在基本段和折返段所在站的停留时间标准，列车在技术站、客货运站的技术作业过程及其主要作业时间标准，车站间隔时间，追踪列车间隔时间等。

（一）列车区间运行时分

列车区间运行时分是指列车在两个相邻车站或线路所之间的运行时间标准。它是由机务部门采用牵引计算和实际试验相结合的方法进行查定。

列车运行区间的距离是按车站中心线或线路所通过信号机之间的距离计算。当车站的到发场与车站中心线不一致时，按到发场中心线计算。

由于各种列车运行速度各不相同，上下行方向的线路平面、纵断面条件和列车重量也不相同，所以区间运行时分还应按不同的列车并分上下行方向分别查定。

区间运行时分还应根据列车在不同的区间的两个车站上不停车通过和停车两种情况而定。综合情况简化列于表 2.1 中（以旅客列车为例）。

表 2.1 列车区间运行时分标准

序号	列车种因	方向	甲站发、通、停	乙站发、通、停	区间运行时分
1	旅客列车	上行	发——→	停	
2	旅客列车	上行	发——→	通	
3	旅客列车	上行	通——→	通	
4	旅客列车	下行	停	←——发	
5	旅客列车	下行	通	←——发	
6	旅客列车	下行	通	←——通	

列车不停车通过两个相邻车站所需的区间运行时分称为纯运行时分。列车在站停车和由

车站发车都要分别增加停车附加时分和启动附加时分。

另外，机车类型、列车重量及进出站线路技术条件的不同，对运行时分都有影响。

（二）列车在中间站的停站时间

列车在中间站产生停站时间有下列原因：

（1）进行必要的技术作业：摘挂机车、试风及列车的技术检查、机车乘务员和车长换班等；

（2）客货运作业：旅客乘降，行李、包裹、邮件的装卸，车辆摘挂，货物装卸等；

（3）列车在中间站会车和越行。

以上各项时间标准是由各车站用分析计算和实际查标相结合的方法分别确定的。

（三）机车在基本段和折返段所在站的停留时间

机车在基本段和折返段所在站的停留时间标准，取决于机车的运用方式（机车交路）。机车的运用方式主要有下列几种：

（1）肩回式运转交路（见图 2.7）；

（2）半循环式运转交路（见图 2.8）；

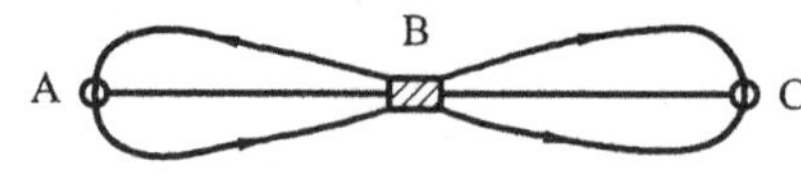

图 2.7 肩回式运转交路

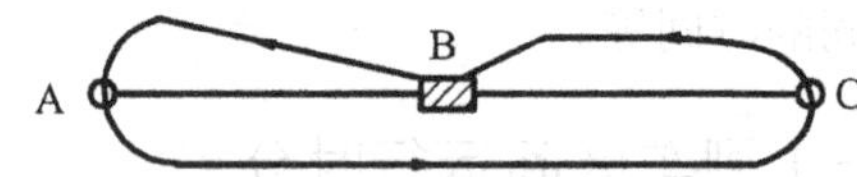

图 2.8 半循环式运转交路

（3）循环式运转交路（见图 2.9）；

（4）环形运转交路（见图 2.10）。

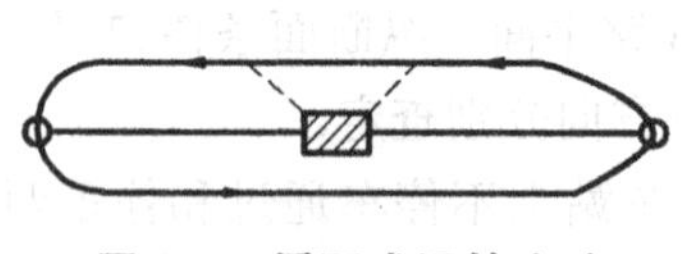

图 2.9 循环式运转交路

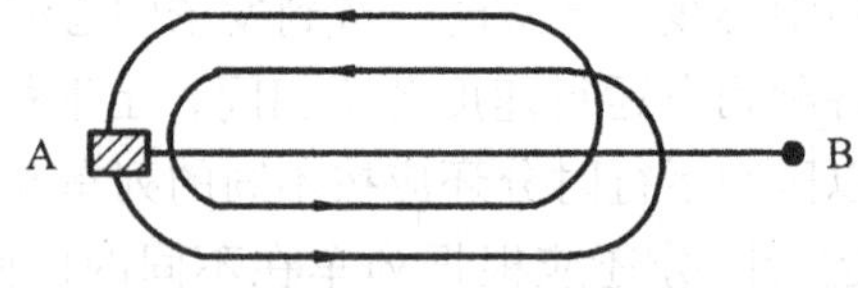

图 2.10 环行运转交路

机车在基本段和折返段所在站办理必要的作业所需要的最少时间，称为机车在基本段和折返段所在站的停留时间标准。作业内容有：

（1）在到发线上的到达作业：到达试风、摘机车、准备机车入段进路等。

（2）机车入段走行。

（3）机车在段内作业：乘务员换班，加煤、水、油、砂，日常检查和机车转向等。

（4）机车出段走行。

（5）在到发线上的出发作业：挂机车、出发试风等。

机车在基本段和折返段所在站的停留时间标准，由机务部门在编制运行图前进行查定。

（四）列车在技术站和客货站的技术作业时间

列车在整个区段运行，必须由技术站、客货运站的各项技术作业相配合，才能做到均衡协调。这些作业根据《车站行车工作细则》确定时间标准，主要有：

（1）在到发场内办理各种列车作业的时间标准：技术检查，货运检查，抄检列车，站车交接等；

（2）解体和编组列车的时间标准；

（3）旅客列车、车列在配属的车辆段、折返段所在站停留时间标准；

（4）货运站办理整列或成组装卸作业时间标准。

（五）车站间隔时间

车站间隔是指在车站办理两列车的到达、出发或通过作业所需要的最少间隔时间。遵照有关规章的规定及车站技术作业时间标准，在保证行车安全的基础上通过查定，确定车站间隔时间。主要分为：

1. 不同时到达间隔时间（T不）

在单线区段，来自相对方向的两个列车在车站交会时，从某一方向的列车到达车站时起，至相对方向列车到达或通过该站的最少间隔时间，称为不同时到达间隔时间，如图 2.11 所示。

图 2.11　不同时到达间隔时间

2. 会车间隔时间（T会）

在单线区段，自列车到达或通过车站时起，至由该站向这个区间发出另一对向列车时止的最少间隔时间，称为会车间隔时间，如图 2.12 所示。

会车间隔时间主要包括车站值班员、助理值班员、信号员、扳道员、车长等办理接、发列车作业所用的时间。

图 2.12　会车间隔时间

3. 同方向列车连发间隔时间（T连）

在单线或双线区段，从列车到达或通过前方邻接车站时起，至由车站向该区间再发出另一同方向列车时止的最少间隔时间，称为同方向列车连发间隔时间。连发的间隔时间有如图 2.13 所示四种形式。

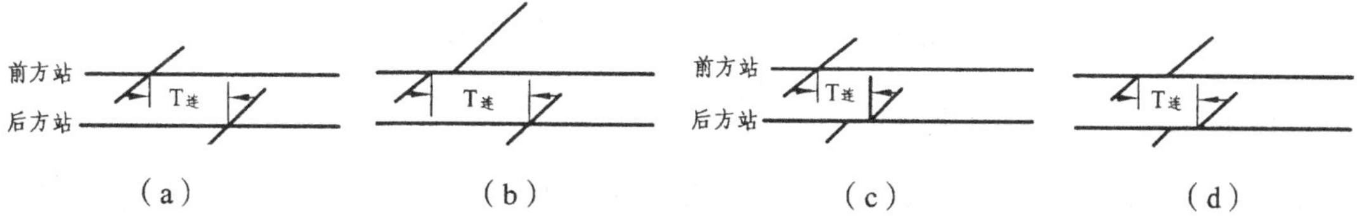

图 2.13　同方向列车连发间隔时间

同方向列车连发间隔时间是前方站、后方站行车有关人员办理接、发列车作业所用的时间，它的特点是发生在前后两个车站上，而不同时到达和会车间隔时间是发生在同一车站。

4. 同方向列车不同时到发间隔时间（T 到发）和不同时发到间隔时间（T 发到）

自某方向列车到达车站时起，至由该站发出另一同方向列车时止的最少间隔时间，称为同方向列车不同时到发间隔时间。自列车由车站发出时起，至同方向列车到达车站时止的最小间隔时间，称为同方向列车不同时发到间隔时间，如图 2.14、图 2.15 所示。

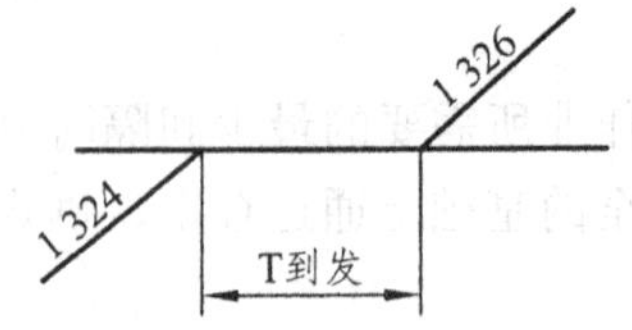

图 2.14 同方向列车不同时到发间隔时间（T 到发）

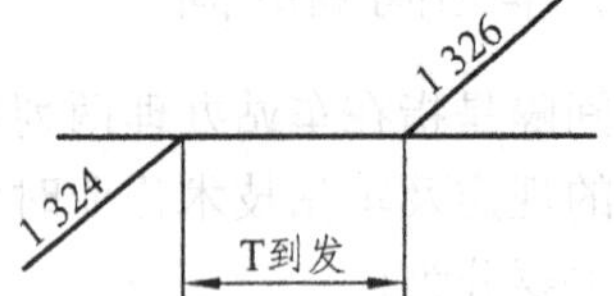

图 2.15 同方向列车不同时发到间隔时间（T 发到）

由于线路坡度或其他设备的原因，凡禁止办理同时接发同方向列车的车站，必须查定同方向列车不同时到发间隔时间和不同时发到间隔时间。为了确保行车安全。查定的间隔时间必须保证两个条件：

（1）当同方向列车不同时到发时，必须在列车全部到达并停在警冲标内方以后，另一同方向列车方可从该站出发；

（2）当同方向列车不同时发到时，必须在第一列车全部通过出发进路中的最后出站道岔以及车站办完有关作业之后，将要开进车站的另一同方向列车必须位于该站进站信号机外方，确认信号显示的距离和制动距离的地点，如图 2.16 所示。

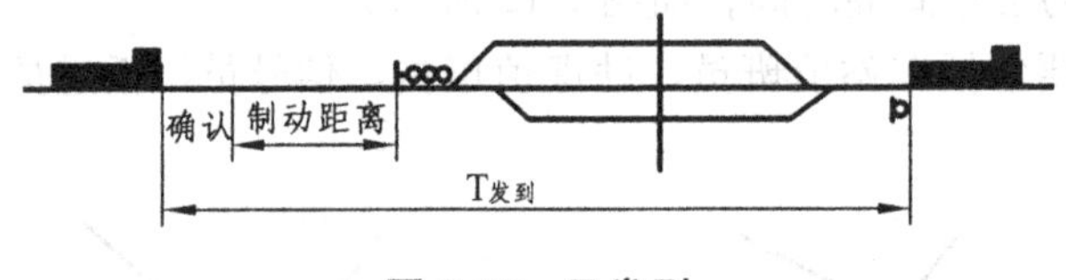

图 2.16 T 发到

5. 不同时通过间隔时间（T 通）

有的车站一端连接双线区间，另一端连接单线区间，两个相对方向的列车不同时通过该站的最少间隔时间，称为不同时通过间隔时间，如图 2.17 所示。

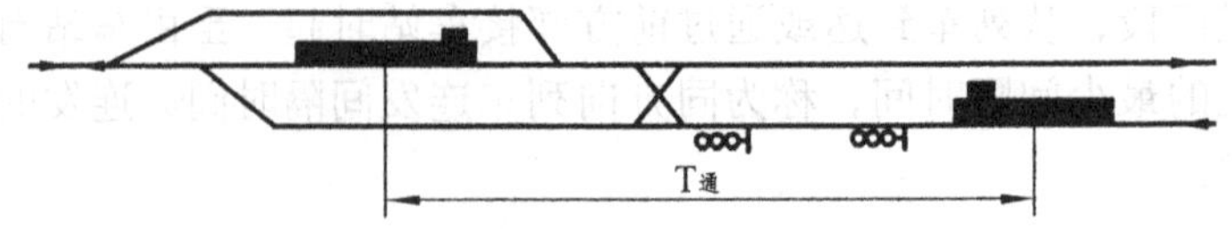

图 2.17 不同时通过间隔时间（T 通）

（六）追踪列车间隔时间（T 追）

在自动闭塞区段，在一个站间区间内，同方向有两列及其以上列车，以闭塞分区间隔运行，称为追踪运行。追踪运行列车之间最少间隔时间，称为追踪列间隔时间。

追踪列车之间间隔一个还是两个闭塞分区，视具体情况而定，图 2.18 是间隔两个闭塞分区运行。

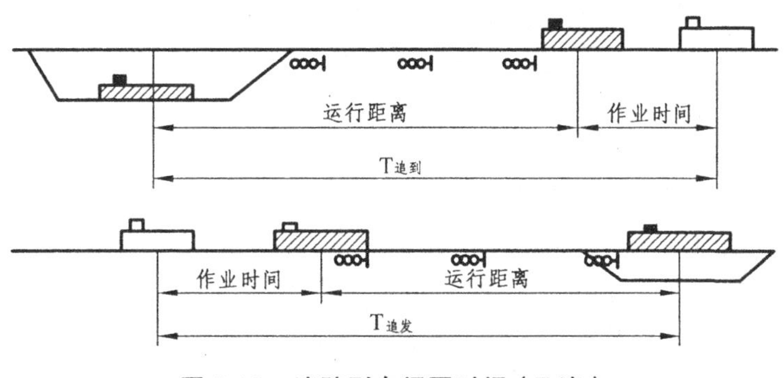

图 2.18　追踪列车间隔时间（T 追）

四、铁路区段通过能力

在现有设备条件下，区段昼夜内所能通过的最多列车数或对数，称为区段通过能力。

（一）影响通过能力的设备因素

区段通过能力的大小受多方面因素的影响，其中区段内的设备因素主要有:

（1）区段内各区间的通过能力影响区段的通过能力。区间的通过能力主要取决于区间正线数，区间长度，线路坡度，机车类型，信号、联锁、闭塞设备的种类。

（2）车站通过能力也直接影响区段的通过能力。车站的通过能力主要取决于车站到发线数，咽喉道岔的布置，驼峰和牵出线数，编组线数，信号、联锁、闭塞设备的种类。

（3）机务段设备和整备设备，其能力主要取决于洗修、定修台位，整备线数等。

（4）给水、给油设备。

（5）电气化铁路供电设备。

（二）车站通过能力

车站通过能力是车站在现有设备条件下，采用合理的技术作业过程，于一昼夜内所通过的每方向的货物列车数和运行图规定的旅客列车数。

1. 影响车站通过能力的主要因素

（1）车站设备能力、到发线通过能力、咽喉道岔通过能力、驼峰牵出线及编组线改编能力等。

（2）车站技术作业过程时间标准。完成车站的各项技术作业是由车站、机务、车辆等有关部门的工作人员共同参加实现的。为了更好地组织各项技术作业，合理地使用劳动力，有效地使用技术设备，贯彻生产责任制，建立正常的生产秩序，使各部门工作人员协调动作，在安全的基础上，以最短运输成本提高劳动生产率，质量良好地完成运输任务，所以，必须对车站各项技术作业查定和编制时间标准，这个标准就叫做车站技术作业过程时间标准。它是编制车站作业计划和进行各项技术作业的时间准则。

车站应有以下作业过程和时间标准：

① 无调中转、成组甩挂、到达解体、始发编组列车作业过程及时间标准；

② 到达、出发列车机车出入段作业过程及时间标准；

③ 调车机车整备时间，交接班、吃饭时间标准；

④ 驼峰牵出线解体时间标准；

⑤ 各种列车编组时间标准；

⑥ 车流集结时间标准；

⑦ 各车场间交流（转场）作业时间标准；

⑧ 有调、无调中转车及中转车平均停留时间标准；

⑨ 各货场、专用线主要货物装卸作业时间标准；

⑩ 各货场、专用线取送车作业时间标准；

⑪ 一次货物作业车平均停留时间标准；

⑫ 各种等待（待解、待编、待发、待取、待送、待检等）时间标准；

⑬ 其他作业（加冰、加盐、牲畜车、鱼苗车上水）时间标准。

2. 车站通过能力的计算方法

车站通过能力的计算方有直接计算法和利用率计算法两种。

（1）直接计算法：

$$N=\frac{(1\,440M-\sum t_{固})(1-r)}{t_{占均}}+n_{固}$$

式中 1440——昼夜的总时间（min）；

M——平行进行同一种作业的设备数量；

$\sum t_{固}$——各种固定作业占用设备的总时间（min）；

r——该项设备的空费系数或作业防碍系数；

$i_{占均}$——办理一次作业（不包括固定作业）平均占用设备的时间（min）；

$n_{固}$——昼夜固定作业占用设备次数。

$$t_{占均}=\beta_1 t_1+\beta_2 t_2+\cdots+\beta_i t_i$$

式中 β_1，β_2，…，β_i——第 1，2，…，i 项作业每次占一昼夜作业总次数（不包括固定作业）的百分比；

t_1，t_2，…，t_i——第 1，2，…，i 项作业每次占用设备的时间（min）。

$$\beta_i=n_i/n\text{；}\quad \beta_1+\beta_2+\cdots+\beta_i=1.0$$

式中 n_1，n_2，…，n_i——第 1，2，…，i 项作业一昼夜的次数；

n——占用该项设备一昼夜的总次数。

$$n=n_1+n_2+\cdots+n_i$$

（2）利用率计算法：

确定一昼夜全部作业占用设备的总时间 T：

$$T = n_1t_1 + n_2t_2 + n_3t_3 + \cdots + \sum t_{固} \text{ (min)}$$

计算能力利用率 K：

$$K = \frac{T - \sum t_{固}}{(1\,440M - \sum t_{固})(1-r)}$$

计算该项设备的能力 N：

$$N = \frac{n}{K} + n_{固}$$

式中各项符号意义同前。

(3) 固定作业。计算车站（除客运站外）通过能力和改编能力时，以下各项作业按固定作业计算:

① 旅客列车到发、调移及其本务机车出入段等作业;

② 向车辆段、机务段及货物装卸地点定时取送车辆的作业;

③ 摘挂列车编组作业（一般仅限于列车运行图中规定的作业次数，随运量变化而有显著变化者除外);

④ 调车组和机车乘务组吃饭、交接班及调车机车整备作业时间。

计算客运站通过能力时，运行图规定的货物列车到发及其本务机出入段，向机务段、车辆段定时取送车等作业应按固定作业计算。计算客运站到发线通过能力时，应按现行运行图规定接发的旅客列车数和占用时间进行图解验算。

以上计算精度规定: 能力利用率 K 小数点后保留 2 位，第 3 位四舍五入；作业时间标准小数点保留 1 位，第 2 位四舍五入；按方向别和列车种类别计算的能力值，以列数表示小数点后保留 1 位，第 2 位四舍五入；以辆数表示时小数点后舍去不计。

(4) 影响车站通过能力的主要因素:

① 车站现有设备情况。如站场类型和咽喉进路布置、到发线数量和有效长度，调车设备类型和数量、信号设备类型等。

② 车站作业组织情况。如各种列车的技术作业过程，各项作业占用设备的时间标准，各车场分工和线路使用规定等。

③ 车站办理各方向的列车种类和数量等。

3. 咽喉道岔通过能力的计算方法

咽喉道岔是指车站或车场两端的道岔区中被占用时间最长的那组道岔。计算咽喉通过能力时，以下各项作业按固定作业计算:

(1) 旅客列车（计算客运站咽喉能力时为货物列车）到发、调移其本务机车出入段等作业。

(2) 向车辆段、机务段及货场装卸地点定时取送车辆的作业。

(3) 调车机车出入作业。

咽喉道岔通过能力利用率:

$$K = \frac{T - \sum t_{固}}{(1\,440 - \sum t_{固})(1 - \gamma_{空})}$$

式中　T——咽喉道岔组总占用时间。由各项占用时间标准与占用次数乘积和求得。

$\sum t_{固}$——固定作业占用咽喉道岔组的总时间。

车站各衔接方向的通过能力：

$$N_{(i接)} = \frac{n(i_{接})}{K}\text{；}\quad N_{(i发)} = \frac{n(i_{发})}{K}$$

式中　$N_{(i接、发)}$——i 方向货物列车接车或发车的通过能力（列）；

$n_{(i接、发)}$——i 方向列入计算中接入或出发的货物列车数。

若某方向接车或发车经由两条及其以上进路时，汇总后的咽喉通过能力应等于各进路咽喉道岔接车或发车通过能力之和。

4. 到发线通过能力计算方法

（1）直接计算法：

$$N_{(到、发)} = \frac{(1\,440M - \sum t_{固})(1 - \gamma_{空})}{t_{占到(发)}}$$

式中　M——扣除本务机车及调车机车走行线后，到达（出发）场可用于办理列车技术作业线路数；

$T_{占到(发)}$——每办理一次到、发列车作业平均占用线路的时间（min）；

$T_{固}$——旅客列车到发、调移及取送本站作业车、检修车等占用到发线的总时分。

（2）利用率计算方法：

到发线通过能力利用率（K）的计算：

$$K = \frac{T - \sum t_{固}}{(1\,440 - \sum t_{固})(1 - \gamma_{空})}$$

式中　T——接发各种货物列车和单机的总时间（min）。

其余符号意义同上。

到发线通过能力为：

$$N = \frac{n}{K}\ （列）$$

式中　n——列入计算的货物列车数。

（3）旅客列车到发线通过能力：

旅客列车到发线通过能力可用下式直接计算：

$$N_{客} = \frac{M_{客}(1440M - t_{停})(1 - \gamma_{空})}{t_{(占均)}}$$

式中　$M_{客}$——扣除货物列车通过线、固定机车走行线后，用于接发旅客列车的到发线数；

$t_{停}$——车站一昼夜内停止接发旅客列车时间（min）。

车站最终通过能力是对到发线和咽喉道岔的综合通过能力而言，应根据车站各个咽喉及到发场通过能力的计算资料进行分析比较，在必要时还应对能力进行调整，最后按办理各方向列车的各项设备中限制的那项设备的能力来确定。

五、列车运行线的表示方法

有关列车运行、列车运行整理符号，应按下列规定的运行线和符号填绘在规定的图表内。本规则未规定的，各铁路局可自行规定。

1. 列车运行线的表示方法（见表 2.2）

表 2.2　列车运行线表示方法

列车种类	表示方法	备　注
旅客列车包括混合列车	红单线 ————	以车次区分
临时旅客列车	红单线加红双杠 —‖—‖—	
回送客车底	红单线加红方框 —□—□—	
行包专列	蓝单线加红圈 —○—○—	
“五定”班列	蓝单线加蓝圈 —○—○—	
快运货物、直达、重载列车	蓝单线 ————	以车次区分
直通、区段、小运转列车	黑单线 ————	以车次区分
冷藏列车	黑单线加红圈 —○—○—	
军用列车	红色断线 ------------	
回送军用列车	红色断线加红方框 ---□---□---	
超限货物列车	黑单线加黑方框 —□—□—	
摘挂列车	黑单线加“+”“—” —+—｜—	
路用列车	黑单线加蓝圈 —○—○—	
单机	黑单线加黑三角 —▷—▷—	
高级专列及先驱列车	红单线加红箭头 —➤—➤—	
救援和除雪列车	红单线加红“×” —×—×—	
重型轨道、轻油动车	黑单线黑双杠 —‖—‖—	

2. 列车运行及运行整理符号

（1）列车始发、终止、在中间站临时停运及由邻接区段转来或开往邻区段（见图 2.19～图 2.23）。

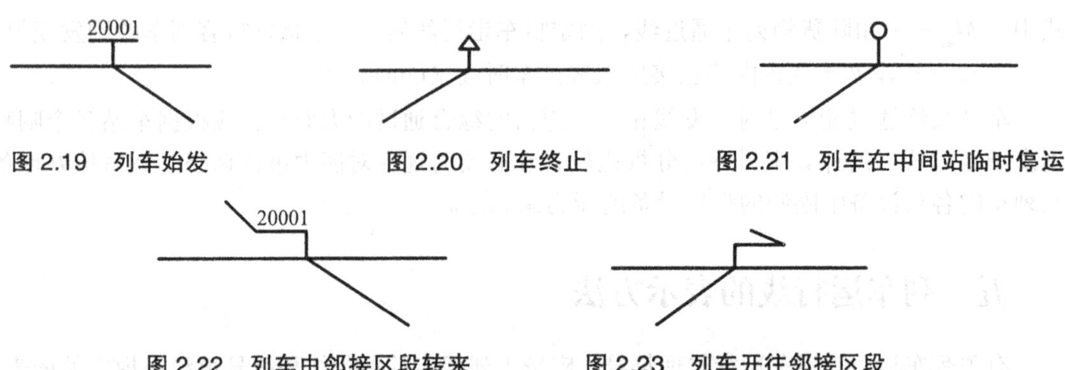

图 2.19 列车始发　图 2.20 列车终止　图 2.21 列车在中间站临时停运

图 2.22 列车由邻接区段转来　图 2.23 列车开往邻接区段

列车到开时分记在钝角内。早点用红圈，晚点用蓝圈记于锐角内，圈内注明早、晚点时分。晚点原因可用简明略号注明，如因编组晚点可写“编”字。

（2）列车合并运转时，在列车运行线上注明某次列车被合并（见图 2.24）。

（3）列车让车（见图 2.25）。

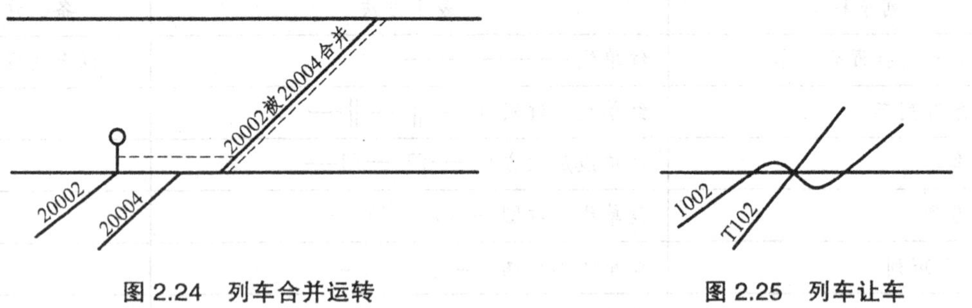

图 2.24 列车合并运转　图 2.25 列车让车

（4）列车反方向运行时，在反方向运行区间的运行线上填写车次及（反）字（见图 2.26）。

（5）列车在区间内分部运行（见图 2.27）。

（6）补机途中折返（见图 2.28）。

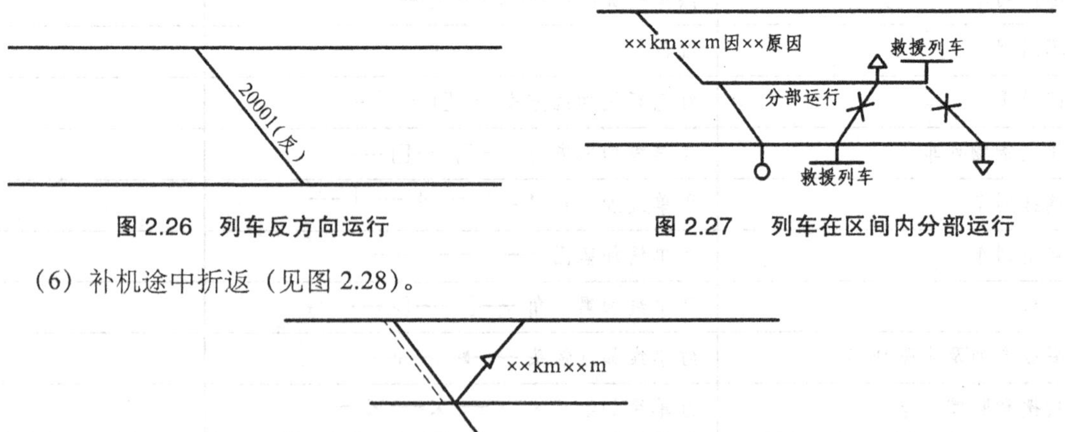

图 2.26 列车反方向运行　图 2.27 列车在区间内分部运行

图 2.28 补机途中折返

（7）线路中断或施工封锁区间时，要在该区间内画一红横线表示单线区间中断或封锁如图 2.29 所示。

双线区间上、下行线路全部中断或封锁时，表示方法与单线区间相同；有一线中断或封锁时，以在红横线上或下画的蓝断线表示上行线或下行线中断或封锁（见图 2.30）。

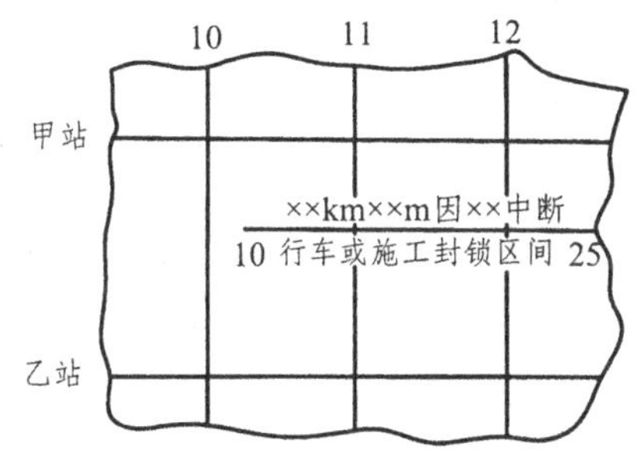

图 2.29　单线区间中断或封锁

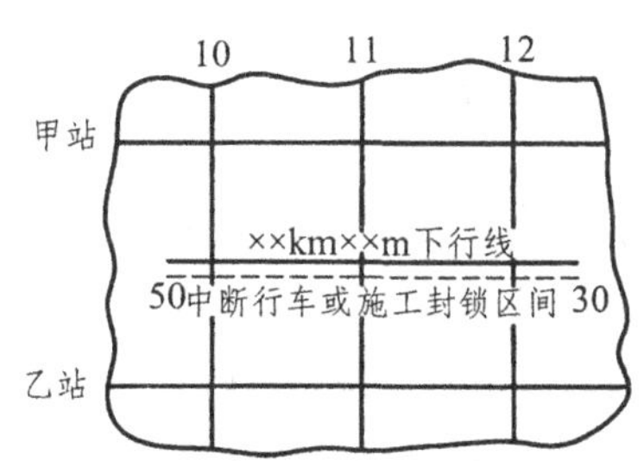

图 2.30　双线区间有一线中断或封锁

（8）因施工或其他原因区间内需要慢行时，由开始时起至终了时止，用红色笔画断线表示，并标明地点、原因、限制速度（如双线就标明上行线或下行线）（见图 2.31）。

（9）列车在区间内装卸作业时，要标明车次、作业地点、装卸货物品名（见图 2.32）。

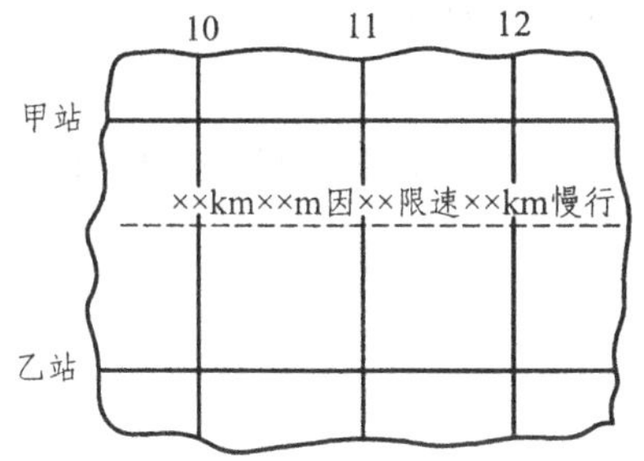

图 2.31　因施工或其他原因区间内需要慢行

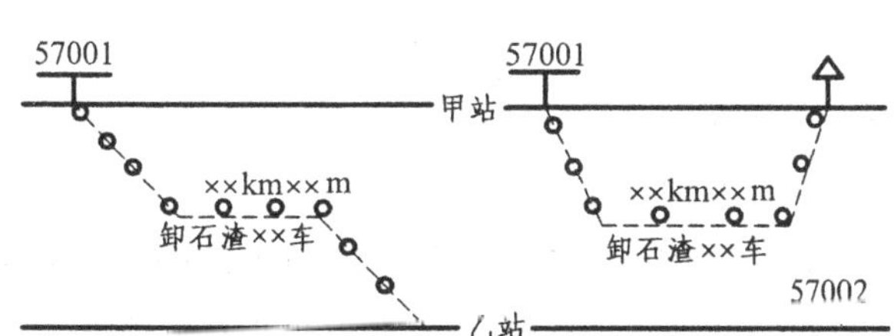

图 2.32　列车在区间内装卸作业

（10）列车在中间站不摘车作业，用红色笔表示：

分子（表示装车数）

分母（表示卸车数）

（11）列车在中间站甩挂作业，用蓝色笔表示，“＋”表示挂，“－”表示甩。

－3（分子表示重车）

＋6（分母表示空车）

（12）列车运缓时，在列车运行线上方用蓝色笔标明运缓时分；赶点时在列车运行线上方用红色笔标明赶点时分。

（13）列车在进站信号机外停车时，用红色笔画“△”，并标明停车时分（见图 2.33）。

（14）机车交路及机车出入库时间的表示方法：机车在本段交路用蓝色笔画实线，在折返段用黑色笔画实线，并在交路上逐列标明出入库时间（见图 2.34）。

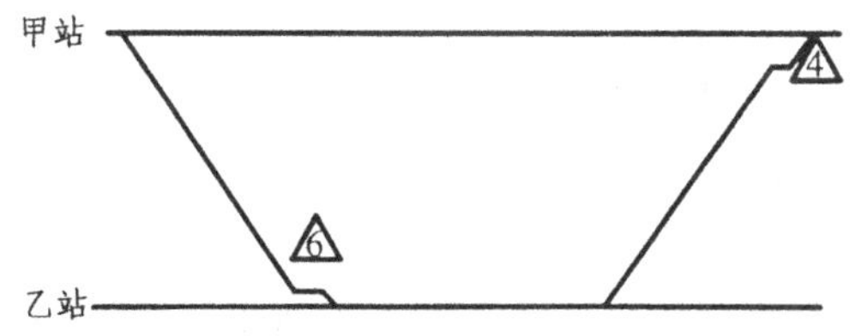

图 2.33　列车在进站信号机外停车

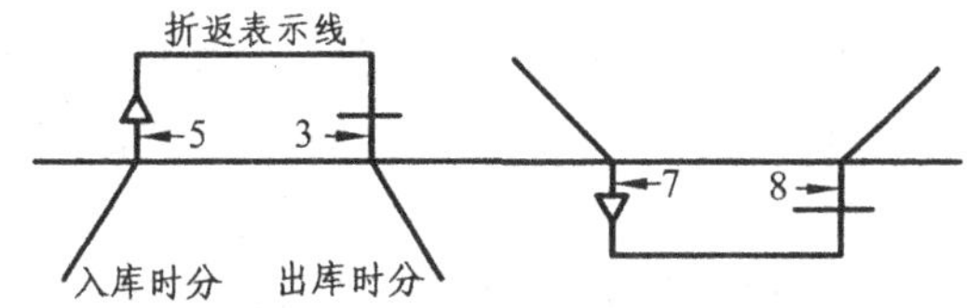

图 2.34　机车交路及机车出入库时间的表示方法

第二节 列车编组及列车编组计划

一、列 车

按照列车编组计划、列车运行图、《铁路技术管理规程》及有关规定的条件，编挂在一起的车列，并挂有机车及规定的列车标志，称为列车。单机、动车及重型轨道车，虽未完全具备列车条件，也应按列车办理。

1. 列车按运输性质的分类及其等级顺序

（1）旅客列车：

① 特快旅客列车（含新时速特快旅客列车、直达特快旅客列车）；

② 快速旅客列车；

③ 普通旅客列车（普通旅客快车和普通旅客慢车）。

（2）行邮、行包列车（特快行邮列车、快速行邮列车和行包列车）。

（3）军用列车。

（4）货物列车（五定班列、快运、直达、直通、重载、超限、冷藏、区段、自备车、摘挂及小运转列车）。

（5）路用列车。

开往事故现场救援、抢修、抢救的列车，应优先办理。

特殊指定的列车的等级，应在指定时确定。

2. 货物列车按技术性质分为

（1）五定班列：定点（装、卸），定车次，定运行线，定运行时间，定全程运输价格。

（2）快运货物列车：为运送远距离的鲜活、易腐及其他急运货物的列车。

（3）始发直达列车：在装车地编组，通过一个以上编组站（包括编组计划规定有作业的区段站）不进行改编作业的列车。

（4）整列短途列车：在同一站装车，不通过编组站，到达同一站卸车的固定或不固定车底的列车。

（5）技术直达列车：在技术站编组，通过一个以上编组站（包括编组计划规定有作业的区段站）不进行改编作业的列车。

（6）直通货物列车：在技术站编组，通过一个以上区段站不进行改编作业的列车。

（7）区段货物列车：在技术站编组，不通过技术站，但在区段内不进行摘挂作业的列车。

（8）快运零担列车：在技术站编组，并附挂沿零车辆，在运行区段内主要办理鲜活易腐零担货物的装卸作业。

（9）摘挂列车：在技术站（或中间站）编组，在区段内中间站进行摘挂作业的列车。

（10）超限货物列车：挂有装运超限货物车辆的列车。

（11）小运转列车：在枢纽或区段内几个站间开行的列车。

在区段内几个站间开行的为区段小运转列车；在枢纽内各站间开行的为枢纽小运转列车；从卸车地直接组织的空车列车，比照上述规定，分为直达、直通或区段列车。

二、列车编组

（一）一般要求

列车应按《铁路技术管理规程》、列车编组计划和列车运行图规定的编挂条件、车组、重量或长度编组。

列车重量应根据机车牵引力、区段内线路状况及其设备条件确定。编组超重列车时，编组站、区段站应商得机务段调度员同意，在中间站应得到司机的同意，并均须经列车调度员准许。

列车长度应根据运行区段内各站到发线的有效长，并须预留 30 m 的附加制动距离确定。超长列车运行办法由铁路局规定。

旅客列车按旅客列车编组表编组，机车后第一位编挂一辆未搭乘旅客的车辆作为隔离车，列车最后一辆的后端应有压力表、紧急制动阀和运转车长乘务室。行李车、邮政车、发电车等非乘坐旅客的车辆应分别挂于机车后第一位和列车尾部，起隔离作用；在装设集中联锁的区段，并设有列车运行监控记录装置或列车超速防护系统时，旅客列车可不挂隔离车。如隔离车在途中发生故障摘下，可无隔离车继续运行。局管内旅客列车经铁路局长批准，可不隔离。

军用列车的编组，按有关规定办理。

机械冷藏车组应尽量挂于货物列车中部或后部。

（二）列车中车辆的连挂

（1）列车中相互连挂的车钩中心水平线的高度差不得超过 75 mm。

（2）列车中车辆的连挂，由调车作业人员负责。连接制动软管，有列检作业的始发列车由列检人员负责；无列检作业的，由调车作业人员负责。

（3）列车机车与第一辆车的连挂，由机车乘务员负责。单司机单班值乘的，由列检人员负责；无列检作业的列车，由车辆乘务员负责；无车辆乘务员的列车，由车站人员负责。

列车机车与第一辆车的车钩、软管摘解，由列检人员负责。无列检作业的列车，车钩、软管摘解由机车乘务员（单司机单班值乘的由车辆乘务员）负责，软管连接由车辆乘务员负责；无车辆乘务员的列车，由机车乘务员（单司机单班值乘的由车站人员）负责。

列车机车与第一辆车电气连接线的连接与摘解由客列检作业人员负责；无客列检作业人员时，由车辆乘务员负责。

货物列车本务机车在车站调车作业时，无论单机或挂有车辆，与本列的车辆摘挂和制动软管摘结，均由调车作业人员负责。

旅客列车在途中摘挂车辆时，车辆的摘挂和制动软管摘结，由调车作业人员负责，其他由列检作业人员负责，无列检作业人员时，由车辆乘务员负责，必要时打开车门，以便于调车作业。

（4）密接式车钩摘挂作业时，按下列规定办理：

调车作业前，车站应通知列检人员（车辆乘务员）到场并打开车门。

车辆的摘挂和制动软管的摘结由调车人员负责，其他由列检人员负责；无列检作业时由车辆乘务员负责。

摘车时，调车人员应确认软管及电气连接线均已摘开，并将车钩扳手扳开且固定后，方可摘开车辆。

（三）禁止编入列车的车辆

（1）插有扣修、倒装色票的及车体倾斜超过规定限度的。

（2）曾经发生冲突、脱轨或曾编入发生特别重大、重大、大事故列车内以及在自然灾害中损坏，未经检查确认可以运行的。

（3）装载货物超出机车车辆限界，无挂运命令的。

（4）装载跨装货物（跨及两平车的汽车除外）的平车，无跨装特殊装置的。

（5）平车、砂石车及敞车装载货物违反装载和加固技术条件的。

（6）未关闭侧开门、底开门的，以及底开门的扣铁未全部扣上的；平车未关闭端、侧板的（有特殊规定者除外）。

（7）由于装载的货物需停止自动制动机的作用，而未停止的。

（8）厂矿企业自备机车、车辆、自轮运转特种设备过轨时，未经铁路机车车辆人员检查确认的。

（9）缺少车门的（检修回送车除外）。

（四）装载危险易燃物的车辆编入货物列车时的隔离限制（见表 2.3）

表 2.3 车辆编组隔离表

货物种类（品名编号）		隔离标记 ＼ 最少隔离辆数 ＼ 隔离对象	距牵引的蒸汽机车	距牵引的内燃电力机车、推进运行或后部补机、使用火炉的车辆及守车	距乘坐旅客的车辆	距装载雷管及导爆索车辆（11001，11002，11007，11008）	除雷管及导爆索以外的爆炸品	距敞车、平车装载的货物	距装载高出车帮易窜动的货物	备注
压缩气体和液化气体	易燃气体（21001～21061） 不燃气体（22001～22053） 有毒气体（23001～23052）	△1	4	1	4	4	1	1		
低闪点液体（31001～31053） 中闪点液体（32001～32200） 一级易燃固体（41001～41060） 一级自燃物品（42001～42037）		△2	1	1	1	2	2	1		运输原油时，机车及使用火炉的车辆可不隔离

续表 2.3

货物种类（品名编号）＼隔离标记＼最少隔离辆数＼隔离对象		隔离标记	距牵引的蒸汽机车	距牵引的内燃机车、电力机车、推进运行或后部补机、使用火炉的车辆及守车	距乘坐旅客的车辆	距装载雷管及导爆索车辆（11001，11002，11007，11008）	除雷管及导爆索以外的爆炸品	距敞车、平车装载的货物	距装载高出车帮易窜动的货物	备　注
红磷（T41001） 三硫化四磷（T42001） 一级氧化剂（51001～5080） 有机过氧化物（52001～52102） 无机剧毒品（61001～61039） 有机剧毒品（61050～61139） 一级无机酸性腐蚀品（81001～81067） 一级有机酸性腐蚀品（81101～81135） 一级碱性腐蚀品（82001～82033） 一级其他腐蚀品（83001～83021）		△2	1	1	1	2	2	1		运输原油时，与机车及使用火炉的车辆可不隔离
放射性物品（矿石、矿砂除外）		△3	4	1	4	×	×	1	1	
七〇七	一级	△4	4	1	4	4	4	1	1	一级与二级编入同一列车时，相互隔离2辆以上，停放车站时相互隔离10 m以上，严禁明火靠近
七〇七	二级	△5	4	1	4	4	4	1	1	

续表 2.3

货物种类（品名编号）		隔离标记	距牵引的蒸汽机车	距牵引的内燃电力机车、推进运行或后部补机、使用火炉的车辆及守车	距乘坐旅客的车辆	距装载雷管及导爆索车辆（11001，11002，11007，11008）	除雷管及导爆索以外的爆炸品	距敞车、平车装载的货物	距装载高出车帮易窜动的货物	备注
敞、平车装载的易燃货物及敞车装载的散装硫磺		6	4	1	1	2	2			装载未涂防火剂的腐朽木材的车辆，运行在规定的区段和季节，须与牵引机车离10辆，如隔离有困难时，各铁路局与邻局协商规定隔离办法
爆炸品	雷管及导爆索（11001，11002，11007，11008）	7	4	1	4		4	2	1	爆炸品保险箱可不隔离
	除雷管及导爆索以外的爆炸品	8	4	1	4	4		2	1	

（五）列车中编挂关门车的限制及闸瓦压力的计算

1. 列车中编挂关门车的限制

列车中的机车和车辆的自动制动机，均应加入全列车的制动系统。

货物列车中因装载的货物规定，需停止制动作用的车辆，自动制动机临时发生故障的车辆，准许关闭截断塞门（简称关门车），但主要列检所所在站编组始发的列车中，不得有制动故障关门车。编入列车的关门车数不超过现车总辆数的 6%（尾数不足一辆按四舍五入计算）时，可不计算每百吨列车重量的换算闸瓦压力，不填发制动效能证明书；超过 6%时，按规定计算闸瓦压力，并填发制动效能证明书交与司机。关门车不得挂于机车后部三辆车之内，在列车中连续连挂不得超过二辆，列车最后一辆不得为关门车，列车最后第二、三辆不得连续关门。对于不适于连挂在列车中部但走行部良好的车辆，经列车调度员准许，可挂于列车尾部，以一辆为限，如该车辆的自动制动机不起作用，须由车辆人员采取安全措施，保证不致脱钩。

旅客列车不准编挂关门车。在运行途中如遇自动制动机临时故障，在停车时间内不能修复时，准许关闭一辆，但列车最后一辆不得为关门车。

2. 闸瓦压力的计算

货物列车每百吨重量的闸瓦压力，计算方法和步骤如下：

（1）列车重量一般是已知数字，因列车编完后，车号员编制列车编组顺序表时已算出，如未给，可根据《铁路技术管理规程》第 10 表计算，所以要熟记第 10 表中各种类型车辆的自重和换长。

$$\text{列车重量}=\text{该列车货重}+\text{自重}=\text{各种不同类型车辆的重量总和}$$
$$\text{同一类型车辆的重量}=(\text{货重}+\text{自重})\times\text{辆数}$$

如为空车，该车的重量只为自重，装载未达到标记载重的车辆按实际重量或计费重量计算。只标明是重车，按标重计算。

（2）分别计算列车中同一类型标记载重车辆数的闸瓦压力：

$$\begin{matrix}\text{同一类型标记载重车辆}\\\text{的闸瓦压力 (kN)}\end{matrix}=\begin{matrix}\text{该类型车辆的}\\\text{闸瓦压力}\end{matrix}\times(\text{辆数}-\text{关门车辆数})$$

（3）计算列车的闸瓦压力总值：

$$\begin{matrix}\text{列车的闸瓦压力}\\\text{总值 (kN)}\end{matrix}=\begin{matrix}\text{各种类型的闸瓦}\\\text{压力总和}\end{matrix}+\text{守车闸瓦压力}$$

（4）计算列车每百吨重量的闸瓦压力：

$$\begin{matrix}\text{列车的每百吨重量}\\\text{的闸瓦压力 (kN)}\end{matrix}=\frac{\text{编成列车的实际闸瓦压力总值}}{\text{列车重量}}\times 100$$

如求出的数字符合规定的闸瓦压力标准，等于或大于 260 kN，说明合乎要求，不需甩关门车。

例题：某货物列车，编组现车 54 辆，计长 69.8 m，总重为 3 065 t，列车制动主管压力为 500 kPa/cm^2。其中标记载重 50 t 棚车重车 15 辆，内有关门车 1 辆；标记载重 50 t 棚车装有 GK 型制动机的重车 18 辆，内有关门车 1 辆；标记载重 60 t 平车空车 14 辆，内有关门车 1 辆；标记载重 60 t 敞车重车 6 辆，内有关门车 1 辆；四轴守车 1 辆。该列车是否需要计算闸瓦压力？该列车闸瓦压力是多少？

解　（1）计算关门车数是否合乎规定：

① 该列车实际编入关门车数为 4 辆。

② 容许编入关门车的辆数为：

$$54\times 6\%=3.24\text{ 辆}=3\text{ 辆（不足一辆四舍五入）}$$

③ 该列车编入关门车的辆数超过现车总数的6%，应计算闸瓦压力，填发制动效能证明书交与司机。

(2) 计算列车闸瓦压力：

① 列车重量3 065 t。

② 根据《铁路技术管理规程》第167条第11表中的每辆车闸瓦压力，从而计算同一类型标记载重车辆数的闸瓦压力。

标记载重50 t及其以上重空车的闸瓦压力为：

$$160\times(35-3)=5\,120\ (\mathrm{kN})$$

标记载重50号GK型制动机重车的闸瓦压力为：

$$240\times(18-1)=4\,080\ (\mathrm{kN})$$

四轴守车闸瓦压力为：

$$90\times1=90\ (\mathrm{kN})$$

(3) 列车闸瓦压力总值为：

$$5\,120+4\,080+90=9\,290\ (\mathrm{kN})$$

(4) 计算列车每百吨重量的闸瓦压力为：

$$\frac{9\,290}{3\,065}\times100=303\ (\mathrm{kN})$$

该列车每百吨重量的闸瓦压力303 kN，大于260 kN，合乎规定，不需甩关门车。

(六) 列车的牵引定数

列车必须按照列车运行图规定的重量或长度编组。在具体工作中遇下列情况执行如下：

(1) 货物列车换长允许欠1.3万以下（不包括1.3）。

(2) 对困难区段，牵引定数在2 000 t及其以下的上波为30 t，在1 000 t及其以下的不准上波。

(3) 按运行图规定的牵引定数，实行普超的列车重量不再上波（有特殊规定除外）。

(4) 列车重量超过81 t及其以上，连续运行距离超过机车乘务规定区段1/2的货物列车，称为超重列车。

(5) 列车重量欠81 t及其以上或列车换长欠1.3及以上，连续运行距离超过机车乘务区段1/2的货物列车，称为欠轴列车。

列车的吨数和换长，有两者不满足其中之一者，视为满轴；两项都不满足者，视为欠轴。

(七) 超限货物及其车辆的编挂

1. 超限货物

超限货物指一件货物装车后，在平直线路上停留时，货物的高度和宽度有任何部位超过机车车辆限界或特定区段装载限界者（以下简称超限），均为超限。在平直线路上停留虽不超限，但行经半径为 300 m 的曲线线路时，货物的内侧或外侧的计算宽度（已经减去曲线水平加宽 36 mm）仍然超过机车车辆限界时，亦为超限货物。

2. 超限货物按其超限部位和超限程度的分类

超限货物由线路中心起分为左侧、右侧和两侧超限。按其超限部位和超限程度，划分为下列等级：

（1）上部超限：由轨面起高度（以下简称高超）超过 3 600 mm，有任何部位超限者，按其超限程度划分为一级、二级和超级。

（2）中部超限：在高度自 1 250 mm 至 3 600 mm 之间，有任何部位超限者，按其超限程度划分为二级和超级。

（3）下部超限：在高度自 150 mm 至未满 1 250 mm 之间，有任何部位超限者，按其超限程度划分为二级和超级。

（4）对装载通过或到达特定装载限界区段（简称特定区段，以下同）内各站的货物，虽没有超出机车车辆限界，但超出特定区段的装载限界时，亦应视为超限货物。其超等级的划分，对超出特定区段装载限界，还没有超出一级超限限界的按一级超限办理；对超出一级超限限界的应根据超出限界程度，确定超限等级。

3. 装载超限货物的车辆编入列车的规定

（1）发站、中转站在挂运超限货物车辆前，由车站值班员将批示命令员号码、车种、车号、到站、超限等级报告调度所，纳入调度日班计划，按指定车次列车。

（2）跨及两个调度所的超限货物车辆，需征得相邻调度所的同意方准挂运。

（3）运行上有限制条件的（主要指会车的限速），除有特殊指示外，不得编入直达、直通列车。

（4）对限期到达、反方向行车和特别批准的超限车，允许专开超限列车。

（5）车站应将调度所下达的有关超限货物运行条件的调度命令交给列车乘务员。没有调度命令，不得编入列车。

（八）列尾装置的摘挂及运用

货物列车尾部须挂列尾装置。小运转列车是否挂列尾装置，由铁路局根据列车运行距离长短等条件确定。

列尾装置尾部主机的安装与摘解，由车务人员负责。制动软管连接，有列检作业的列车，由列检人员负责；无列检作业的列车，由车务人员负责。

列尾装置在使用前，必须按规定进行检测，合格后方可投入运用。

三、列车编组计划

车流组织是铁路行车组织的一项重要内容，规定车流由发生地向目的地运送、车辆编组列车的地点和编组列车的方式等，这就形成了列车编组计划。具体地讲，列车编组计划是规定各站编解列车的任务和编组货物列车的性质、内容和编挂方法及限制车流的全路车流组织计划。

1. 列车编组计划的作用

(1) 列车编组计划规定了全路重空车流向目的地运送的最合理办法，是全路车流组织计划。

(2) 制定列车编组计划，最大限度地组织各种直达列车，可以减少技术站的改编作业，加速车辆周转和物资输送。

(3) 根据车流特点、设备条件和作业能力，正确规定装车站和技术站编组列车办法，合理分配各技术站解编作业量，充分发挥其设备能力，并为各技术站不间断地进行正常作业创造条件。

(4) 在具有平行经路的方向上，通过编制列车编组计划，可以按照运输里程、运送时间、区段通过能力和沿途技术站的能力使用情况，合理规定运行经路，以加速车辆运行，平衡各铁路线的负担。

(5) 列车编组计划具体规定了各货物站和技术站编织列车的种类、到达站和办法，因此，它是这些车站制定设备运用方案和作业组织方案的一项重要依据。

(6) 列车编组计划是编制列车运行图的基础，编制列车运行图应按照列车编组计划规定的列车种类、数量和发到站，铺划相应的列车运行线。

(7) 依据国民经济发展对铁路运输的要求，可以有预见、有计划地提出调整某些站场分工和新建、扩建站场的建议。

2. 违反列车编组计划的情况

(1) 技术直达列车和全部的始发直达列车的车流编入直通、区段、零摘和小运转列车，直通列车的车流编入区段、零摘和小运转列车，区段列车的车流编入零摘和小运转列车。

(2) 直通、区段、零摘和小运转列车的车流编入直达列车，区段、零摘和小运转列车的车流编入直通列车，零摘和小运转列车编入区段列车。

(3) 未按规定选分车组或未执行指定的编挂顺序（由于执行隔离限制，实难兼顾时除外）。

(4) 未按补轴、超轴规定编组列车。

(5) 违反车流经路，将车流编入异方向列车。

(6) 未达到编组计划规定的基本车组重量、长度。

(7) 其他未按编组计划规定编组的列车。

(8) 始发直达列车不符合编组计划规定的编组方法。

第三节 调度指挥

一、车站作业计划

1. 车站班计划

班计划是车站完成一个班运输生产任务的作业组织计划。其内容主要包括：

(1) 列车到达计划：各方向到达的列车车次（划分车场的车站要有场别）、时分、机车型号、编组内容（去向别重车数、车种别空车数、到达本站重车数）。

（2）列车出发计划：发往各方向的列车车次（划分车场的车站要有场别）、时分、机车交路及型号、编组内容（去向别重车数、车种别空车数）、车流来源。

（3）卸车计划：全站卸车数、主要卸车点大宗货物卸车数、卸后空车用途。

（4）装车计划：全站装车数、主要装车点大宗货物品类、车种、去向别的装车数、配空来源、挂运车次。

核心列车、方案“三定”列车及直达、成组装车各主要装车点品类、车种、去向别的装车数、配空来源、挂运车次。

（5）客车底取送、摘挂、调转的车次、时间、车种、辆数。

（6）班任务，主要包括：

货车出入总数，阶段运用车计划，货车平均中转时间，货车一次货物作业平均停留时间。

全站及各场别的到、发列数，编、解列数，无调直通列数。

各货场和专用线别的装、卸车数。

计划扣修车数，站、段、厂修竣车数，货车备用及解除计划。

（7）厂、矿、港交接站和国境站货车交接次数、时间、车种、辆数。

（8）工务、电务、水电、供电施工计划。

（9）其他临时重点任务。

2. 阶段计划

阶段计划是保证实现班计划的行动计划，内容主要包括：

（1）各方向到达列车车次、时分、机车型号、进入场别、占用线别、编组内容、解体顺序和起止时分。

（2）发往各方向的列车车次、时分，机车交路及型号，编组内容，车流来源，占用发车场别、线别，编组作业起止时分。

（3）各货场及专用线别的卸车数、品名、收货人、送车时间、卸空时间、空车用途。

（4）各货场及专用线别的装车数、车种、品名、到站、空车来源、送入时间、装完时间、挂运车次。

（5）重点军用、超限等特种货物和车辆加挂的车次、辆数、编挂限制。

（6）中转列车成组甩挂车次、时间、辆数、去向。

（7）各场（区）及货场、专用线间的车辆（包括检修、洗刷、加冰、倒装等车辆）的交换次数，取送地点、时间、辆数。

（8）客车底取送及摘挂的车次、时间、地点、车种、辆数。

（9）调车机运用和整备计划，驼峰解体、牵出线编组及取送作业的安排。

（10）施工和维修计划。

3. 调车作业计划

调车作业计划是保证实现阶段计划的调车作业具体行动计划。由调车领导人负责编制。

调车作业计划的编制，应根据阶段计划和现车分布状况、到达列车编组确报、驼峰（牵出线）利用情况及调车场线路固定用途和存车情况、各装卸点作业进度及调车机工作动态等实际情况，按照《车站行车工作细则》及有关规定进行编制。

4. 车站阶段计划中到发线运用计划的编制

阶段计划中的到发线运用计划，由车站调度员和车站值班员共同负责确定，由车站值班员亲自掌握。车站调度员或车站值班员必须变更到发线使用计划时，须征得对方同意并在技术作业图表中作鲜明标记。

车站调度员和车站值班员在确定和变更列车到发线运用计划互相矛盾时，应由车站值班站长加以决定。旅客列车到发线应固定使用，变更旅客列车到发线使用时，应通知客运组织部门；通过的旅客列车变更到发线使用时，应取得调度所同意之后方能变更。

二、调度命令

铁路运输调度工作实行分级管理、集中统一指挥的原则。铁道部设调度处，铁路局（含青藏铁路公司，下同）设调度所（下设技术教育室、调度分析室、统计室、综合室），技术站设调度室。

铁道部、铁路局、技术站调度分别代表铁道部部长、铁路局局长、车站站长，根据分级管理、逐级负责、统一指挥的原则，分别掌管全国铁路、铁路局和车站的日常运输组织、指挥工作。

铁道部设值班处长、调度员，铁路局设值班主任（必要时可设值班副主任）、主任调度员、调度员，技术站设值班站长、车站调度员（设调度室的编组站应设室主任、副主任）。

铁道部值班处长、铁路局值班主任、车站值班站长分别领导一班工作。在组织日常运输工作中，下级调度必须服从上级调度的指挥，铁道部、铁路局各工种调度及有关人员分别由值班处长、值班主任统一组织指挥。

铁路局调度统一指挥协调车站和各单位完成班工作任务，车站值班长统一指挥技术站运输工作，车站调度员统一指挥完成阶段计划任务。

铁道部、铁路局调度在组织、指挥日常运输工作中，应及时发布与运输有关的调度命令，下级调度以及行车有关人员必须坚决执行。

发布调度命令应做到：

（1）指挥列车运行的命令和口头指示只能由列车调度员发布。

旅客列车的加开、停运、折返、变更径路及车辆甩挂的命令，经铁道部、铁路局运调度分别报告值班处长、值班主任同意签字后，由客运调度员发布。

（2）调度命令发布前，应详尽了解现场情况，听取有关人员的意见。书写命令内容，受令单位必须正确、完整、清晰，发布时按“一拟，二签，三发布，四复诵核对，五下达命令号码、时间”的程序办理。

（3）铁路分局列车调度员发布行车命令，要一事一令，不得填写其他内容。遇有不正确的文字不准涂改，应圈掉后重新书写。使用常用行车调度命令用语时，不用字句圈掉，不用项圈掉项号。

（4）不准以月度施工方案代替施工调度命令。施工主管部门（单位）要将次日施工计划提前上报施工调度员。施工调度员应提前向行车有关单位发布施工计划调度命令。实际施工调度命令由列车调度员发布。

（5）跨局途中无停点旅客列车的行车命令，可由有关分局直接向两端分局机务（折返）、车务（列车）段下达。

（6）在具备良好转接设备和通信记录装置的条件下，对以下内容可使用无线调度电话向值乘司机发布、转达调度命令，并指定由进入关系区间（站）前的第二个车站值班员提示司机。

① 恢复原行车闭塞法；

② 具有双向设备的区间且作用良好时，双线反方向行车；

③ 按规定时间延迟施工或提前结束施工；

④ 有计划封锁施工开通后指定限速要求的列车；

⑤ 铁路局规定可以利用无线调度电话发布、转达的调度命令。

（7）为确保列车运行安全和秩序，尽量采取不停车交付命令，符合使用无线调度电话发布、转达调度命令的内容和条件时，应用无线调度电话发布、转达调度命令。不具备条件时，本区段有停车站，列车调度员在进入关系区间的停车站交付调度命令；本区段无停车站，有关局可委托有停车站的所在局通过停车站向值乘司机和运转车长转发调度命令。委托局要向受委托局说明转发调度命令的内容和具体车次，受委托局在时间允许的情况下不得拒绝委托；如来不及，必须在列车进入关系区间前的车站停车交付调度命令。委托电话应具备良好的通信记录装置。

使用计算机发布行车调度命令，必须认真执行确认和回执制度。

三、车站技术作业过程

车站的生产活动主要就是车站的技术作业，包括客运作业、货运作业和行车技术作业。

客运作业：车站所办理的客票发售，旅客乘降，旅客的文化生活和生活服务，行李和包裹的承运、装卸、中转、保管和交付等。

货运作业：车站所办理的货物承运、装车、卸车、保管和交付，货运票据的编制与处理等。

行车技术作业：车站所办理的列车接发作业，到达技术作业和出发技术作业，列车的解体和编组作业，车辆的摘挂和取送作业等。

列车技术作业过程简称技术作业过程，即列车的技术作业项目、顺序与时间标准。

货物列车技术作业过程：

（1）无调中转列车技术作业过程（见表 2.4）。

表 2.4　无调中转列车技术作业过程

顺序	作业项目	时间 / min				
		0	10	20	30	40
1	检车员、车号员、货运检查员、守车整备员、出发运转车长出动					
2	车辆技术检修作业（包括摘挂机车及试风）					
3	车号员检查现车					
4	货运检查					
5	准备发车及发车					
作业总时分						

(2) 部分改编中转列车技术作业过程（见表 2.5）。

表 2.5 部分改编中转列车技术作业过程

顺序	作业项目	时间 / min				
		0	10	20	30	40
1	检车员、车号员、货运检查员、守车整备员、出发运转车长出动					
2	车辆技术检修作业（包括摘挂机车及试风）					
3	车号员检查现车					
4	货运检查					
5	摘挂车辆					
6	准备发车及发车					
作业总时分						

在列车前部补轴或减轴时，如能利用到达机车减轴、出发机车补轴，还能进一步缩短甩挂车组的作业时间。

换挂车组的作业方法，甩车与上述减轴的方法相同，挂车与上述补轴的方法相同。

变更列车运行方向时，如原列车中尾部车辆与出发列车机车有隔离限制，需调换。

(3) 解体列车到达技术作业过程。解体列车到达技术站后，不再继续运行，在到达线上进行技术作业后，车列全部解体（见表 2.6）。

表 2.6 解体列车到达技术作业过程

顺序	作业项目	时间 / min				
		0	10	20	30	40
1	检车员、车号员、货运检查员出动					
2	车辆技术检修作业（包括试风、摘机车）					
3	车号员核对现车					
4	货运检查					
5	有关人员办理交接					
6	准备解体					
作业总时分						

（4）始发列车出发技术作业过程（见表 2.7）。

表 2.7　始发列车出发技术作业过程

顺序	作　业　项　目	时间 / min					
		0	10	20	30	40	
1	检车员、车号员、货运检查员出动						
2	车辆技术检修作业（包括试风、摘机车）						
3	车号员核对现车						
4	货运检查						
5	司机接收票据						
6	准备发车及发车						
作　业　总　时　分							

第四节　车站运输统计工作

一、列车编组顺序表（运统 1）（见表 2.8）

列车编组顺序表（含确报，下同）是记载列车组成情况，作为车站与车长（或司机）间、铁路局之间交接车车辆的依据，是运输统计的主要原始资料。有关人员必须按下列规定，准确、清楚地填记、报送。

表 2.8　列车编组顺序表

__站编组__站终到　　　___年__月__日__时__分　　　__次列车

自首尾（不用字抹消）　　　制表者　　　检查者

顺序	车种	罐车油种	车号	自重	换长	载重	到站	货物名称	发站	篷布	收货人或卸线	记事

（1）凡由编组站、区段站及列车始发站发出的一切列车（包括挂有车辆的单机、轨道车附挂路用车），均由车站按列车实际组成情况编制本表。除留存一份外，一份交车长（无车长时为司机，下同）带到下一区段站、终到站，并按规定及时传输上报确报库。对经由铁路局分界站（包括分界站为中间站）交出的列车，需增添一份由车长负责交分界站统计人员。根据自局或自站需要，可增添本表份数。

（2）填记方法：

① 编组站名：填记列车始发站名。列车在分界站或运行途中的编组站、区段站更换本表时，表头仍应填记原编组始发站名。

② 年、月、日、时、分：按日历日填记列车计划发车时间。

③ 列车车次：填记计划开行车次。

④ 自首尾：不用字抹销。

⑤ 制表者、检查者：签字（代号）或盖章。

⑥ 车种栏：填记货车基本记号及辅助记号。

⑦ 罐车油种栏：根据罐车车体标记以简字填记。轻油填“Q”，黏油填“L”。车体上的油种涂有代用字样时，按所代用的油种填记。

⑧ 车号栏：根据车体上的大号码填记。如发现双号码，以车底架侧梁号码为准。

⑨ 自重及换长栏：车辆的自重及换长，根据《铁路技术管理规程》中“机车、车辆重量及长度表”的规定计算。无规定时在本栏填记车体标记的自重及换长。

⑩ 载重栏：根据货票记载的货物实际重量（无实际重量按计费重量）填记。一票多车只有合计载重吨数时，用上下括号表示。

对下列货车装载重量，按以下规定填记：

a. 沿途零担车，不论重空和装货多少，均按货车标记载重的 1/3 填记。

b. 重客车按客车车体外部标记载重计算。

c. 代客重车按每辆 10 t 计算；行包专列重车按《行包专列组织办法》有关规定填记；其他装运非营业货物的非运用重车，按实际装载重量计算；无实际装载重量时，按标记载重 1/3 计算。

d. 货车上装载的重集装箱填记“货重＋箱重”合计重量。

e. 空集装箱自重（箱重）按表 2.9 规定填记。

表 2.9 集装箱技术参数表

集装箱类型	自重 / t	载重 / t	换算箱数
1 吨箱	0.2	0.8	0.1
6（5）吨箱	0.9	5.1	0.5
10 吨箱	1.6	8.4	1.0
20 英尺箱	2.4	21.6	2.0
40 英尺箱	2.7	26.8	4.0

f. 整车回送铁路篷布每张按 60 kg 计算。

g. 其他铁路货车用具（加固材料、军用备品等）按实际重量计算；整车回送无实际重量时，按货车标记载重的 1/3 计算。

本栏的载重量按辆以吨为单位填记，吨以下四舍五入。

⑪ 到站栏：按货票或其他货运票据填记重车的到达站名。多站整装零担车及整车分卸应

分别填记第一及最终到达站站名；水陆联运货票按到达第一个港口车站填记；其他有指定到站的车辆亦在此栏填记到达站名。

⑫ 货物名称栏：按货票记载的货物名称填记。对下列车辆按规定的字样填记：

a. 沿途零担车填记“沿零”，整装零担车填记“整零”。

b. 运用空车填记“空”字。

c. 非运用车填记非运用种别（含守车），如“检修”、“代客”、“路用”字样。

d. 企业自备车、企业租用空车填记“自备”、“租用”字样；军运货票填记军运号码。

e. 整车运送铁路集装箱时按实际状态填记箱型、箱重（或空）、箱数。

f. 一车货物有数种品名时，按其中重量最多的货物品名填记；如只有一个重量，按第一个品名填记，并在品名之后增填“等”字。

⑬ 发站栏：按货票填记重车始发站名。

⑭ 篷布栏：按货票和“特殊货车及运送用具回送清单”填记铁路篷布张数。

⑮ 收货人或卸线栏：按铁路局规定填记。

⑯ 记事栏：除下列规定外，其余按铁路局的规定填记。

a. 对装载危险、易燃货物的车辆，按《危险货物运输规则》的规定填记隔离记号。

b. 对外国车辆填记国名；对企业自备车填记企业简称；对军方自备车填记“军方自备”字样。

（3）自编组站出发及在途中站摘挂后列车编组见表 2.10，各栏按下列方法填记：

表 2.10　自编组站出发及在途中站摘挂后列车编组

<table>
<tr><th rowspan="3">站名</th><th colspan="5">客车</th><th colspan="4">货车</th><th rowspan="3">守车</th><th rowspan="3">其他</th><th rowspan="3">合计</th><th rowspan="3">自重</th><th rowspan="3">载重</th><th rowspan="3">总重</th><th rowspan="3">换长</th><th rowspan="3">铁路篷布合计</th></tr>
<tr><th rowspan="2">合计</th><th colspan="4">其中</th><th rowspan="2">重车</th><th rowspan="2">空车</th><th rowspan="2">非运用车</th><th rowspan="2">其中代客</th></tr>
<tr><th>原编组客车</th><th>担当局</th><th>加挂客车</th><th>担当局</th></tr>
<tr><td></td><td></td><td></td><td></td><td></td><td></td><td></td><td></td><td></td><td></td><td></td><td></td><td></td><td></td><td></td><td></td><td></td><td></td></tr>
<tr><td></td><td></td><td></td><td></td><td></td><td></td><td></td><td></td><td></td><td></td><td></td><td></td><td></td><td></td><td></td><td></td><td></td><td></td></tr>
</table>

到达时间　月　日　时　分　　交接时间　时　分　　车长签章

① 站名：编组始发列车填记始发站名。列车在分界站或在运行途中的区段站更换本表时，填记更换站名。

② 客车：填记客车（包括简易客车）的辆数。

③ 货车：分别部属车、企业自备车、合计三行填记。其中重、空车为运用车的重车、空车辆数；非运用车为检修、代客、路用、军方特殊用途空车等非运用车的合计辆数。

④ 守车：为实际守车数。

⑤ 其他：填记不属于客、货、守车范围的机械车辆、架桥机、起重机、无动力机车等的合计辆数。

⑥ 合计：为列车编组总辆数（不包括本务、重联、补机及有动力附挂机车等）。

⑦ 自重：填记全列车（包括无动力机车）加总后的自重吨数（吨以下四舍五入）。

⑧ 载重：填记表内载重栏加总后的吨数。

⑨ 总重：填记本项自重加载重及括号内表示的重量的总吨数。

⑩ 换长：填记全列车辆（包括无动力机车）加总后的换长。

⑪ 铁路篷布合计：为铁路篷布总张数。

（4）列车中有装载回送部属车、检修车时，须另填表 2.8 一份，填记被装载车辆的车种、车号及辆数，并注明“第×××次列车运统 1 附件”，作为各车站（分界站）统计出入车数的依据。

（5）在列车出发、运行途中及到达时，应按下列规定办理：

① 车号员编制列车编组顺序表后，应与现车进行核对，发现不符及时更正。

② 列车在中间站摘挂车辆时，由车站将有关摘下车辆的记载抹销，将加挂车辆有关事项记入空白行内，并在各该车辆的记事栏内注明摘挂车辆站名以及填记摘挂后列车编组情况各栏。

③ 列车到达后，司机应将列车编组顺序表移交车站，车号员与现车进行核对，发现不符及时更正。

（6）车站对列车编组顺序表应分到、发列车逐日整理，装订成册，妥善保管。

（7）“运统 1 甲”为“列车编组顺序表（运统 1）”的确报形式，其内容应与“运统 1”相同；“运统 1 乙”为司机报单用的列车编组通知单。

二、车站现在车统计

现在车统计是反映车站、分局、铁路局管内以及新线、合资、地方铁路内每日 18：00 货车现在数及运用情况，作为日常调度指挥、编制运输工作计划、调速运力配置以及经营管理的依据。

现在车分类：按产权所属分为部属货车、企业自备货车、外国货车；按运用状况分为运用车和非运用车。

（一）运用车

运用车指参加铁路营业运输的部属货车、企业自备车、外国货车，企业租用、军方特殊用途重车。

运用车分为重车和空车。

1. 重　车

（1）实际装有货物并具有货票的货车；

（2）卸车作业未完的货车；

（3）倒装作业未卸完的货车；

（4）以“特殊货车及运送用具回送清单”手续装卸整车回送铁路货车用具（部属篷布、空集装箱及军用备品等）的货车；

（5）填制货票的游车；

（6）在编组计划规定区段内未装有货物的沿途零担车。

2. 空　车

（1）实际空闲的货车；

（2）装车作业未完的货车；

（3）倒装作业未装完的货车。

（二）非运用车

非运用车指不参加铁路营业运输的部属货车（包括租出空车）和在有专用线、专用铁道企业内的已批准过轨的该企业自备货车及军方特殊用途空车，以及因为路内特殊用途需要专门制造不能装运货物的特种用途车（包括试验车、发电车、轨道检查车、检衡车、除雪车等）。

1. 备用车

备用车指为了保证完成临时紧急任务的需要所储备的技术状态良好的部属空货车。

（1）备用货车分为特殊备用车、军用备用车、专用货车（包括冷藏车、散装粮食车、家畜车、罐车、风动石碴车、散装水泥车、毒品专用车、基本型号为“D”字的长大货物车和涂有“专用车”字样的一般货车）备用车和国境、港口备用车。

（2）特殊备用车、军用备用车和专用货车备用车的备用、解除，必须根据铁道部每季批准下达的计划，按照指定的车站、车种、数量以及铁路局备用命令批准备用。

（3）备用车的备用和解除时间：根据部、局当日调度命令批准，经备用基地检车员检查后，由车站调度员或值班员填写“运用车转变记录（运统6）”并签字的时分起算。

货车转入备用时分不得早于：

① 车站收到调度命令的时分；

② 作业车卸车完了的时分；

③ 到达空车为列车到达技检完了的时分。

备用货车解除时分不得迟于：

① 排空时规定列车开始技检的时分；

② 装车时调入装车地点的时分。

（4）特殊备用车须备满 48 h，才能解除备用。备用时间不满或无令动用时，自备用时起按运用车统计（因紧急任务需要，经铁道部批准解除时，不受此项限制）。

（5）备用车必须停放在铁路局指定的备用基地内。港口、国境站备用车必须停放在指定的港口、国境站。凡未停放在指定地点的均不准统计为备用车。

（6）备用车在不同基地间不得转移。根据命令，在同一备用基地内转移时，备用时间不连续计算，原存放站及新存放站均需备满规定时间。

（7）不准将重车、租用空车列入备用车。

（8）对违反规定运用备用车时，必须调整运用车数和货车停留时间。

2. 检修车

检修车为部属货车（包括企业租用车）定检到期而扣下修理、摘车临修、事故破损、等待报废和回送检修等的货车。

3. 代客货车

代客货车是根据铁道部命令用以运送人员、行李及包裹的货车。

车站接到命令后，由车站和检车人员在“运用车转变记录（运统6）”上签字时起转入“代客”，使用完了（指卸空，包括备品）时，填制“运用车转变记录（运统6）”转回运用车。代客空车根据调度命令以客运车次回送时，按“代客”统计；以货运车次回送时，按挂运凭证（回送清单、调度命令等）实际统计，无挂运凭证按运用车统计。

“代客货车”装载货物填制货票时，自代客或回送到达时起按运用车统计。

行包专列上编挂的行包专用货车，不论重车、空车，皆按代客货车统计。

4. 路用车

路用车为铁道部批准作为铁路各单位运送非营业运输物资或用于特殊用途的货车。分为特种用途车和其他路用车。

特种用途车指因为路内特殊用途需要专门制造不能装运货物的特种用途车（包括试验车、发电车、轨道检查车、查衡车、除雪车等）。

上述车辆以外的路用车为其他路用车。

（1）经铁道部批准的“路用车使用证明书”是统计路用车的依据。使用单位应按规定涂打路用车使用标记。路用车只准在批准的使用期限、区段和用途的范围内使用，对违反使用规定的路用车，按运用车统计。

（2）路用车的转变时分自使用单位收到车辆并在“运用车转变记录（运统6）”上签字时起，至使用完了交回车辆并填制“运用车转变记录（运统6）”转回货用车时止，按路用车统计。

（3）路用车装运货物并填制货票，在重车状态下按运用车办理。

（4）防洪备料车：是根据铁道部（铁路局）命令为汛期防洪抢险指定储备一定数量防洪备料的重车，在重车储备停留状态下按路用车统计，其他状态按运用车统计。

5. 洗罐车

洗罐车为进行洗罐的良好罐车。

由洗罐段填制“车辆装备单（车统24）”送交车站签字时起算，洗刷完了，由车站人员在“罐车洗刷交接记录单（车统89）”上签字时起转回运用车。企业自备车发生洗罐时，洗罐段一律填发“企业自备车装备单（车统24Q）”，统计为洗罐车，洗刷完了，填发“企业自备车洗刷交接记录单（车统89Q）”转回运用车。为进行检修而洗罐时，应列入检修车内。

由企业自行洗罐不能执行上述办法时，由铁路局规定平均洗罐时间（最长不得超过4 h），自罐车送入洗罐交接地点至规定时间止按洗罐车统计。

6. 整备罐车

整备罐车为在指定地点进行技术整备的整列（成组）固定编组石油直达罐车。在到达整备站时，按运用车统计；送入配属段整备线进行技术整备时，根据车辆部门填发的“车辆装备单（车统24）”送交车站签字时起6 h内按整备罐车统计。整备完了由车站在“车辆修竣通知单（车统 36）”上签字时起转回运用车。如固定编组石油直达罐车更换车辆时，须由车辆部门及时通知车站。

7. 企业租用空车

企业租用空车包括：

（1）企业租用的部属货车空车。

（2）新造及由国外购置的货车在交付使用前的试运转空车。

（3）部队训练使用的部属货车：

① 使用停留车辆训练，按轴、按日核收使用费时，由交付使用至使用完了交回时止，按企业租用空车统计。

② 在训练期限间随同列车挂运核收 80% 运费时，自列车出发时起至到达时止，对装运物资的货车接运用车统计，运送人员的棚车按“代客”统计。

③ 用铁路机车单独挂运核收机车使用费时，按企业租用空车统计。

（4）出租车及退租车由车站与使用单位在“运用车转变记录（运统 6）”上签字时起转入企业租用车或转回运用车。

8. 在本企业内的过轨自备车

在本企业内的过轨自备车指在本企业专用线、专用铁道内的已批准过轨的该企业自备货车，包括没有（租用）专用线、专用铁道的企业的回到过轨站的自备空车。

9. 军方特殊用途空车

军方特殊用途空车指军方用于军事运输等特殊用途的空货车（车体基本记号标明为客车的除外）。

（三）企业准备车运用与非运用转变时分的确定

对出入本企业专用线、专用铁道的企业自备车，以将车辆送到交接地点时分为准；对没有企业（租用）专用线、专用铁道的企业自备车回到过轨站，以装卸作业完了时分为准。

三、货车停留时间统计

凡计算车站出入的运用车，由到达或加入时起至发出或退出时止的全部停留时间（不包括其中转入非运用车的停留时间），均应统计停留时间，但中间站利用列车停站时间进行装卸，装卸完了仍随原列车继续运行时，只计算作业次数（沿途零担车除外），不计算停留时间。

货车停留时间按作业性质，分为货物作业停留时间和中转停留时间。

（一）货物作业停留时间

货物作业停留时间为运用车在站线（包括区间，下同）及专用线（包括铁路的厂、段管线，下同）内进行装卸、倒装作业所停留的时间。

货物作业停留时间作业过程：

（1）入线前停留时间：由货车到达时起至送到装卸地点时止，以及双重作业货车由卸车完了时起至送到另一装车地点时止的时间。

（2）站线作业停留时间：由货车送到装卸地点时起至装卸作业完了时止的时间。

（3）专用线作业停留时间：由货车送到装卸地点时起至装卸作业完了时止的时间。如规定以企业自备机车取送车辆，以双方将货车送到规定地点的时分计算。

（4）出线后停留时间：由货车装卸作业完了时起至发出时止的时间。

$$\text{一次货物作业平均停留时间}=\frac{\text{货物作业车辆小时}}{\text{货物作业次数}}$$

式中，货物作业车辆小时等于各作业过程车辆小时之和。作业次数等于装车、卸车、倒装作业次数，零担车装卸次数之和。

（二）中转停留时间

中转停留时间为货车在车站进行解体、改编及其他中转作业（包括变列到站、装载记载、专为加冰及洗罐消毒的货车，按规定进行洗罐的罐车除外）所停留的时间。

计算中转停留时间的货车有两种：

1. 无调中转货车

（1）在编组站或区段站原列到开的列车上的货车（摘走的车辆除外）。

（2）在编组站或区段站进行补、减轴调车作业的原中转列车上的货车（补、减轴的车辆除外）。

（3）停运列车上的货车。

2. 有调中转货车

凡不符合上述无调中转作业条件的中转货车，均按有调中转货车统计。

中转时间计算方法：

（1）$\text{无调中转车平均停留时间}=\frac{\text{无调车辆小时}}{\text{无调车数}}$

（2）$\text{有调中转车平均停留时间}=\frac{\text{有调车辆小时}}{\text{有调车数}}$

（3）$\text{中转车平均停留时间}=\frac{\text{无调车辆小时}+\text{有调车辆小时}}{\text{无调车数}+\text{有调车数}}=\frac{\text{中转车辆小时}}{\text{中转车数}}$

式中，车辆小时等于每个小时内车辆数之和。中转车数等于出入车数之和除以 2。

货车停留时间的统计方法分为号码制和非号码制两种。

（三）在中间站产生下列中转作业时必须统计中转停留时间（不论是否有中转停留时间指标计划）

（1）停运列车上的货车；

（2）列车在中间站折返原方向所挂的不属于本站办理装卸作业的货车；

（3）不是本站装卸作业而摘下的货车。

四、装卸车统计

（一）装车数

凡在铁路营业线、临时营业线上的货运营业站承运并填制货票，以运用车运送货物的装车，均统计为装车数。

1. 整车货物

（1）由营业站承运装车。

（2）新线铁路、合资铁路、地方铁路、国境分界站（接轨站）由新线铁路、合资铁路、地方铁路、国外接入并填制货票的重车或换装货物的装车（不包括通过新线分流的重车及到达分界站卸车的重车）。

（3）港口站接运的水陆联运货物的装车及不同轨距联轨站的换装货物的装车。

（4）填制货票的游车。

（5）填制发票免费回送货主的货车用具和加固材料的整车装车。

（6）按 80% 核收运费的企业自备车、企业租用车和路用的装车（按轴公里计费的除外）。

（7）填制货票核收运费的站内搬运的卸车。

2. 零担货物

（1）按照列车编组计划或以调度命令指定挂运的沿途零担车在始发站的装车（不论重、空车）；

（2）整装零担车在始发站，装载自站发送货物占全部货物重量一半及其以上的装车。

3. 集装箱货物

整车集装箱在终到站到达自站集装箱其换算箱数占全部换算箱数一半及以上的装车。

（二）卸车数

凡填制货票以运用车运送，到达铁路营业线、临时营业线上营业站的卸车，均统计为卸车数。

1. 整车货物

（1）到达营业站货物的卸车。

（2）新线铁路、合资铁路、地方铁路、国境分界站（接轨站）向新线铁路、合资铁路、地方铁路、国外交出的重车或换装货物的卸车（不包括通过新线分流的重车及分界站装车交出的重车）。

（3）水陆联运货物在港口站的卸车及不同轨距联轨站换装货物的卸车。

（4）填制货票的游车。

（5）填制货票免费回送货主的货车用具和加固材料的整车卸车。

（6）按 80% 核收运费的企业自备车、企业租用车和路用车的卸车（按轴公里计费的除外）。

（7）填制货票核收运费的站内搬运的卸车。

2. 零担货物

（1）按照列车编组计划或以调度命令指定挂运的沿途零担车在终点站的卸车（不论重、空车）。

（2）整装零担车在终到站到达自站货物占全部货物重量一半及以上的卸车。

3. 集装箱货物

整车集装箱在终到站到达自站集装箱其换算箱数占全部换算箱数一半及以上的卸车。

五、货物列车正点统计

货物列车正点统计是反映货物列车按运行图行车情况，考核日（班）列车工作计划的编制质量及执行情况，分析改善列车运行秩序和运输指挥工作的主要依据。货物列车正点率是考核运输组织工作质量的主要指标之一。

1. 列车出发、到达、通过时分的确定

（1）列车出发：列车机车向前进方向启动，以列车在站界（场界）内不再停车为准。列车发出站界后，因故退回发站再次出发时，则以第一次出发时为准。

注：场界是指一站多场的场间分界点，各车场在列车运行图内分别规定有列车发、到（或通过）时分。

（2）列车到达：以列车进入车站，停于指定到达线警冲标内方时分为准。列车超过实际到达线有效长度时，以第一停车时分为准。列车在区间分部运行时，则以全部车辆到达前方站时分为准；如分部运行将车辆拉向两端车站，以拉向前方站的最后一部分车辆到达时分为准。

（3）列车通过：以列车机车通过车站值班员室时分为准。

2. 列车出发正点统计

（1）编组始发列车，下列情况按出发正点统计：

① 根据日（班）计划规定的车次，按图定的时分正点或早点不超过 15 min 出发时；

② 日（班）计划规定以图定运行线到达的中转列车，因临时停运或晚点在执行的日（班）计划内不能到达时，编组站、区段站根据发车前调度命令，利用该运行线提前开行日（班）计划规定的编组始发车次的列车，正点或早点不超过 15 min 出发时。

除上述情况外，利用该运行线开行的编组始发列车，出发按晚点统计。

（2）中转列车，下列情况按出发正点统计：

① 根据日（班）计划规定按图定接续运行线正点、早点出发或晚点不超过到达运行线（注 1）图定接续中转时间出发时。

预计中转列车不能按图定接续运行线运行时，按日（班）计划规定的接续运行线正点、早点出发或晚点不超过到达运行线图定接续的中转时间出发时。

② 直达列车原利用的运行线已终止，按日（班）计划规定以原车次另行接续的运行正点、早点出发或晚点不超过日（班）计划规定接续的中转时间出发时。

注 1：到达运行线是指列车按日（班）计划或调度命令规定所走的运行线。

③ 中转列车临时早点，根据发车前调度命令提前利用空闲运行线（注 2）正点、早点出发或晚点不超过到达运行线图定接续中转时间出发时。

中转列车临时晚点利用空闲运行线出发时，仍按到达运行线图定接续的中转时间统计正晚点。

3. **货物列车出发正点率**

$$货物列车出发正点率=\frac{出发正点列数}{出发总列数}\times 100\%$$

计算小时数到第一位，第二位四舍五入。

注 2：空闲运行线是指基本列车运行图中。① 日（班）计划未使用的运行线；② 日（班）计划规定使用的运行线，又以调度命令利用其他运行线运行或临时停运时。

第三章 行车工作

第一节 行车闭塞工作

一、应停止基本闭塞改用电话闭塞法行车的情况

遇下列情况，应停止使用基本闭塞法，改用电话闭塞法行车：

（1）基本闭塞设备发生故障（包括自动闭塞区间内两架及其以上通过信号机故障或灯光熄灭）时。

（2）发出挂有由区间返回后部补机的列车时，或自动闭塞区间发出由区间返回的列车时。

（3）无双向闭塞设备的双线区间反方向发车或改按单线行车时。

（4）半自动闭塞区间，发出须由区间返回的列车，由未设出站信号机的线路上发车，或超长列车头部越过出站信号机并压上出站方面轨道电路发车时。

（5）在夜间或遇降雾、暴风雨雪，为消除线路故障或执行特殊任务，开行轻型车辆时。

二、办理停止或恢复基本闭塞法

当基本闭塞设备不能使用时，应根据列车调度员的命令采用电话闭塞法行车。遇列车调度电话不通时，闭塞法的变更或恢复，应由该区间两端站的车站值班员确认区间空闲后，直接以电话记录办理。列车调度电话恢复正常时，两端站车站值班员应及时向列车调度员报告。

三、“按站间办理”与“按站间区间办理”行车

（1）“按站间办理”：在自动闭塞区间由于天气不良和有特殊原因，不改变原闭塞方法，仅改按站间区间间隔放行列车。

（2）“按站间区间办理”：自动闭塞区间改按电话闭塞方法办理行车。

四、自动闭塞法行车时设备正常列车进入闭塞分区的行车凭证

使用自动闭塞法行车时，列车进入闭塞分区的行车凭证为出站或通过信号机的黄色灯光、绿黄色灯光或绿色灯光。特快旅客列车由车站通过时，为出站信号机的绿黄色灯光或绿色灯光。遇站间未设通过信号机时，发出列车的行车凭证由铁路局规定。

自动闭塞区段的车站，办理发车前应向接车站预告，单线自动闭塞区段的车站，还须得到列车调度员的同意；已向接车站预告，但列车不能出发时，发车站须通知接车站取消预告。

五、特殊情况下列车进入闭塞分区的行车凭证

自动闭塞区段遇下列情况发车的行车凭证，在三显示区段规定如表 3.1，在四显示区段规定如表 3.2。

表 3.1 自动闭塞区段（三显示）特殊情况行车凭证表

<table>
<tr><th>列车出发情况</th><th>行车凭证</th><th>发给行车凭证的依据</th><th>附带条件</th></tr>
<tr><td>出站信号机不能显示绿色灯光，仅能显示黄色灯光时，办理特快旅客列车通过</td><td>出站信号机的黄色灯光，发给司机绿色许可证</td><td>监督器表示两个闭塞分区空闲，不表示时为接到列车到达邻站的通知或前次列车发出后不少于 10 min 的时间</td><td></td></tr>
<tr><td>出站信号机故障时发出列车</td><td rowspan="5">绿色许可证</td><td rowspan="3">1. 监督器表示两个或第一个闭塞分区空闲（办理特快旅客列车通过必须两个闭塞分区空闲），不表示时为接到列车到达邻站的通知或前次列车发出后不少于 10 min 的时间
2. 确认道岔位置正确及进路空闲
3. 单线须取得对方站确认区间内无迎面列车的电话记录</td><td rowspan="3">从监督器上不能确认第一个闭塞分区空闲时，发车人员须书面通知司机，以在瞭望距离内能随时停车的速度，最高不超过 20 km/h，运行到第一架通过信号机，按其显示的要求执行</td></tr>
<tr><td>由未设出站信号机的线路上发车</td></tr>
<tr><td>超长列车头部越过出站信号机发车</td></tr>
<tr><td>发车进路信号机发生故障时发出列车</td><td rowspan="2">确认道岔位置正确及进路空闲</td><td rowspan="2">列车到达次一信号机，按其显示的要求执行</td></tr>
<tr><td>超长列车头部越过发车进路信号机发车</td></tr>
<tr><td>自动闭塞作用良好，监督器故障时发出列车</td><td>出站信号机的绿色或黄色灯光</td><td></td><td>与邻站车站值班员及本站信号员联系</td></tr>
<tr><td>双线双向闭塞设备的车站，反方向发出列车</td><td>出站信号机的绿色灯光</td><td>1. 区间占用表示灯表示区间空闲
2. 双线反方向行车的调度命令</td><td>反方向发车进路表示器显示一个白色灯光</td></tr>
</table>

表 3.2 自动闭塞区段（四显示）特殊情况行车凭证表

<table>
<tr><th>列车出发情况</th><th>行车凭证</th><th>发给行车凭证的依据</th><th>附带条件</th></tr>
<tr><td>出站信号机不能显示绿色灯光或绿黄色灯光，仅能显示黄色灯光时，办理特快旅客列车通过</td><td>出站信号机的黄色灯光，发给司机绿色许可证</td><td>监督器表示第一、二个闭塞分区空闲，不表示时为接到列车到达邻站的通知或前次列车发出后不少于 10 min 的时间</td><td></td></tr>
<tr><td>出站信号机故障时发出列车</td><td rowspan="5">绿色许可证</td><td rowspan="3">1. 监督器表示第一、二个或第一个闭塞分区空闲（办理特快旅客列车通过必须第一、二个闭塞分区空闲），不表示时为接到列车到达邻站的通知或前次列车发出后不少于 10 min 的时间
2. 确认道岔位置正确及进路空闲
3. 单线须取得对方站确认区间内无迎面列车的电话记录</td><td rowspan="3">从监督器上不能确认第一个闭塞分区空闲时，发车人员须书面通知司机，以在瞭望距离内能随时停车的速度，最高不超过 20 km/h，运行到第一架通过信号机，按其显示的要求执行</td></tr>
<tr><td>由未设出站信号机的线路上发车</td></tr>
<tr><td>超长列车头部越过出站信号机发车</td></tr>
<tr><td>发车进路信号机发生故障时发出列车</td><td rowspan="2">确认道岔位置正确及进路空闲</td><td rowspan="2">列车到达次一信号机，按其显示的要求执行</td></tr>
<tr><td>超长列车头部越过发车进路信号机发车</td></tr>
<tr><td>自动闭塞作用良好，监督器故障时发出列车</td><td>出站信号机的绿色、绿黄色或黄色灯光</td><td></td><td>与邻站车站值班员及本站信号员联系</td></tr>
<tr><td>双线双向闭塞设备的车站，反方向发出列车</td><td>出站信号机的绿色灯光</td><td>1. 区间占用表示灯表示区间空闲
2. 双线反方向行车的调度命令</td><td>反方向发车进路表示器显示一个白色灯光</td></tr>
</table>

注：在四显示区段，因设备不同，执行上述条款困难的，可按铁路局规定办理。

六、车站监督器异常及到发线轨道电路故障时的处理办法

车站值班员遇下列情况，除立即通知邻站、信号工区、工务工区、报告列车调度员并迅速查明原因、排除故障外，应采取以下措施：

（1）列车超过规定运行时分 5 min 尚未到达，或接近表示灯着灯经过所需时分不灭时，应立即通知发车站转告进入该区间的列车注意运行。在未判明原因前，对本站出发的列车亦应通知司机，使其在运行中查明邻线列车运行情况并使用列车无线调度电话报告前方站车站值班员。

（2）本站未发出列车，邻站有列车开来，接近表示灯着灯超过所需时分不灭，而离去表示灯亦着灯时，在未判明原因前，本站及邻站均不准发出列车。

（3）本站发出列车后，邻站无列车开来，离去表示灯着灯超过运行时分不灭，同时接近表示灯着灯，在未判明原因前，除本站不准发出列车外，应立即通知邻站不准向该区间发出列车。

（4）车站到发线轨道电路故障时的处理：

① 到发线有机车车辆占用，轨道电路无显示，需发出列车时，可开放出站（进路）信号机发车。

② 到发线无机车车辆占用，而轨道电路显示红光带时，应立即通知电务、工务人员检查，经电务、工务人员处理签认后，可按规定办理接发列车。

③ 无列车占用，车站监督器异常，应立即通知电务、工务、电力人员检查，在得到线路正常的报告后，可按规定办理发车。

七、半自动闭塞法行车占用区间的行车凭证

使用半自动闭塞法行车时，列车凭出站信号机或线路所通过信号机显示的进行信号进入区间。

开放出站信号机或通过信号机前，双线区段必须得到前次列车到达前方站的到达信号；单线区段必须得到接车站的同意闭塞信号。

发车站办理闭塞手续后，列车不能出发时，应将事由通知接车站，取消闭塞。

半自动闭塞区段，遇超长列车头部越过出站信号机而未压上出站方面的轨道电路发车时，行车凭证为出站信号机显示的进行信号，并发给司机调度命令。

发车进路信号机故障时的行车办法，由铁路局规定。

八、半自动闭塞机应停止使用的情况

半自动闭塞机遇下列情况之一时，应停止使用：

（1）未经办理，闭塞机表示灯出现错误显示。

（2）办理闭塞时，双方表示灯显示不一致。

（3）列车出发占用区间后，表示灯没有闭塞表示。

（4）列车到达后，表示灯没有到达表示。

九、使用事故按钮办理闭塞机复原及办理时注意事项

下列情况可使用故障按钮办理闭塞机复原：

（1）列车到达，因轨道电路故障不能办理到达复原时。

（2）闭塞机停电后恢复时。

（3）非集中联锁车站，发车手柄反位后必须取消闭塞时。

故障按钮不加联锁条件，用故障按钮办理闭塞机复原时，双方车站值班员要加强联系，共同确认列车没有出发，确认区间没有车。确认列车整列到达后，根据调度命令方可办理复原。每次使用故障按钮后，车站值班员必须及时在《行车设备检查登记簿》内登记，并通知电务人员加封。

十、单线继电半自动闭塞的取消复原

办理闭塞后，列车因故停开，取消闭塞时，应按下列各项办理取消复原：

（1）请求闭塞后（发车表示为黄灯时），经双方同意，发车站车站值班员拉出闭塞按钮或按下复原按钮。双方表示灯熄灭，闭塞机复原。

（2）开放出站信号机前（发车表示为绿灯时），经双方同意，按前一项手续办理。

（3）开放出站信号机后（或发车手柄反位），先通知发车人员停止发车。非集中联锁的车站，必须确认列车没有出发，经双方同意，发车站车站值班员先关闭出站信号，将发车手柄扳回定位，登记破封，按压事故按钮，办理事故复原。双方表示灯熄灭，闭塞机复原。

集中联锁的车站，必须通知发车人员确认列车没有出发，经双方同意，发车站车站值班员先关闭出站信号，待发车进路解锁后，再拉出闭塞按钮或按下复原按钮，此时双方表示灯熄灭，闭塞机复原。

十一、双线继电半自动闭塞的取消复原

集中联锁的车站，开放出站信号后如需取消发车时，发车站车站值班员必须通知发车人员，确认列车没有出发，经双方联系后，关闭出站信号，待发车进路解锁后，即可单独办理取消复原。此时，发车表示灯熄灭。

非集中联锁的车站，开放出站信号后，因特殊原因需取消闭塞时，发车站车站值班员必须通知发车人员，确认列车没有出发，经双方联系后，关闭出站信号，按下闭塞按钮使发车表示灯亮黄灯；然后再由接车站值班员登记破封，先拉出事故按钮，再拉出闭塞按钮，办理事故复原，此时双方表示灯都熄灭。

十二、办理电话闭塞时需发出电话记录号码的事项

办理电话闭塞时，下列各项应发出电话记录号码，并记入《行车日志》：

（1）承认闭塞；

（2）列车到达，补机返回；

（3）取消闭塞；

（4）单线或双线反方向越出站界调车。

电话记录号码自每日 0：00 起至 24：00 止，按日循环编号，编号办法由铁路局规定。

十三、电话闭塞行车时列车占用区间凭证及填写凭证的要求

使用电话闭塞法行车时，列车占用区间的行车凭证为路票。当挂有由区间返回的后部补机时，另发给补机司机路票副页。

单线或双线反方向发车（正方向首列发车）时，根据《行车日志》查明区间已空闲，并取得接车站承认，在发车进路准备妥当后，方可填发路票。双线正方向发车时，根据收到的前次发出的列车到达的电话记录，在发车进路准备妥当后，即可填发路票。

十四、闭塞机、闭塞电话或控制台揭挂表示牌、安全帽（卡）的规定

（1）区间闭塞时揭挂“区间占用”表示牌（闭塞设备不能表示区间占用时揭挂）；

（2）区间空闲时揭挂“区间空闲”表示牌（闭塞设备不能表示区间空闲时揭挂）；

（3）封锁区间时揭挂“封锁区间”表示牌；

（4）闭塞机故障或停止使用基本闭塞法改为代用闭塞时，揭挂“闭塞机停止使用”表示牌；

（5）控制台上使用的安全帽（卡）的揭挂，由车站规定纳入《车站行车工作细则》；

（6）表示牌及安全帽（卡）为车站行车室固定备品，由车站（车务段）根据需要制作。

以上表示牌除“区间空闲”表示牌为白底黑字外，其他均为白底红字。

十五、一切电话中断时行车的办理

车站一切电话中断，是指车站行车室内的一切电话，如行车闭塞电话、调度电话、各站电话及其他电话全部中断，无法与邻站及列车调度员取得联系。

车站一切电话中断时，单线行车按书面联络法；双线行车按时间间隔法。列车进入区间的凭证，均为红色许可证。

在自动闭塞区间，如闭塞设备作用良好，列车仍按自动闭塞法行车，但列车必须在车站停车联系（说明车次及注意事项等）后再开车。列车无线调度电话作用良好时，车站可与列车司机直接联系。

十六、书面联络法和时间间隔法

（1）书面联络法，是单线区间的车站在一切电话中断时，相邻两站间通过书面形式取得联络后，确定向区间开行列车的发车权和列车运行程序的办法。

（2）时间间隔法，是指同方向运行的前一列车由车站出发后，不论其是否到达前方站，在间隔一定的时间后，再发出次一列车的行车方法。由于用时间间隔法行车没有设备上的控制，容易发生人为事故，安全性较差，尤其采用这种间隔开行列车时，要求的条件也比较复杂，所以只准在特殊情况下采用，并应按各局的有关规定办理。但是，当车站一切电话中断时，由于与邻站及列车调度员均无法联系，为了不间断地行车，规定双线按时间间隔法行车时，只准发出正方向的列车。

十七、有权优先发车的车站

单线按书面联络法行车时，下列车站可以优先发车：

(1) 已办妥闭塞而尚未发车的车站。

(2) 未办妥闭塞时：

① 单线区间为开下行列车的车站；

② 双线改为单线行车时，为该线原定发车方向的车站；

③ 同一线路同一方向运行的列车，有上下行两种车次时，铁路局规定优先发车的车站。

第一个列车的发车权为优先发车的车站所有，如优先发车的车站没有待发列车，应主动用红色许可证的通知书通知非优先发车的车站。非优先发车的车站如有待发列车，应在得到通知书以后发车。

第一个列车的发车站在发车前应查明区间已空闲，并在红色许可证的通知书上记明下一个列车的发车权。如为已办妥闭塞而尚未发车的发车站发车，持有行车凭证的列车还应发给红色许可证的通知书；如无行车凭证，列车应持红色许可证开往邻站。以后开行的列车，均凭红色许可证的通知书上记明的发车权办理。

红色许可证的通知书应采取最快的方法传送，优先方向车站如无开往区间的列车，在确认区间空闲后，可使用重型轨道车或单机传送。

十八、向非优先发车站传送通知单

先发车的车站，无待发列车时，应主动用红色许可证上的通知书通知非优先发车的车站。该通知书应采取最快的方法传送。优先方向车站如无开往区间的列车，在确认区间空闲后，可使用重型轨道车或单机传送。

十九、非优先发车的车站发出列车的条件

非优先发车的车站，有待发列车时，只有在得到优先发车站用红色许可证上的通知书填写的“……准接你站发出的列车”的通知书后才能发出列车。以后开行的列车，均凭红色许可证上的通知书上记明的发车权办理。

二十、一切电话中断后发出第一个列车时应做好的工作

一切电话中断后，发出第一个列车的车站，在发车前必须做好两项工作：

1. 必须查明区间空闲

对在电话中断前发出的列车未得到邻站到达的通知，特别是单线自动闭塞区间，在电话中断和闭塞设备同时不能使用前，不知道邻站连发几列跟踪列车及是否全部到站的情况，此时，在发出第一个列车时，必须切实查明区间空闲后，才能发车。

2. **必须认真填写红色许可证**

为了使邻站了解本站有无待发列车的情况，确定下一列车的发车权，对发给列车的红色许可证，除应逐项认真填写许可证栏的内容外，还要在通知书中记明下一个列车的发车权，不用的内容全部抹掉，绝对不可空白发出，以免中断行车。

二十一、办理闭塞后一切电话中断时列车已有行车凭证的发车

在一切电话中断前，已办妥闭塞而尚未发车的车站，在电话中断后，除仍使用原行车凭证优先向区间发出第一个列车外，还应发给红色许可证的通知书，记明下一次列车的发车权，以便与邻站联络。此时，许可证栏的内容均应抹消。

二十二、两列车间隔时间的规定

一切电话中断后，连续发出同一方向的列车时，两列车的间隔时间应按区间规定的运行时间另加 3 min，但总间隔时间不得少于 13 min。

二十三、单线区段向呼唤 5 min 无人应答站发车的规定

单线区间的车站，经以闭塞电话、列车调度电话或其他电话呼唤 5 min 无人应答时，由列车调度员查明该站及其相邻区间确无列车（包括单机、动车及重型轨道车）后，可发布调度命令，封锁相邻区间，按封锁区间办法向不应答站发出列车。

该列车应在不应答站的进站信号机外停车，判明不应答原因及准备好进路后，再行进站。司机（运转车长）或车站值班员应将经过情况报告列车调度员。

第二节 书面行车凭证及与行车凭证有关的调度命令填写方法

一、绿色许可证填写方法

绿色许可证是自动闭塞区间几种特殊情况发车的行车凭证，当出发列车不能或无法取得出站信号的正常显示时发给列车绿色许可证。它只能是允许列车进入第一闭塞分区的行车凭证，以后的闭塞分区按其通过信号机的显示运行。

绿色许可证的填发条件和填写方法有以下几种情况：

（1）出站信号机不能显示绿色灯光，仅能显示黄色灯光时，办理特快旅客列车通过。

绿色许可证填发条件：在出站信号机不能显示绿色灯光，只能显示黄色灯光时，不符合办理特快旅客列车通过，但在符合下列三个条件之一，即可在出站信号机显示黄色灯光的条件下，发给司机绿色许可证办理特快旅客列车通过。

① 监督器表示两个闭塞分区空闲而出站信号机只能显示黄色灯光时。说明是出站信号机故障，闭塞分区并无列车占用。

② 当监督器不能表示闭塞分区空闲时，已接到前次列车整列到达邻站的通知，也说明区间已空闲，可以填发绿色许可证发车。

③ 当监督器不能表示闭塞分区空闲，又未接到前次列车到达邻站的通知时，须待前次列车发出后不少于 10 min 再发车。

绿色许可证填写式样如图 3.1 所示。

许可证

第__×__号

1. ~~在出站（进路）信号机故障、未设出站信号机、列车头部越过出站（进路）信号机的情况下，准许第______次列车由______线上发车。~~

2. 在出站信号机显示黄色灯光的状态下，准许第×××次列车由__×__线上发车。

[甲站]站（站名印）车站值班员（签名）：×××

20××年×月×日填发

注：1. 绿色纸，复写一式两份，司机一份，存根一份；　　（规格 9 mm×130 mm）
2. 不用的字句抹消。

图 3.1　绿色许可证（1）

(2) 出站信号机不能显示绿色灯光或绿色和黄色灯光，仅能显示黄色灯光时，办理特快旅客通过。

绿色许可证填发条件：在出站信号机不能显示绿色灯光，只能显示黄色灯光时，不符合办理特快旅客列车通过，但在符合下列三个条件之一，即可在出站信号机显示黄色灯光的条件下，发给司机绿色许可证办理特快旅客列车通过。

① 监督器表示两个闭塞分区空闲而出站信号机只能显示黄色灯光时。说明是出站信号机故障，闭塞分区并无列车占用。

② 当监督器不能表示闭塞分区空闲时，已接到前次列车整列到达邻站的通知，也说明区间已空闲，可以填发绿色许可证发车。

③ 当监督器不能表示闭塞分区空闲，又未接到前次列车到达邻站的通知时，须待前次列车发出后不少于 10 min 再发车。

绿色许可证填写试样如图 3.1 所示。

(3) 遇出站信号机发生故障，由未设出站信号机的线路上发车，或列车头部越过出站信号机的超长列车发车时。

绿色许可证填发条件：

① 监督器表示两个或第一个闭塞分区空闲（办理特快旅客列车通过必须两个闭塞分区空闲），不表示时为接到列车到达邻站的通知或前次列车发出后不少于 10 min 的时间。

② 确认道岔位置正确及进路空闲。

③ 单线须取得对方站确认区间内无迎面列车的电话记录。

④ 从监督器上不能确认第一个闭塞分区空闲时，发车人员须书面通知司机，以在瞭望距离内能随时停车的速度（最高不超过 20 km/h）行到第一架通过信号机，按其要求执行。

绿色许可证填写式样：

① 出站信号机故障时（见图 3.2）。

许 可 证

第 × 号

1. 在出站~~（进路）~~信号机故障、~~未设出站信号机、列车头部越过出站（进路）信号机~~的情况下，准许第×××次列车由 × 线上发车。

~~2. 在出站信号机显示黄色灯光的状态下，准许第______次列车由________线上发车。~~

甲站站（站名印）车站值班员（签名）：×××

20××年×月×日填发

注：1. 绿色纸，复写一式两份，司机一份，存根一份；（规格 9 mm×130 mm）
2. 不用的字句抹消。

图 3.2 绿色许可证（2）

② 未设出站信号机时（见图 3.3）。

许 可 证

第 × 号

1. 在~~出站（进路）信号机故障、~~未设出站信号机、~~列车头部越过出站（进路）信号机~~的情况下，准许第×××次列车由 × 线上发车。

~~2. 在出站信号机显示黄色灯光的状态下，准许第______次列车由________线上发车。~~

甲站站（站名印）车站值班员（签名）：×××

20××年×月×日填发

注：1. 绿色纸，复写一式两份，司机一份，存根一份；（规格 9 mm×130 mm）
2. 不用的字句抹消。

图 3.3 绿色许可证（3）

③ 列车头部越过出站信号机时（见图 3.4）。

许 可 证

第 × 号

1. 在~~出站（进路）信号机故障、未设出站信号机、~~列车头部越过出站~~（进路）~~信号机的情况下，准许第×××次列车由 × 线上发车。

~~2. 在出站信号机显示黄色灯光的状态下，准许第______次列车由________线上发车。~~

甲站站（站名印）车站值班员（签名）：×××

20××年×月×日填发

注：1. 绿色纸，复写一式两份，司机一份，存根一份；（规格 9 mm×130 mm）
2. 不用的字句抹消。

图 3.4 绿色许可证（4）

在出站信号机故障、未设出站信号机，或列车头部越过出站信号机的情况下发车时，从监督器上不能确认第一闭塞分区空闲，发车人员除发给司机绿色许可证外，并须交给司机“监督器故障通知书”（见图 3.5）。

运站统-18

第 × 号

监督器故障通知书

第 ××× 次列车：

监督器故障，不能表示第一分区空闲。以不超过 20 公里/小时速度。注意运行至第一个通过信号机前按其显示执行。

甲站站　（站印）车站值班员 ×××（签名）

20××年×月×日

注：一式二份，司机一份，存根一份。　　　　90×130（140）

图 3.5　监督器故障通知书

（4）发车进路信号机发生故障或超长列车头部越过发车进路信号机时发车。

绿色许可证填发条件：

① 确认道岔位置正确及进路空闲。

② 列车到达次一信号机时，按其显示的要求执行。

绿色许可证填发式样：

① 发车进路信号机发生故障时（见图 3.6）。

许 可 证

第 × 号

1. 在~~出站（进路）~~信号机故障、~~未设出站信号机、列车头部越过出站（进路）信号机~~的情况下，准许第×××次列车由 × 线上发车。

~~2. 在出站信号机显示黄色灯光的状态下，准许第＿＿＿次列车由＿＿＿线上发车。~~

甲站站（站名印）车站值班员（签名）：×××

20××年×月×日填发

注：1. 绿色纸，复写一式两份，司机一份，存根一份；　　　　（规格 9 mm×130 mm）

2. 不用的字句抹消。

图 3.6　绿色许可证（5）

② 超长列车头部越过发车进路信号机时（见图 3.7）。

许 可 证

第 × 号

1. 在~~出站（进路）信号机故障、未设出站信号机、~~列车头部越过~~出站（进路）~~信号机的情况下，准许第×××次列车由 × 线上发车。

~~2. 在出站信号机显示黄色灯光的状态下，准许第＿＿＿次列车由＿＿＿线上发车。~~

甲站站（站名印）车站值班员（签名）：×××

20××年×月×日填发

注：1. 绿色纸，复写一式两份，司机一份，存根一份；　　　　（规格 9 mm×130 mm）

2. 不用的字句抹消。

图 3.7　绿色许可证（6）

二、路票填写方法

路票是电话闭塞法的行车凭证。

电话闭塞法是基本闭塞设备不能使用时，根据列车调度员的命令所采用的代用闭塞法。

(1) 基本闭塞法设备故障。

① 调度命令（见表 3.3)。

表 3.3 调度命令（1）

20××年×月×日×时×分　　第×号

受令处所	邯郸、北张庄、邯郸交××司机、车长	调度员姓名	×××
内　容	因邯郸站至北张庄站间下行线基本闭塞设备发生故障，自接令时起，邯郸站至北张庄站间下行线停止基本闭塞法，改电话闭塞法行车。		

（规格 110 mm×160 mm）

受令车站 邯郸站　车站值班员 ×××

② 路票（见图 3.8)。

路　　票

电话记录第　×　号

车　　次 ×××

邯　郸⇒北张庄

邯　郸　（站印）　编号 № 0000207

图 3.8 路票

(2) 未设钥匙路签（牌）设备的车站，发出挂有由区间返回的后部补机时。

① 调度命令（见表 3.4)。

表 3.4 调度命令（2）

20××年×月×日×时×分　　第×号

受令处所	邯　郸 北张庄 站邯郸站交 ×××次司机 车长×调车机	调度员姓名	×××
内　容	指定邯郸站×调车机临时担当×××次后补。邯郸站至北张庄间下行线，自接令时起，基本闭塞停用，改电话闭塞，凭证路票。加补至××公里××米处，由于长提钩，补机×××次返回邯郸站，凭反方向进站信号进站。		

（规格 110 mm×160 mm）

受令车站 邯郸站　车站值班员 ×××

② 路票及路票副页（见图 3.9)。

路　票

电话记录第　×　号

车　次　×××

邯　郸⇒北张庄

邯　郸　（站印）　编号　№ 0000205

㊖ 路　票

电话记录第　×　号

车　次　×××

邯　郸⇒北张庄

邯　郸　（站印）　编号　№ 0000206

图 3.9　路票及路票副页

（3）未设钥匙路签（牌）设备的车站，发出由区间返回的列车。

① 调度命令（见表 3.5）。

表 3.5　调度命令（3）

20××年×月×日×时×分　　第×号

受令处所	甲、乙站，甲交×××次司机、车长	调度员姓名	×××
内　容	自接令时起，甲站至乙站间基本闭塞停用，改用电话闭塞法行车。准甲站开×××次去该区间××公里××米处，作业折返×××次，限×时×分到甲站，凭反方向进站信号进站，严守时间，注意安全。		

（规格 110 mm×160 mm）

受令车站甲站　车站值班员×××

② 路票（略）。

（4）双线反方向行车。

① 调度命令（见表 3.6）。

表 3.6　调度命令（4）

20××年×月×日×时×分　　第×号

受令处所	甲、乙站，甲交×××次司机、车长	调度员姓名	×××
内　容	因甲站至乙站间下行线区间封锁施工，自×时×分起，甲站至乙站间上行线停基改电，准×××次利用该线反方向运行，凭乙站引导手信号进站，×××次到乙站后，上行线恢复基本闭塞法行车。		

（规格 110 mm×160 mm）

受令车站甲站　车站值班员×××

② 路票（应盖反方向运行章）。

（5）双线改按单线行车。

① 调度命令（见表 3.7）。

表 3.7 调度命令（5）

20××年×月×日×时×分　　第×号

受令处所	甲、乙站，甲交×××次司机、车长	调度员姓名	×××
内　容	因甲站至乙站间下行线事故封锁，自×时×分起，甲站至乙站间上行线改按单线行车，基本闭塞法停用，改用电话闭塞法，下行列车凭乙站手信号引导进站。		

（规格 110 mm×160 mm）

受令车站[甲站]　车站值班员×××

② 路票。

（6）夜间或天气不良时，为消除线路故障或执行特殊任务，开行轻型车辆。

① 调度命令（见表 3.8）。

表 3.8 调度命令（6）

20××年×月×日×时×分　　第×号

受令处所	甲、乙站，甲交×××次司机、车长	调度员姓名	×××
内　容	准甲站开×××次轻型车辆，去×行线×公里××米处，消除线路故障。甲站至乙站间×行线自×时×分起停止基本闭塞，改用电话闭塞，凭证为路票。区间返回×××次限×时×分返回甲站，凭引导手信号进站。		

（规格 110 mm×160 mm）

受令车站[甲站]　车站值班员×××

② 路票。

（7）半自动闭塞区段超长列车头部越过出站信号机，并压上出站方向轨道电路。

① 调度命令（见表 3.9）。

表 3.9 调度命令（7）

20××年×月×日×时×分　　第×号

受令处所	甲、乙站，甲交×××次司机、车长	调度员姓名	×××
内　容	准×××次在甲站×道压轨道电路发车，甲站至乙站间停止基本闭塞，改用电话闭塞，凭证为路票。		

（规格 110 mm×160 mm）

受令车站[甲站]　车站值班员×××

② 路票。

（8）半自动闭塞区段在未设出站信号机的线路上发车。

① 调度命令（见表 3.10）。

表 3.10　调度命令（8）

20××年×月×日×时×分　　第×号

受令处所	甲、乙站，甲交×××次司机、车长	调度员姓名	×××
内　容	自×时×分起，甲站至乙站间基本闭塞停用，改用电话闭塞行车，准×××次列车在甲站×道发车，本列到乙站后，恢复基本闭塞法行车。		

（规格 110 mm×160 mm）

受令车站 甲站　车站值班员×××

② 路票。

三、红色许可证填写方法

红色许可证是电话中断的行车凭证。

电话中断指车站行车室内的一切电话，如行车闭塞电话、调度电话，各站电话、列车无线调度电话全部中断。电话中断与邻站及列车调度员均无联系时，为了不间断地行车的安全，必须采取一种特定的行车方法，并发给列车占用区间特定的行车凭证。特定的行车方法就是单线车按书面联络法，双线行车按间隔法。特定的行车凭证就是红色许可证。

（1）一切电话中断，自动闭塞设备作用良好，占用区间的行车凭证按自动闭塞办理，并发给司机通知书（见图 3.10）。

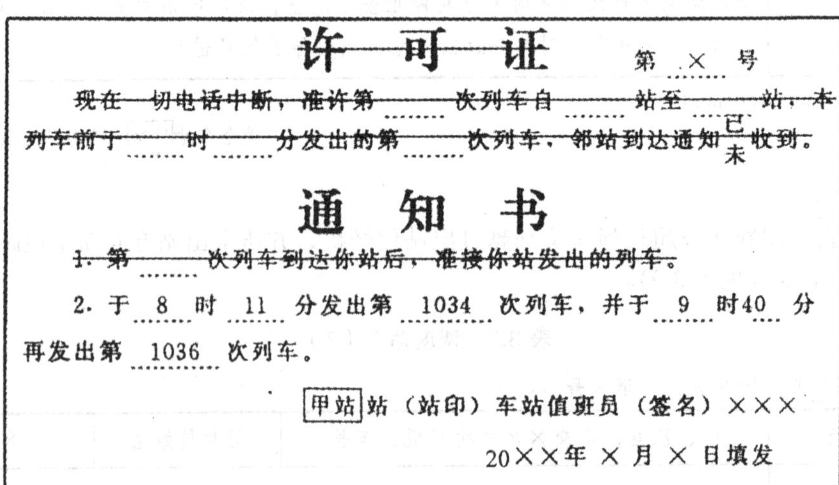

许　可　证　　第 × 号

~~现在一切电话中断，准许第……次列车自……站至……站，本列车前于……时……分发出的第……次列车，邻站到达通知已/未收到。~~

通　知　书

~~1. 第……次列车到达你站后，准接你站发出的列车。~~

2. 于 8 时 11 分发出第 1034 次列车，并于 9 时40 分再发出第 1036 次列车。

甲站 站（站印）车站值班员（签名）×××

20××年 × 月 × 日填发

90×150（320）

注：1. 红色纸，复写一式三份。司机、运转车长各一份，存根一份。

2. 不用的字句抹消。

图 3.10　红色许可证（1）

（2）一切电话中断，自动闭塞设备亦不能使用时，红色许可证中许可证通知书的填写式样如图 3.11 所示。

许　可　证　　第 × 号

现在一切电话中断，准许第 1603 次列车自甲站至乙站，本列车前于 8 时 30 分发出的第 1601 次列车，邻站到达通知已/未收到。

通　知　书

~~1. 现 　　 次列车到达你站后，准接你站发出的列车。~~

2. 于9时01分发出第 1603 次列车，并于9时20分再发出第 1605 次列车。

甲站 站（站印）车站值班员（签名）×××

20××年×月×日填发

90×150（320）

注：1. 红色纸，复写一式三份。司机、运转车长各一份，存根一份。
　　2. 不用的字句抹消。

图 3.11　红色许可证（2）

（3）单线半自动闭塞区段，使用红色许可证的情况（书面联络法行车）。

① 一切电话中断后，优先发车的车站没有待发的下行列车应主动把红色许可证的通知书填好并送往非优先发车的车站（见图 3.12）。

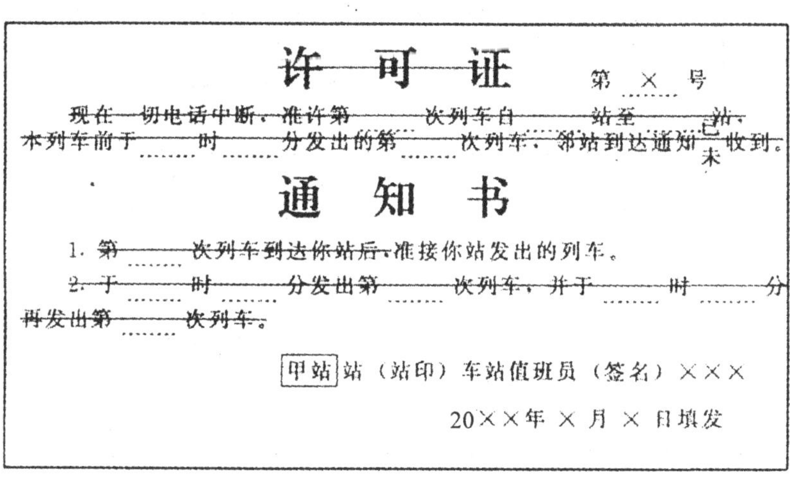

~~许　可　证~~　　第 × 号

~~现在一切电话中断，准许第 　　 次列车自 　　 站至 　　 站，本列车前于 　　 时 　　 分发出的第 　　 次列车，邻站到达通知已/未收到。~~

通　知　书

1. ~~第 　　 次列车到达你站后，~~准接你站发出的列车。

~~2. 于 　　 时 　　 分发出第 　　 次列车，并于 　　 时 　　 分再发出第 　　 次列车。~~

甲站 站（站印）车站值班员（签名）×××

20××年×月×日填发

90×150（320）

注：1. 红色纸，复写一式三份。司机、运转车长各一份，存根一份。
　　2. 不用的字句抹消。

图 3.12　红色许可证（3）

② 已有行车凭证确定下一个列车是发车时的红色许可证通知书填写式样（见图 3.13）。

③ 已有行车凭证确定下一个列车是接车时的红色许可证通知书填写式样（见图 3.14）。

④ 无行车凭证确定下一个列车是接车时的红色许可证中的许可证、通知书填写式样（见图 3.15）。

许可证 第 × 号

~~现在一切电话中断，准许第 次列车自甲站至乙，本列车前于 时 分发出的第 次列车，邻站到达通知已/未收到。~~

通知书

~~1. 现 次列车到达你站后，准接你站发出的列车。~~

2. 于 9 时 11 分发出第 1305 次列车，并于9时37分再发出第 1605 次列车。

甲站 站（站印）车站值班员（签名）×××

20××年 × 月 × 日填发

90×150（320）

注：1. 红色纸，复写一式三份。司机、运转车长各一份，存根一份。
2. 不用的字句抹消。

图 3.13 红色许可证（4）

~~许可证~~ 第 1 号

~~现在一切电话中断，准许第 次列车自 站至 站，本列车前于 时 分发出的第 次列车，邻站到达通知已/未收到。~~

通知书

1. 第1607 次列车到达你站后，准接你站发出的列车。

~~2. 于 时 分发出第 次列车，并于 时 分再发出第 次列车。~~

甲站 站（站印）车站值班员（签名）×××

20××年 × 月 × 日填发

90×150（320）

注：1. 红色纸，复写一式三份。司机、运转车长各一份，存根一份。
2. 不用的字句抹消。

图 3.14 红色许可证（5）

许可证 第 1 号

现在一切电话中断，准许第1609 次列车自 甲 站至 乙 站，本列车前于 8 时 11 分发出的第1607 次列车，邻站到达通知已/未收到。

通知书

1. 第1609 次列车到达你站后，准接你站发出的列车。

~~2. 于 时 分发出第 次列车，并于 时 分再发出第 次列车。~~

甲站 站（站印）车站值班员（签名）×××

20××年 × 月 × 日填发

90×150（320）

注：1. 红色纸，复写一式三份。司机、运转车长各一份，存根一份。
2. 不用的字句抹消。

图 3.15 红色许可证（6）

⑤ 无行车凭证确定下一个列车继续发车时的红色许可证中的许可证、通知书填写式样(见图 3.16)。

许　可　证　　第 1 号

现在一切电话中断，准许第1607次列车自 甲 站至 乙 站，本列车前于 9 时 37 分发出的第1605次列车，邻站到达通知已/未收到。

通　知　书

~~1. 第1607次列车到达你站后，准接你站发出的列车。~~

2. 于 10 时 20 分发出第1607次列车，并于 10 时 50 分再发出第 1609 次列车。

甲站 站（站印）车站值班员（签名）×××

20××年 × 月 × 日填发

90×150（320）

注：1. 红色纸，复写一式三份。司机、运转车长各一份，存根一份。
2. 不用的字句抹消。

图 3.16　红色许可证（7）

四、作为行车凭证的调度命令填写方法

(1) 向封锁区间开行救援列车（见表 3.11）。

表 3.11　调度命令（9）

20××年×月×日×时×分　　第×号

受令处所	甲、乙站，甲交×××次司机、车长	调度员姓名	×××
内　容	自接令时起，甲站至乙站间×行线因事故封锁区间，指定×××次本务机车去××公里××，担任救援工作。甲站×时×分开××××次，站长随乘负责现场指挥。区间返回×××次，凭甲站引导手信号进站。		

（规格 110 mm×160 mm）

受令车站 甲站　车站值班员 ×××

(2) 向施工封锁区间开行路用列车（见表 3.12）。

表 3.12　调度命令（10）

20××年×月×日×时×分　　第×号

受令处所	甲、乙站，甲交×××次司机、车长	调度员姓名	×××
内　容	甲站至乙站间×行线××公里××米至××公里××米处线路施工，自×时×分至×时×分，该线区间封锁，甲站×乙站，凭进站信号进路。注意安全，严守时间。		

（规格 110 mm×160 mm）

受令车站 甲站　车站值班员 ×××

(3) 单线区间的车站一切电话呼唤 5 min 无人应答时向无人应答站发出列车（见表 3.13）。

表 3.13 调度命令（11）

20××年×月×日×时×分　　第×号

受令处所	甲、丙站，甲交×××次司机、车长	调度员姓名	×××
内　容	因呼唤乙站 5 分钟无人应答，自接令时起锁甲站至乙站和乙站至丙站两区间，准 3143 次列车进入封锁区间，在乙站站外停车，判明情况，准备好进路后进站。由运转车长将经过情况报告调度。		

（规格 110 mm×160 mm）

受令车站[甲站]　车站值班员×××

五、出站、跟踪调车通知书填写方法

(1) 双线反方向越出站界调车。

① 调度命令（见表 3.14）。

表 3.14 调度命令（12）

20××年×月×日×时×分　　第×号

受令处所	甲、乙站，甲站交×××次司机	调度员姓名	×××
内　容	自×时×分起，至×时×分止，甲站至乙站×上行线基本闭塞法停用，改用电话闭塞，准甲站×××次利用该线反方向越出站界调车。		

（规格 110 mm×160 mm）

受令车站[甲站]　车站值班员×××

② 出站调车通知书（见图 3.17）。

出 站 调 车 通 知 书

对方站承认的号码第　1　号

准许 自×/至× 时 ×/× 分 起/止 ××××机车由本站向　乙　区间 出站/跟踪 调车。

[甲站]站（站印）车站值班员（签名）×××

20××年×月×日填发

注：不用的字句抹消。　　（规格 90 mm×130 mm）

图 3.17 出站调车通知书

(2) 单线半自动闭塞区间越出站界调车。

① 调度命令（见表 3.15）。

表 3.15 调度命令（13）

20××年×月×日×时×分　　第×号

受令处所	甲、乙站，甲站交×××次司机	调度员姓名	×××
内　容	自×时×分起，至×时×分甲站至乙站基本闭塞停用，改电话闭塞，准甲站×××次利用该区间越站调车。		

（规格 110 mm×160 mm）

受令车站[甲站]　车站值班员×××

② 出站调车通知书（见图 3.18）。

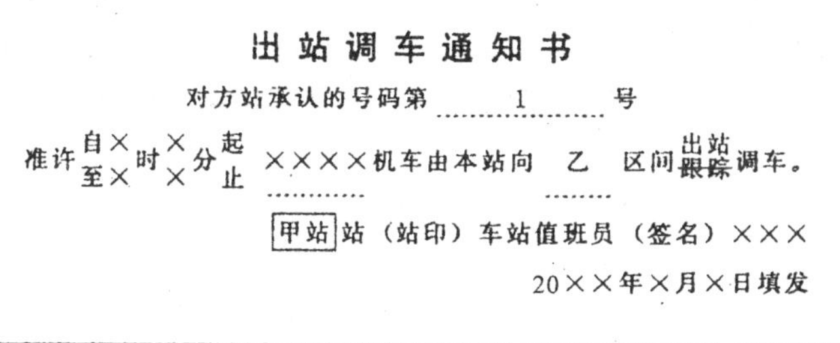

出站调车通知书

对方站承认的号码第 1 号

准许 自×时×分起 至×时×分止 ××××机车由本站向 乙 区间 出站/跟踪 调车。

甲站 站（站印）车站值班员（签名）×××

20××年×月×日填发

注：不用的字句抹消。　（规格 90 mm×130 mm）

图 3.18　出站调车通知书

（3）出站跟踪调车（只准单线区间或双线正方向）。

① 调度员口头准许邻站值班员同意。

② 出站跟踪调车通知书（见图 3.19）。

出站跟踪调车通知书

对方站承认的号码第 1 号

准许 自×时×分起 至×时×分止 ××××机车由本站向 乙 区间 出站/跟踪 调车。

甲站 站（站印）车站值班员（签名）×××

20××年×月×日填发

注：不用的字句抹消。　（规格 90 mm×130 mm）

图 3.19　出站跟踪调车通知书

（4）注意事项及有关规定。

① 越出站调车按时间计算，不受次数限制，但一批作业尚未终了而回站等候放行列车时，应返回凭证；再作业时，需重新办理闭塞手续，交付司机新的凭证，方可出站调车。

② 单线半自动闭塞区间和双线反方向出站调车时，须停止基本闭塞法的调度命令，与邻站办理闭塞手续，并发给司机占用区间凭证和出站调车通知书。

六、填写书面行车凭证注意事项

填写书面行车凭证是一项关系行车安全的重要工作，要审慎，认真负责，做到正确无误。

（1）要认真掌握书面行车凭证的使用条件和填写依据。书面行车凭证都是在特定情况下使用的。《铁路技术管理规程》明确规定了什么情况下使用什么凭证，以及填写这些凭证的依据。如路票，只有停止基本闭塞法改用电话闭塞法，并在与邻站办理闭塞手续后，依据邻站同意闭塞的电话记录才能填写。过去发生的单线区间对头发车，造成区间内列车正面冲突重大事故，多数是未办闭塞就填写路票发车造成的，教训是极其深刻的。所以，车站值班员和有关接、发车人员一定要掌握各种书面行车凭证的使用条件和填写依据。

（2）要正确填写书面行车凭证的内容。《铁路行车事故处理规则》规定：“填写的路票，错填、漏填电话记录号码、车次、区间、地点时，列行车事故。”原因是，这些主要内容发生错误，可能造成严重后果。所以对书面行车凭证中每个项目有明确要求的，一定按要求正确填写，避免错漏；对只有总的要求，没规定具体项目的，如用调度命令向封锁区间发车，内容应包括列车车次、运行速度、停车地点、时间、到达车站的时刻等有关事项，做到言简意赅，用词造句准确得当。

（3）填写书面行车凭证要字体规范、字迹清楚。不得“造”字，避免错别字，不得涂改，清晰明了为准，避免产生另外理解。

（4）坚持复检核对制度。所有的书面行车凭证填写完了后都要复检核对。如路票填写完了后，车站值班员应自检并与邻站承认的电话记录核对；助理值班员填写的路票，可用电话与车站值班员核对。具体复检核对书面行车凭证的办法，可在《车站行车工作细则》和有关行车工作制度中规定。对所有的行车凭证，只有确认无误，并加盖站印、名章或签字后，方可送交司机发车。

（5）坚持正确交付行车凭证的时机。填好的行车凭证送交司机后即为生效。因此不仅要填写正确，而且要掌握正确的交付时机。在自动、半自动闭塞区间，停止基本闭塞法后，路票等行车凭证，虽为占用区间许可，但一经交付司机就等于开放了出站信号机。而出站信号机的开放条件是进路已准备妥当，并且出站信号机开放起着检查与锁闭进路的作用。因此，支付行车凭证也应在准备好进路、检查及锁闭进路有关道岔后进行。使用路票等行车凭证时，往往是车站行车设备故障、停电或施工等打破了车站的正常秩序。车站值班员忙于办理手续，填写路票等，往往忘记准备发车进路，造成未准备好进路发车事故。为此，在填发行车凭证时，要严格掌握递交时机。

第三节　接发列车有关规定

一、接发车线路的合理使用

正确合理地使用接发车线路，对保证车站作业安全，减少作业干扰，提高运输效率有重要意义；同时，也为车站经常保持有不间断接发列车的空闲线路创造了条件。为保证接发列车安全，《车站行车工作细则》对站内所有线路的使用都有具体规定，在作业时应认真遵守。

（1）接发列车应在正线或到发线上办理。正线、到发线是专门为办理列车的接发和进行技术作业而设置的。正线和到发线的钢轨、道岔等设备标准比其他线路高，可以保证列车进出车站有较高的速度。正线和到发线有保证列车进路正确的联锁和列车运行条件的信号设备，有为旅客上下、行包装卸的站台。在技术站或较大中间站的到发线上，设有机车整备和列检作业的有关设备，便于进行技术作业；在车站线路布置上，考虑了列车到发与调车作业的紧密配合，保证车站最大平行作业。因此，在正线、到发线办理接发列车，既保证了车站作业效率，又保证了接发列车的安全。

（2）客运列车应接入固定线路。对在本站停车的旅客列车，为保证旅客上下、行包装卸及旅客出入车站的安全，列车应接入靠近站台，设有平过道或天桥、地道等设备的线路。由于旅客列车较其他列车速度高，所以接发在站停车的旅客列车，侧向经过的单开道岔不得小于 12 号。

（3）挂有超限货物车辆的列车，应接入固定线路。超限货物的宽度或高度超出机车车辆限界，与邻近的设备、建筑物或邻线的机车、车辆有剐撞的可能，为保证列车安全运行和货物完整，不损坏设备和建筑物，所以规定必须接入符合规定要求的线路。

（4）通过列车原则上应在正线通过。正线设备较其他线路质量和规格都高，对列车以高速通过车站提供了优越条件。正线的出站信号机一般都是高柱的，司机可以获得较好瞭望条件；所经道岔位置基本开通直向位置，保证了列车有较高速度，并能减少轮缘磨耗。所以，通过列车原则上应在正线通过，必须改由到发线通过时，必须采取一定的安全措施。

在中间站，有摘挂车辆作业的列车应接入靠近货物或专用线的线路，以减少对正线的干扰。在技术站，应根据列车的性质及在车站的作业要求，接入有关车场、线群及线路。

（5）通过的旅客列车由正线接车变更为到发线接车及特快旅客列车遇特殊情况必须变更基本进路时，须经列车调度员准许，并预告司机；如来不及预告，应使列车在站外停车后，开放信号机，再接入站内。

二、保证车站有空闲的接车线路不间断地接发列车

保证车站经常有空闲的接车线路不间断地接发列车是车站值班员的重要职责。为此，车站值班员应做好组织工作，加强与列车调度员及有关部门的联系，随时了解列车运行情况，有计划地全面合理运用到发线。为保证车站有不间断接车的空闲线路，应遵守下列规定：

1. 正线上不得停留车辆

正线是列车通过车站的线路，正线上停留车辆就会影响列车运行，若列车改经道岔侧向通过车站，则会增加不安全因素。

2. 到发线上停留车辆须经批准并采取安全措施

到发线是用来接发列车的专用线路，为保证列车在车站的到发和会让、列车在车站的技术作业以及接发列车作业的安全，到发线不应停留车辆。在一些线路不繁忙的区段，当车站未设货物装卸线或货物装卸线不能满足要求，必须使用到发线进行装卸时，以及其他不得已原因必须在到发线上停留车辆时，须经车站值班员准许，以避免影响接车工作，中间站除须经车站值班员准许外，并须得到列车调度员的准许，以便列车调度员在运行调整中全面考虑。

到发线停留车辆是一种特殊情况。在接发列车作业中，为防止有车线接车事故的发生，停有车辆的到发线的两端道岔应扳向机车车辆不能进入该线的位置并加锁。这样可以防止接车时，错误地将道岔接通该线，造成有车线接车事故。当车站为集中联锁或到发线装有轨道电路时，由于轨道电路的作用，进站信号机不能开放，可以防止上述情况发生，故不必加锁。

3. 机车出入段

在设有机务段、机务折返段的技术站，机车出入段是一项频繁的调车作业段，它关系着能否按列车运行图正点运行，也影响着车站的接发车工作。因此，车站值班员必须认真掌握机车出入段的时机与经路。

当车站配置固定走行线时，走行线已考虑到减少对接发车工作的干扰，因此，机车出入段必须固定走行线。固定走行线上禁止停放车辆，以保证出入段经路畅通。

当车站未配置固定走行线或临时变更走行线时，应事先通知司机机车的走行经路，司机按固定信号或扳道员显示的进行信号运行。进路式电气集中的车站，机车出入段的进路是分段准备的，途中难免有变化，故不通知司机，司机按信号显示运行。

三、车站值班员在接发车工作中应亲自办理的事项

车站值班员是车站行车工作的统一指挥者。接发列车工作必须由车站值班员负责组织和统一指挥。多头指挥、轮流指挥，势必酿成高度隐患。接发列车时，办理闭塞、布置进路（包括听取进路准备妥当的报告）、开闭信号、交接凭证、接送列车、指示发车或直接向司机显示发车信号等六项工作，是与列车安全出入车站和在区间安全运行有密切关系的重要事项，原则上都应由车站值班员亲自办理。由于设备分散或业务繁忙，由车站值班员亲自办理上述作业确有困难时，除最关键的布置进路（包括听取进路准备妥当的报告）外，其他各项工作可在车站值班员统一指挥下，由助理值班员、信号员或扳道员办理。如导线操纵的臂板信号机握柄设在扳道房附近时，可由扳道员办理开闭信号；在业务量较大的车站，可由助理值班员交接凭证，接送列车，指示发车或向司机直接显示发车信号。助理值班员、信号员、扳道员参加接发车的作业分工，应在《车站行车工作细则》内规定。

当车站设有几个办理接发列车的车场时，各车场应分别设车站值班员，负责指挥车场的接发车工作。当车场间接发列车进路互有关联时，由指定的车站值班员统一指挥场间互有关联的接发车工作。车场的管辖范围及车站值班员的职责应纳入《车站行车工作细则》。

四、确认区间空闲

车站值班员在办理闭塞前应确认区间空闲。我国铁路采用的行车闭塞法，无论是基本的还是代用的，都属于空间间隔法。虽然这些闭塞方法在正常情况下都能实现在同一时间、同一区间（或闭塞分区）内的一条正线上只有一个列车运行，但因设备本身的欠缺，或因办理人员的疏忽，仍可能将另一列车开入占用区间。例如：半自动闭塞区间遗留车辆或列车全部在区间，就设备而言仍可办理区间开通和将下一列车开入区间的闭塞手续。使用电话闭塞法时，本身没有设备控制，区间是否空闲，全靠电话联系，因此，要认真做好这一作业。确认区间空闲时，除人工检查前一列车是否全部到达，补机是否返回，出站（跟踪）调车是否完毕，以及有无轻型车辆占用和区间封锁外，还应从设备上确认区间空闲。

（1）自动闭塞：通过控制台的监督器（列车离去表示灯）或出站信号机复示器，确认第一及第二闭塞分区空闲的情况，在四显示区段，还应确认第三闭塞分区的空闲情况。

（2）半自动闭塞：除根据闭塞机上闭塞表示灯显示外，还应根据“行车日志”确认。

（3）电话闭塞：根据“行车日志”列车到达的电话记录确认。

五、进路的布置、准备及确认

正确、及时地准备好列车进路是接发列车工作中的关键。车站值班员必须亲自布置和听取进路准备妥当的报告。

（一）进路的布置

1. 布置内容

车站值班员应讲清车次和占用线路（接入股道或由某道出发）。如车站一端有两个及其以上列车运行或双线反方向行车，还要讲清方向。

2. 要　求

（1）按《车站行车工作细则》规定时间，正确及时地布置进路。

（2）简明清楚。布置进路应按铁路局规定用语，不得简化。布置进路的命令不准与其他作业的命令、通知一起下达。

（3）受令人复诵，当两人及其以上同时接受准备进路的命令时，应指定一人复诵。车站值班员要认真听取复诵，核对无误后方可按发布命令执行。

在布置进路中，经常发现一些电锁器联锁车站或联锁失效的车站，车站值班员在布置进站停车或列车出发进路时，只布置一端扳道员。在列车进站时，另一端扳道员不了解车站值班员的命令，却将调车机放入，造成有车线接车，甚至发生冲突。为此，必须两端同时布置进路。

（二）进路的准备

1. 道岔的扳动及转换

扳道、信号人员应严格按照车站值班员布置的接发列车命令，正确、及时地准备进路。在操纵道岔、信号时，要手指、眼看、口呼，对控制台要一看、二排、三确认、四呼唤，严禁他人操纵。扳道人员在操纵道岔时，要执行“一看、二扳（按）、三确认、四显示（呼唤）”制度。

（1）扳动道岔的程序。

“一看”：在扳动前看所扳道岔的开通方向、信号手柄（按钮）的位置，看接车线是否空闲，看机车车辆是否越过警冲标，看机车车辆是否越过联动道岔。

“二扳”：将道岔、信号握（手）柄扳到所需位置。

“三确认”：确认道岔开通位置是否正确，闭止块是否落槽，尖轨与基本轨是否密贴，进路有关道岔位置是否正确。准备接发车进路时，还要确认影响进路的调车作业是否停止，信号开、闭状态是否正确。

“四显示（呼唤）”：确认无误后，呼唤“×道准备好了”或“××信号开放好了”，并向车站值班员汇报进路准备妥当或向要道人员显示股道号码和进路准备妥当手信号。

（2）集中联锁车站人工转换道岔的方法。

集中联锁车站在停电或故障时，对内锁闭的电动转辙机，需使用手摇把就地操纵道岔时，所使用的电动转辙机钥匙及手摇把是在固定地点存放的，并应进行编号，平时由电务信号工区加封，由车站值班员、扳道员或清扫员保管。遇电气集中联锁设备故障时，车站值班员应立即通知信号工区并在“行车设备登记簿”内登记，为保证不间断接发列车，应在车站值班员指示下，由扳道人员在现场手摇道岔。手摇道岔时，应在《车站行车工作细则》规定地点取来钥匙，将钥匙孔盖上的锁打开（见图 3.20），使钥匙孔盖向下方转动，露出手摇把孔。将手摇把插入孔内，手摇转动36～38圈，听到“咔嚓”的声音后，即表示道岔已手摇到位，尖轨被锁闭。由于“咔嚓”的声音很小，加上现场声音嘈杂，必须注意观察，切不可未手摇到位即抽出手摇把。对应加锁的道岔，即使摇到位，听到“咔嚓”的声音，也必须加锁，以确保进路安全。

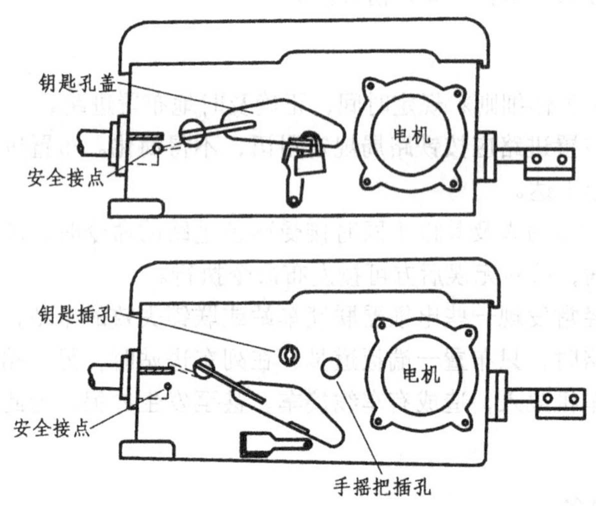

图3.20 人工转换道岔示意图

经过手摇的道岔，不能自动恢复集中操纵。转辙机底壳内的安全接点是非自复式的，由于抽出手摇把后安全接点亦不能接通，钥匙孔盖亦不能恢复原来的位置，电动转辙机仍不能运作，使人工转换后的道岔不改变其开通方向，保证进路的正确。

电气集中设备恢复正常，停止手摇道岔，接车就在列车全部进入警冲标内方，发车时出发列车应整列出站，再由电务人员使用专用钥匙打开电动转辙机机盖，经确认设备处于正常状态，接通安全接点，钥匙孔盖恢复原来位置，手摇把插孔被覆盖，人工转换停止。此时，对电动转辙机及钥匙孔盖加锁，当道岔操纵电路恢复后，即列入集中操纵。

由于特快旅客列车的开行，快速列车运行区段都安装了分动外锁闭道岔。这种道岔是由交流液压电动转辙机操纵的，转辙机内无齿轮传动装置。若手动摇岔时，转数不固定，大约在200转以上，摇动期间不能停顿，停动后又要从头摇动。因此，对手工摇岔有一定难度。同时，由于道岔的两尖轨是分别操作的，两尖轨操作均到位后，才能停止摇动。有的道岔是由两组液压转辙机操纵，在摇动时还要注意另一转辙机的操作。外锁闭道岔的锁闭力可在60 t以上，而内锁闭道岔的锁闭仅在5 t左右，因而外锁闭道岔对快速列车的较大冲击力，有着良好的适应作用。但在人工手摇道岔时，由于人员的疏忽错误开通道岔方向时，由于外锁闭的作用，列车很难冲开密贴的尖轨与基本轨，很可能造成列车脱轨事故。根据上述情况，为保证列车进出站的安全，分动外锁闭道岔在联锁失效、不能集中控制时的加锁使用办法，由铁路局规定。各铁路局应在制定《行车组织规则》时，制定操纵、使用及加锁的规定。

在人工转换电动转辙机时，手摇把就是专用的工具。同时，在电务工区进行站内电动转辙机的维修和养护时，也需要使用手摇把。因此，手摇把是车站和电务工区日常工作中不可缺少的工具。若因平时对手摇把管理不严，人员可以随意取出手摇把，可以任意人工转换道岔，势必会影响正常运输生产，严重的可能造成行车事故。铁道部曾根据错误使用手摇把（包括封连线）所造成的严重事故多次发出文电，要求严格管好和使用好手摇把。主要要求对所有手摇把要进行编号，确保使用完归位，不流失在非工作场所，不流失在非工作人员手中。在管理上集中放置、集中管理，固定地点。为使用方便，一般存放在信号楼内，设手摇把木箱，分别以车站管理和工区管理的两把锁加锁，由专人管理。在使用时，由双方人员当场开锁，由使用人登记使用手摇把数量和手摇把号码、使用目的和时间，用后全部复位。经负责人检查手摇把数量和号码，正确后加锁。对上述要求可概括成三句话："统一编号，集中管理，建立登记确认制度。"具体办法应纳入《车站行车工作细则》。

2. 无联锁接发列车时进路的准备

进站或出站信号机故障或不能使用时，接发车进路的道岔位置不能由设备进行检查，同时进路上有关道岔亦失去了联锁。在无联锁线路上接发列车时，除确保进路上有关道岔位置正确外，还应将进路上对向道岔及邻线上的防护道岔进行人工加锁。

（三）进路的确认

1. 确认接车线路空闲

确认接车线路空闲是指接车线无封锁施工，无机车、车辆、动车、重型轨道车，以及轻型车辆、小车及其他能造成脱轨的障碍物。

确认的方法：

（1）在设有轨道电路的车站（包括集中联锁车站及色灯电锁器联锁的部分车站），当股道有车时控制台上就有所表示，进路开通有车线时进站信号机不能开放，从而保证了接车安全。但在电气集中车站应填记"占线板"，以便车站值班员掌握和确认。曾发生过电气集中车站的股道里存有一辆守车，因轨面有砂，轨道电路不起作用，而车站值班员只看控制台不填记占线板，误将列车接入有车线，幸被司机及时发现才未造成严重后果。可见，在类似情况下仍应填记占线板，还要特别注意确认股道无封锁施工，无轻型车辆、小车及可能造成脱轨的障碍物。

（2）未设轨道电路的车站（臂板电锁器车站及色灯电锁器的部分车站），当股道有车时控制台无任何表示，当进路开通有车时进站信号机仍能开放，极易发生有车线接车的事故。这样的车站一方面要严格手续（如填记占线板），还要到现场确认。全路曾多次因未确认接车线路空闲而将列车接入的事故，特别是客运列车，造成巨大损失和恶劣影响，必须引起足够重视。在车站未设轨道电路或在无联锁情况下，接发列车时按照《接发列车作业标准》，要求助理值班员应提前出场，与扳道员对道，在确认进路正确后才能接发列车。但有的车站助理值班员却简化作业程序，不对道。曾发生将两列车接入同一接车线的行车事故，应切实引以为训。

2. 确认进路有关道岔位置正确

扳道号在准备进路完了时，要确认道岔的开通位置，以确保进路正确。车站值班员可通过控制台的光带或听取扳道人员汇报确认道岔位置。当联锁失效或无联锁线路接发车时，有的车站实行再度确认或二人现场确认，并确认道岔加锁情况。

"再度确认"，即在扳道员（包括手摇道岔人员）汇报"进路准备妥当，道岔已加锁"后，车站值班员随即命令"再度确认"。扳道员再按接发车进路顺序（接车时由外向里，发车时由里向外）对道岔位置确认一个汇报一个，值班员对照控制台逐个确认。

"二人现场确认"，由扳道员及引导人员进行。当扳道员准备进路时，要确认接车线路空闲，进路道岔开通位置正确，影响进路的调车作业停止后，引导人亦应按此顺序确认。扳道人员及引导人员均应向车站值班员汇报。在无联锁情况下准备进路时，车站派去两端作业的扳道员及引导员往往分工不明确，实际形成两个扳道员，为不走路，两人分别"包干"，车站值班员在发布准备进路命令及听取汇报时也不分人，谁汇报都行，造成分工不明确，进路没人再次检查，多次发生事故，要引起注意。

3. 确认影响进路的调车作业已经停止

在开放进站或出站信号机前，必须停止影响列车进路的调车作业；接发客运列车时，对能进入接发列车进路的线路上没有隔开设备的调车作业也必须停止，以保证信号机的及时开放及列车出入车站的安全。未确认影响进路的调车作业是否停止就盲目开放信号，有可能造成列车冲突。

影响进路的调车作业是指：

（1）占用或穿过接发车进路的调车作业；

（2）接发超限列车进路的线路上，当线间距不足 5 000 mm 时，邻线上的调车作业；

（3）接发非超限列车进路的线路上，当线间距不足 5 000 mm 时，邻线上调动装载超限货物的车辆；

（4）接发客运列车对站内调车作业的限制。

停止影响进路调车作业的时间及通知方法，应在《车站行车工作细则》内规定。

六、信号机的开闭时机

（一）信号机开放时机

1. 进站信号机

进站信号机开放后即锁闭有关进路上的道岔，过早开放会过早占用咽喉区，影响站内其他作业。晚开放信号可能使列车在信号机外减速甚至停车。正确开放进站信号机的时机为列车运行至预告信号机前司机能确认信号机显示的地点（见图 3.21）。

$$t_{开}=\frac{L_{进}+L_{制}+L_{确}}{v_{进}}\times 0.06\ \ (\text{min})$$

式中 $L_{确}$——司机确认信号显示的距离（m）；

$L_{制}$——列车制动距离；

$L_{进}$——进站信号机至出站信号机或接车线末端警冲标之间的距离（m）；

$v_{进}$——列车进站的平均速度（km/h）；

0.06——km/h 化为 m/min 的单位换算系数。

对于采用臂板信号机的车站，还要增加操纵信号和确认信号显示的作业时间。

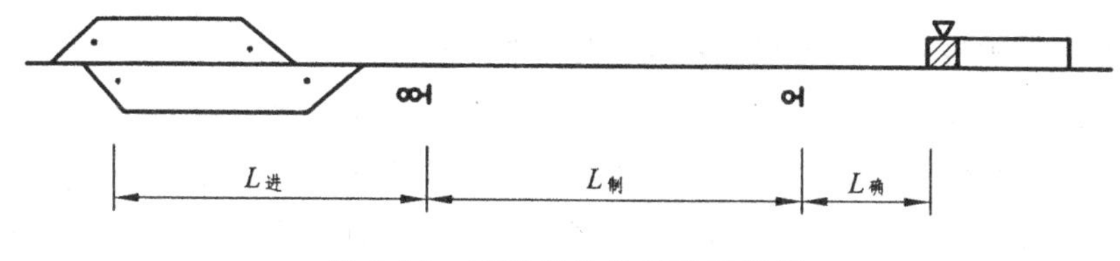

图 3.21　开放进站信号机示意图

2. **出站号机**

开放出站信号机的时机，须根据出站信号机开放后至列车启动前，办理全部作业所需的时间而定。其中包括：助理值班员确认出站信号机的开放状态、显示发车指示信号或发车信号，旅客列车运转车长确认信号、确认发车条件完全具备、显示发车信号，司机确认发车信号及出站信号以及启动列车等。

提前开放信号机的时间应在《车站行车工作细则》内规定。

（二）信号机的关闭时机

信号机关闭后，有关道岔即解锁（装有道岔区段轨道电路的车站除外）。信号机关闭过早，可能造成进路道岔错误转换或敌对信号开放，因而威胁列车运行安全；关闭过晚会耽误其他作业，影响效率。设备不同，信号机的关闭时机也就有所不同。

（1）集中联锁车站的进站、进路、出站信号机，设有轨道电路的线路所通过信号机及自动闭塞区段的通过信号机，由于轨道电路的作用，当机车或车辆第一轮对越过该信号机后自动关闭。

（2）调车信号机在调车车列全部越过调车信号机后自动关闭。

（3）引导信号应在列车头部越过信号机后及时关闭。

（4）非集中联锁车站的进站信号机及线路通过信号机在列车进入接车线轨道电路后自动关闭。

（5）非集中联锁车站，由手柄操纵的信号机：进站信号机在确认列车全部进入接车线警冲标内方，出站信号机在列车全部越过最外方道岔并确认列车全部进入出站方面轨道电路区段后，恢复手柄关闭信号。

上述情况，信号机的关闭是由接发列车人员操纵的，有关人员必须确认列车位置后才能关闭信号机。一般情况下，晚关闭或忘关闭信号机的情况很少有，但提前关闭信号、提前解锁进路的情况却时有发生。因车站作业繁忙，如接发列车后即抢一勾作业，或相对方向同时接车，或发出列车后再接入一个列车，车站值班员为提早准备进路，将出站或进站列车的进程提前解锁，同时命令扳道员在列车尾部越过后扳动道岔。扳道员在忙乱中极易错扳道岔，使列车后部车辆进入四股，或联动道岔的另一端被挤等。

七、发　车

当车站做好发车准备并具备发车条件后，车站值班员应向运转车长显示发车指示信号或向司机显示发车信号。

1. 显示发车指示信号或向司机显示发车信号的条件

只有在确认发车进路已准备妥当，行车凭证已交付，出站信号机开放，列车检修完毕，防护信号已撤除，旅客上下和行包装卸已完毕后，才能显示发车指示信号。发车指示信号应在运转车长向司机显示发车信号时收回。对货物列车，在具备上述条件后，直接向司机显示发车信号发车。

2. 中转运转车长的发车信号

当司机确认旅客列车运转车长的发车信号有困难时，为便于司机确认，须由发车人员依式中转运转车长的发车信号，司机可凭发车人员中转的发车信号开车。

3. 使用发车表示器发车

车站设在曲线上或由于设备以及乘降人数多等原因，旅客列车司机确认运转车长的发车信号困难时，可装设发车表示器。发车表示器平时不着灯，当运转车长准许发车时显示一个白色灯光。

八、接送列车

列车出入车站时，必须由助理值班员、扳道员等接发车人员在室外立岗接送列车。确认列车的整列出发、完整到达、进入警冲标内方等。同时还要监视列车运行状态及货物装载状态，及时处理危及行车安全的问题，也对列车在区间运行的安全有着重要作用，必须做好。

1. 立岗接送列车

(1) 接发车人员应持手信号，助理值班员应携带列车无线调度电话手持电台站在《车站行车工作细则》规定地点接送列车。

(2) 注意列车运行和货物装载状态，发现车辆燃轴、抱闸、制动梁脱落、篷布绳索脱落、货物窜动或倾斜、倒塌等危及行车安全的事故时，要立即通知司机采取措施。

(3) 与旅客列车运转车长互对信号：

① 对停车列车。

列车在站内停车时，应停于接车线警冲标内方。在设有出站信号机的线路上，列车头部不得越过出站信号机。

如列车尾部停在警冲标外方或压轨道绝缘时，车站接车人员及运转车长应使用列车无线调度通信设备等通知司机或显示向前移动的手信号，使列车向前移动。

当超长列车尾部停在警冲标外方接入相对方向的列车时，在进站信号机外制动距离内进站方向为超过6‰的下坡道，而接车线末端无隔开设备，须使列车在站外停车后，再接入站内。如在邻线上未设调车信号机，又无隔开设备，相对方向需要进行调车作业时，必须派人以停车手信号对列车进行防护。

② 对通过列车。

接发列车时如发现列车运行或货物装载状态不正常时，要立即通知司机采取措施。当列车运行正常时，接发列车人员应与客运列车运转车长显示互检信号。特快旅客列车速度高且车厢封闭运行，运转车长无法出场，因此规定特快旅客列车“不显示互检信号，发现异状应立即用列车无线调度电话通知有关人员。”

夜间发现通过的客运列车尾部标志灯熄灭时，应通知运转车长整理，通知方法按铁路局规定办理。

2. 列车接近车站、进站和出站的报告

当列车接近车站时，扳道及信号人员应及时向车站值班员汇报，以使有关人员出场接车。对特快旅客列车，车站值班员接到邻站特快旅客列车预告应立即按《车站行车工作细则》规定的时间，及时通知有关人员提前到岗接车，站内平过道应提前派人到岗监护，以确保特快旅客列车的安全。

3. 列车到发时刻的记录与报告

车站值班员应将列车的到达、出发或通过时刻，记入“行车日志”。为使列车调度员能随时掌握管辖区段内列车运行情况，车站值班员应及时向列车调度员报点。

列车出发和通过后，亦应立即向接车站报点，遇有超长、超限列车，单机挂车，列尾装置灯光熄灭等接车作业有关的特殊情况，也必须通知接车站，以便做好接车准备。此外，列车到达或通过后，还应立即向发车站报点，及时办理区间开通手续。

列车到、发及通过时刻的确定:

（1）到达时刻。以列车进入车站，停于指定到达线警冲标内方时刻为准；列车超过实际到达线有效长时，以第一次停车时刻为准；列车在区间分部运行时，则以全部车辆到达车站时为准。

（2）出发时刻。以列车机车向前进方向启动，列车在站界内（场界内）不再停车为准；列车全部发出站界后，因故退回发车站再次出发时，则以第一次出发时刻为准；在分界站向邻局（分局）出发时，则以最后发出时刻为准。

（3）通过时刻。以列车机车通过车站值班室为准。

九、进路的变更

由于作业的需要，或临时发生的故障，为保证安全，可能对已经准备好的接发列车进路加以变更。接车时，可能关闭进站信号机，改变接车股道或将其关在机外；发车时，可能关闭已开放的出站信号机停止发车，再准备其他进路。上述情况中若由于司机没有精神准备，对突然变化的信号采取紧急制动，造成机车车辆或货物的损坏，产生严重后果，或由于司机间断瞭望，将停止发出（或接入）的列车发出（或接入），与改变计划的列车发生冲突，那么后果将不堪设想。因此，进站或出站信号机开放后其接发列车进路不应随意变更。遇特殊情况必须变更，应做到以下几点:

（1）变更接车进路时，应保证列车在进站信号机外不停车、不减速的情况下关闭进站信号机，变更接车进路。设有接近锁闭的车站，当列车进入接近锁闭区段后，除危及行车安全外，不得变更接车进路。

（2）变更发车进路时，应先通知发车人员，确知停止发车后，方可取消发车进路。列车司机持有行车凭证时，应将行车凭证收回。当发车人员已显示发车指示信号而列车尚未启动时，必须通知司机后方可关闭出站信号机取消发车进路，严禁先取消进路后通知发车人员。

十、相对方向同时接车及同方向同时发接列车

（一）概　念

在车站接发车工作中，经常遇到相对方向同时接车（见图 3.22）或同方向同时发接列车（见图 3.23）的情况。

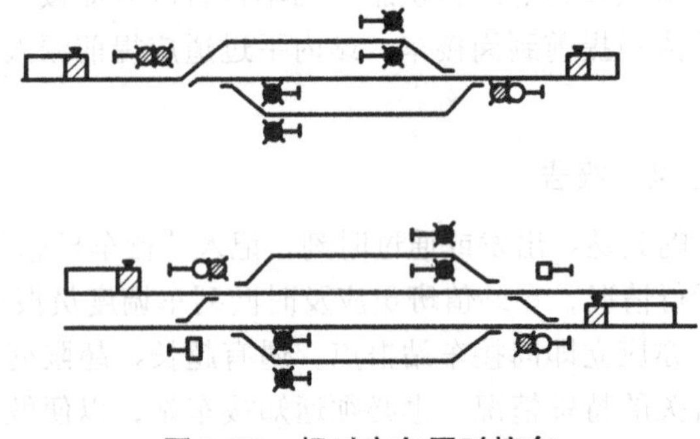

图 3.22　相对方向同时接车

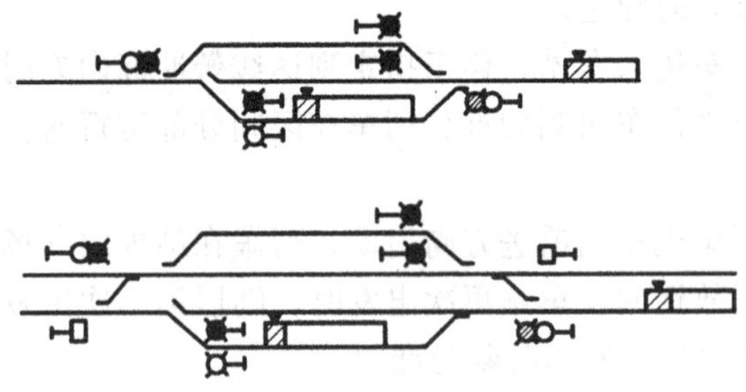

图 3.23　同方向同时发接列车

相对方向同时接车和同方向同时发接列车对于避免列车机外停车，压缩会车间隔时间和列车停站时间，提高区间通过能力和列车旅行速度，都有好处。列车司机按信号显示行车，使列车停在规定位置是对司机的起码要求。在车站接发列车工作中，因司机操纵不当或其他原因，同时进站或进出站列车曾发生冲突，造成严重损失，特别是旅客列车，影响就更为严重。为此，《铁路技术管理规程》对车站相对方向同时接车及同方向同时发接列车有了限制，以在列车不能正确停车时减少损失。在相对方向同时接车（即车站两端进站信号机同时在开放状态）时，当一端接入的列车尾部尚未全部进入接车线警冲标内方，另一端接入的列车越过接车线末端警冲标或出站信号机，由于没有隔开设备，就可能与另一端列车发生冲突；在同方向同时发接列车（即开放出站信号机的同时开放进站信号机，接入与出发列车方向相同的列车）时，当发出列车尚未全部驶出发车线，而进站列车超过接车线末端警冲标或出站信号机时，由于没有隔开设备，就可能与正在发出的列车发生冲突。

为保证车站接发列车的效率和作业安全，《铁路技术管理规程》根据进站方向的坡度、接车线末端有无隔开设备、列车的性质，运行监控记录装置状态确定车站能否办理相对方向同时接车或同方向同时发接列车。

（二）禁止办理相对方向同时接车和同方向同时发接列车的情况

1. 线路设备条件的限制

进站信号机外制动距离内，进站方向为超过 6‰ 下坡道，而接车线末端无隔开设备时，禁止办理相对方向同时接车和同方向同时发接列车（见图 3.24、图 3.25）。

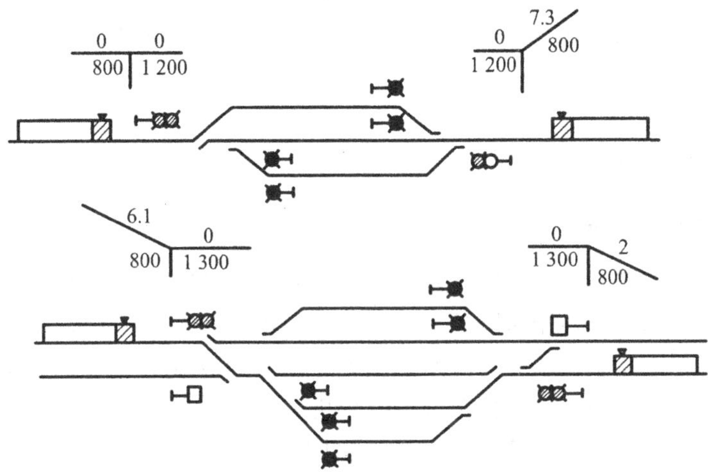

图 3.24　禁止相对方向同时接车示意图

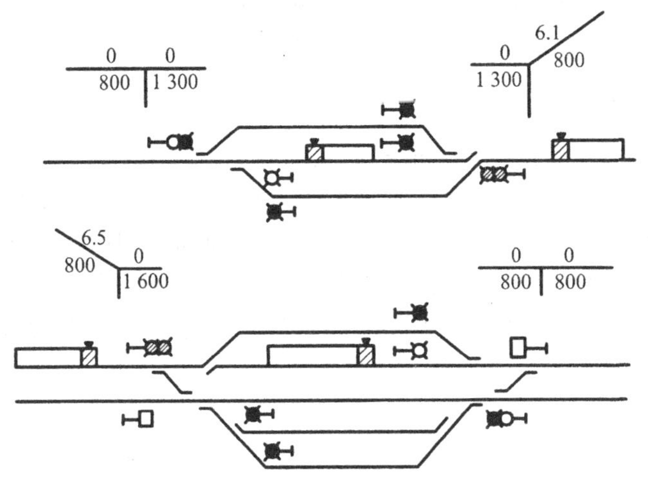

图 3.25　禁止相同方向同时发接车示意图

隔开设备是指安全线、避难线以及平行进路和能起隔开作用的有联锁的防护道岔。

列车在超过 6‰ 下坡道上运行时，下滑力超过走行阻力，即使无动力运行，运行速度也会加大。如司机不能正确施行制动，列车进站时可能越过接车线末端警冲标，该线末端未设隔开设备就有可能与另一列车发生冲突。进站信号机外制动距离内的坡度为换算坡道，即平均坡度减去曲线阻力当量坡度。

2. 接发客运列车的限制

在接发旅客列车的同时，接入列车运行监控记录装置发生故障的列车而接车线末端无隔开设备（单机、动车及重型轨道车除外），禁止办理相对方向同时接车和同方向同时发接列车。

3. 不能同时接车和不能同时发接列车的处理

车站不能同时接车而两列车同时接近车站时，势必先将一个方向的列车接入站内停于警冲标内方向，再开放另一端进站信号机，接入另一列车。此时，车站值班员应选择合理的接车顺序。在确定先后顺序时，应先接后面有续行列车的列车、停车后启动困难的列车、不适于在站外停车的列车，其他情况应汇报列车调度员后执行。

禁止办理同方向同时发接列车时，原则上应先接后发，避免列车在站外停车，亦可根据列车调车员指示办理。

十一、引导接车

1. 需使用引导接车的情况

（1）进站、接车进路信号机发生故障或因联锁失效不能开放使用时。

进站和接车进路信号的作用是防护车站或车场，指示列车由区间向车站，或由一个车场向另一个车场转移的运行条件，并与进路上有关道岔及敌对进路的信号和道岔相联锁，以保证接车进路的安全可靠。当进路或接车进路信号机关闭时，列车应机外停车；但有时进站或接车进路信号机关闭是由于信号机发生故障，若使列车长时间停在机外，势必影响运行秩序，为此可使用引导接车办法把列车接入站内。

（2）向进站、接车进路信号机联锁范围以外的线路上接车时。

（3）无双向闭塞设备的双线区段接入反方向开来的列车时。

2. 引导接车注意事项

（1）开放引导信号（一个红色灯光和一个月白色灯光）。当由引导人员显示引导手信号时，引导人员应站在引导员接车地点标处，未设时应站在进站信号机或站界标外方，正确显示引导手信号。当列车头部越过引导信号或引导手信号后，即可关闭或收回引导手信号。

（2）列车司机在确认引导信号或引导手信号的显示后，应鸣笛一长声。此鸣笛一长声主要是通知运转车长，以免运转车长误认为列车冒进信号而使用紧急制动阀；同时也是通知车站接车有关人员，列车进站。

（3）列车在进站信号机外不停车，在确认引导信号后即可直接进站。由于引导接车时进路无联锁，为保证列车的运行安全，列车应以每小时不超过 20 km/h 的速度进站或通过接车进路，并做好随时停车的准备。

（4）应将进站上有关对向道岔及邻线上能进入该进路的防护道岔加锁，以防错误扳动。

十二、站内无空闲线路接车

由于发生事故、自然灾害或组织不当等，造成站内能接车的线路都被占用时，即为站内无空闲线路。

1. 对接入列车的限制

站内无空闲线路时，已不具备接车条件。为及时开通线路，此时只准许接入为排除故障、事故救援、疏解车辆等需要的救援列车、不挂车的单机、动车、重型轨道车。因其占用线路长度短，起停车灵便，有可能在保证安全的前提下接入站内的有车线，以保证抢险、救灾及事故救援的紧急需要。

2. 接车办法

（1）接车前，车站值班员应亲自或指派有关人员确认接车线停留车位置，并通知接车线内停留的机车、重型轨道车、动车司机禁止移动位置，防止与接入的列车发生冲突。

（2）接车时不开放进站信号机，也不得使用引导接车办法，接车人员应站在进站信号机（反方向接车时为站界标）外方。所接受列车应在站外停车，由接车人员通知接车线路、停留车位置、列车停车地点及其他注意事项，然后以调车手信号旗（灯）用调车办法将列车领入站内。

十三、出站信号机故障时的接发车

出站信号机起防护区间、指示列车由车站出发的运行条件的作用，并与发车进路上有关道岔及敌对进路的道岔、信号相联锁。出站信号机故障后，进站信号机不能显示通过信号。为避免列车在出站信号机前停车，对通过列车应事先预告司机。车站值班员除按规定递交行车凭证外，还应显示通过手信号，使列车不停车通过车站。来不及向司机预告时，通过列车应先停车再开。在出站信号机故障时，发车进路上有关道岔不能锁闭，此时应将发车进路上有关对向道岔邻线上能进入该线的防护道岔加锁。

装有进路表示器或发车线路表示器的出站信号机，当表示器显示不良时，由发车人员口头通知司机后，列车可凭出站信号的显示出发。因为进路表示器及发车线路表示器只是出站信号机显示的附加表示，不是占用区间的凭证。

十四、特殊情况下的接发列车

1. 天气不良时的规定

遇天气恶劣，信号机显示距离不足200 m时，司机或车站值班员须立即报告列车调度员。列车调度员应及时发布调度命令，改按天气恶劣难以辨认信号的办法行车。

（1）列车按机车信号的显示运行。当接近地面信号机时，司机应确认地面信号，遇地面信号与机车信号显示不一致（机车信号升级显示）时，应立即采取减速或停车措施。

（2）当无法辨认出站（进路）信号机显示时，在列车具备发车条件后，车站值班员（有运转车长的列车须得到运转车长的同意）可使用列车无线调度电话（其通信记录装置须作用良好）直接发车。司机在得到车站值班员列车无线调度电话的开车通知后，可启动列车，在确认出站（进路）信号机显示正确后，再行加速。

（3）自动闭塞区段，对运行途中机车信号临时发生故障的列车，应发布调度命令改按站间区间掌握行车。

（4）天气转好时，应及时报告列车调度员发布调度命令，恢复正常行车。

（5）车站值班员使用具备良好通信记录装置的列车无线调度电话向司机转达有关调度命令。

2. 施工、检修时接发列车

（1）施工封锁前，通过施工地点的最后一趟列车前进方向为不大于6‰的上坡道时，列车调度员可根据施工负责人的要求，在施工命令中规定该次列车通过施工地点后即可开工，列车到站后，再封锁区间。上述命令应抄交司机、运转车长，该列车不得后退。

（2）遇有施工又必须接发列车的特殊情况时，可按以下施工特定行车办法办理：

① 车站采用固定进路的办法接发列车。施工开始前，车站须将正线进路开通，并对进路上所有道岔按规定加锁（有关道岔密贴的确认及具体的加锁办法，由铁路局规定）。

② 引导接车并正线通过时，准许列车司机凭特定引导手信号的显示，以不超过60 km/h速度进站。

③ 准许车站不向司机递交书面行车凭证和调度命令。但车站仍按规定办理行车手续，并使用列车无线调度通信设备（其通信记录装置须作用良好）将行车凭证号码（路票为电话记录号码、绿色许可证为编号）和调度命令号码通知司机，得到司机复诵正确后，方可显示通过手信号。列车凭通过手信号通过车站。

其他具体安全行车办法，由铁路局规定。

（3）向施工封锁区间开行路用列车时，列车进入封锁区间的行车凭证为调度命令。该命令中应包括列车车次、运行速度、停车地点、到达车站的时刻等有关事项。

向施工封锁区间开行路用列车，原则上每端只准进入一列；如超过，其安全措施及运行办法由铁路局规定。

（4）路用列车应由施工单位指派胜任人员携带列车无线调度通信设备值乘于列车尾部，并在区间协助司机作业。路用列车或线路施工机械进入施工地段时，应在施工防护人员显示的停车手信号前停车，根据施工负责人的要求，按调车办法进入指定地点。

3. 救援列车的开行

（1）车站值班员接到运转车长、司机或工务、电务、供电等人员的救援请求后，应立即报告列车调度员。列车调度员应向有关车站发布命令封锁区间，并派出救援列车。

向封锁区间发出救援列车时，不办理行车闭塞手续，以列车调度员的命令作为进入封锁区间的许可。

当列车调度电话不通时，应由接到救援请求的车站值班员根据救援请求办理，救援列车以车站值班员的命令作为进入封锁区间的许可。

司机接到救援命令后，机车乘务员必须认真确认；命令不清、停车位置不明确时，不准动车。

救援列车进入封锁区间后，在接近被救援列车或车列2 km时，要严格控制速度，同时使用列车无线调度通信设备与请求救援的机车司机进行联系，或以在瞭望距离内能够随时停车的速度运行（最高不得超过20 km/h），在防护人员处或压上响墩后停车，联系确认，并按要求进行作业。

（2）救援列车的出发或返回均应通知列车调度员及对方站。如事故现场设有临时线路所，车站值班员应于发车前商得线路所值班员的同意。

（3）在事故调查处理委员会人员到达前，站长或车站值班员应随乘发往事故地点的第一列救援列车（分部运行时挂取遗留车辆的机车除外）到事故现场，负责指挥列车有关工作。

4. 超长列车的运行

（1）列车进站后，应停于接车线警冲标内方。在设有出站（进路）信号机的线路，列车头部不得越过出站（进路）信号机。

（2）运行超长列车须在班计划内确定，列车调度员在阶段计划内具体组织，跨局时，应事先取得对方的同意。

（3）管内摘挂列车不得超长运行，如必须超长，由调度所主任（副主任）批准。

（4）编组超长列车的车站：

发车前，分别置于两条到发线上，前半部技检应与后半部组织平行作业，在可能时，用本务机车先给前半部充风，转线编妥后，再行试风。

对到达的超长列车，立即试风，由本务机车将超长部分转线停妥后，再做技检。转线作业由车站值班员（助理）或调车长担任，转线前应使尾部车辆停在警冲标内。

（5）接发列车时：

各站应按《车站行车工作细则》指定的到发线接发超长列车，并将辆数、换长、重量等通知列检员、扳道员、信号员，在机务段所在站还应通知机务段调度员。

办理闭塞时，发车站将列车换长通知接车站，接车站按规定时间开放信号。

列车停车后，如后部仍停在警冲标外方，应按《铁路技术管理规程》的规定进行防护。

司机掌握进站速度，注意在到发线前端的警冲标或信号机前停车。停车后需向前移动时，通知司机按调车办理。

半自动闭塞未压轨道电路者，发调度命令，不停用原闭塞法。需停用原闭塞法时，改用电话闭塞发给司机路票。自动闭塞应发给司机占用区间许可，车站值班员在检查进路并通正确后，有开放出站信号条件的开放出站信号。

（6）列车的运行：

在中间站原则上应通过。运行区段既有单线又有双线时，列车调度员应组织超长列车在双线区间会车。

在单线区段原则上不准对开，必要时列车调度员应组织在到发线有效长度能容纳一方超长列车的车站交会。

如超长列车尾部停于进站信号机外方，禁止办理区间开通手续。

5. 列车在区间内被迫停车后处理的规定

（1）列车在区间被迫停车后，不能继续运行时，司机应立即使用列车无线调度通信设备通知两端站、列车调度员及运转车长（无运转车长为车辆乘务员），报告停车原因和停车位置，根据需要或运转车长指示迅速请求救援。需要防护时，列车前方由司机负责，列车后方由运转车长（无运转车长为车辆乘务员，无车辆乘务员为列车乘务员）负责。

如遇自动制动机故障，旅客列车司机应通知运转车长（无运转车长为车辆乘务员）立即组织列车乘务人员拧紧全列人力制动机，以保证就地制动；其他列车司机应立即采取安全措施，并向列车调度员报告，请求救援。

对已请求救援的列车，不得再行移动，并按规定对列车进行防护。

车站值班员接到司机通知后，应将区间内列车运行情况通知司机，并立即使用列车无线调度通信设备转告区间内有关列车。在停车原因消除前不得再放行追踪、续行列车。

（2）列车被迫停车可能妨碍邻线时，司机应立即用列车无线调度通信设备通知邻线上运行的列车和两端站，并与运转车长（无运转车长为车辆乘务员）分别在列车的头部和尾部附近邻线上点燃火炬；在自动闭塞区间，还应对邻线来车方向短路轨道电路。司机应亲自或指派人员沿邻线一侧对列车进行检查，发现妨碍邻线时，应立即派人按规定防护。如发现邻线有列车开来，应鸣示紧急停车信号。

（3）车站值班员接到列车被迫停车可能妨碍邻线的通知后，在原因消除前不得向邻线放行列车。

列车在区间被迫停车后，分别根据下列规定放置响墩防护：

① 已请求救援时，从救援列车开来方面（不明时，从列车前后两方面），距离列车不少于 300 m 处防护。

② 电话中断后发出的列车（持有红色许可证通知书之一的列车除外），应于停车后立即从列车后方按线路最大速度等级规定的列车紧急制动距离位置处防护。

③ 对于邻线上妨碍行车的地点，应从两方面按线路最大速度等级规定的列车紧急制动距离位置处防护，如确知列车开来方向，仅对来车方面防护。

④ 列车分部运行，机车进入区间挂取遗留车辆时，应从车列前方距离不少于 300 m 处防护。

防护人员设置的响墩待停车原因消除后可不撤响墩。

（4）下列情况列车不准分部运行：

① 采取措施后可整列运行时；

② 对遗留车辆未采取防护、防溜措施时；

③ 遗留车辆无人看守时；

④ 列车无线调度通信设备故障时。

（5）在不得已情况下，列车必须分部运行时，司机应使用列车无线调度通信设备报告前方站和列车调度员，并做好遗留车辆的防溜和防护工作。司机在记明遗留车辆辆数和停留位置后，方可牵引前部车辆运行至前方站。在运行中仍按信号机的显示进行的列车，在半自动闭塞区间，必须在进站信号机外停车（司机已用列车无线调度通信设备通知车站值班员列车为分部运行时除外），将情况通知车站值班员后再进站。车站值班员应立即报告列车调度员封锁区间，待将遗留车辆拉回车站，确认区间空闲后，方可开通区间。

6. 列车必须立即退行的规定

（1）下列情况列车不准退行：

① 按自动闭塞法运行时（列车调度员或后方站车站值班员确知区间内无列车，并准许时除外）。

② 无运转车长值乘的列车（已指派胜任人员并携带列车无线调度通信设备、简易紧急制动阀时除外）。

③ 在降雾、暴风雨雪及其他不良条件下难以辨认信号时。

④ 电话中断后发出的列车（持有红色许可证通知书之一的列车除外）。

⑤ 挂有后部补机的列车。

除上述情况外，是否准许退行，由铁路局规定。

（2）在不得已情况下，列车必须退行时，运转车长（无运转车长时为指派的胜任人员）应站在列车尾部注视运行前方，发现危及行车或人身安全时，应立即使用紧急制动阀或列车无线调度通信设备通知司机，使列车停车。

列车退行速度不得超过 15 km/h。未得到后方站（线路所）车站值班员准许，不得退行到车站的最外方预告标或预告信号机（双线区间为邻线预告标或特设的预告标）的内方。

车站接到列车退行的报告后，除立即报告列车调度员外，根据线路占用情况，可开放进站信号机或按引导办法将列车接入站内。

十五、突发情况应急处理的规定

1. 列车发生火灾、爆炸应急处理

(1) 列车发生火灾、爆炸时，须立即停车（停车地点应尽量避开特大桥梁、长大隧道等），在电气化区段，并应立即通知供电部门停电。

(2) 列车需要分隔甩车时，应根据风向及货物性质等情况而定。一般为先甩下列车后部的未着火车辆，再甩下着火车辆，然后将机次未着火车辆拉至安全地段。

对甩下的车辆，由车站值班员（在区间由司机、运转车长、车辆乘务员）负责采取防溜措施。

2. 汛期暴风雨行车应急情况处理

(1) 列车通过防洪危险地段时，司机、运转车长要加强瞭望，并随时采取必要的安全措施。"防洪危险处所"年度查定公布的同时，所属铁路局须抄送跨局列车运行相关铁路局。

(2) 当洪水漫到路肩时，列车应按有关规定限速运行；遇有落石、倒树等障碍物危及行车安全时，司机应立即停车，排除障碍并确认安全无误后继续运行。

(3) 列车遇到线路塌方、道床冲空等危及行车安全的突发情况时，司机、运转车长应立即采取应急性安全措施，并立刻通知追踪列车、邻线列车及邻近车站。

3. 列车运行途中发生车辆故障应急处理

(1) 发现客车车辆轮轴故障、车体下沉（倾斜）、车辆剧烈振动等危及行车安全的情况时，须立即采取停车措施。由司机、车辆乘务员检查，对抱闸车辆应关闭截断塞门，排除副风缸中的余风，确认安全无误后，方可继续运行；车轮踏面损坏超过限度或车辆故障不能继续运行时，应甩车处理。

(2) 列车调度员接到热轴报告后，应按热轴预报等级要求果断处理。必要时，立即安排停车检查（司机应采用常用制动，列车停车后由车辆乘务员负责检查，无车辆乘务员的由司机确认能否继续安全运行）或就近站甩车处理。

(3) 遇客车安全监控系统报警或其他故障需要列车限速运行时，运转车长（无运转车长时为车辆乘务员）应使用列车无线调度通信设备通知司机，由司机报告车站值班员、列车调度员。

十六、发布调度命令的规定

(1) 有关行车人员必须执行列车调度员命令，服从调度指挥。

列车调度员应负责组织实现列车运行图、编组计划、运输方案。为此必须：

① 检查各站执行列车运行图和编组计划的情况，及时发布有关行车命令和口头指示；

② 严格按列车运行图指挥行车，遇列车发生晚点时，应积极采取措施，组织有关人员恢复正点；

③ 注意列车在车站到发及区间内的运行情况，正确、及时地处理临时发生的问题，防止列车运行事故。

(2) 指挥列车运行的命令和口头指示，只能由列车调度员发布。列车调度员在发布命令之前，应详细了解现场情况，并听取有关人员意见。

遇表 3.16 所列情况，须发布调度命令。

表 3.16 行车调度命令基本内容

顺序	命令项目	受令者		
		司 机	运转车长	车站值班员
1	封锁、开通区间			○
2	向封锁区间开行救援列车、路用列车	○		○
3	临时变更或恢复原行车闭塞法	○	○	○
4	双线反方向行车及由双线改为单线或恢复双线行车	○	○	○
5	变更列车径路	○	○	○
6	列车在区间内停车或返回	○	○	○
7	去区间内岔线的列车	○	○	○
8	临时由区间内返回后部补机的列车	○	○	○
9	发生行车设备故障、灾害或封锁施工后,以及列车中挂有限速的机车、车辆等，需要使列车临时减速运行、一停再开或特别注意运行	○	○	○
10	半自动闭塞区间使用故障按钮、自动闭塞区间使用总辅助按钮			○
11	超长、欠轴列车或列车挂有装载超限货物的车辆	○		○
12	旅客列车加挂货车	○	○	○
13	单机附挂车辆	○		○
14	半自动闭塞区间，超长列车头部越过出站信号机（未压上出站方面的轨道电路）发车	○		○
15	在非到发线上接发列车	○		○
16	临时加开或停运列车	○	○	○
17	货物列车违反列车编组计划			○
18	双线区间在区间内进行跨线装卸作业时，对开入其邻线的列车	○	○	○
19	双线区间在区间内有除雪机、起重机工作时，对开入其邻线的列车	○	○	○

续表　3.16

顺序	命令项目	受令者		
		司　机	运转车长	车站值班员
20	双线区间在区间内发生特别重大、重大、大事故，对开入其邻线的列车	○	○	○
21	临时利用本务机车调车作业	○		○
22	利用天窗施工、维修			○
23	利用施工特定行车办法行车	○		○
24	较规定时间提前或延迟施工	○	○	○
25	电气化区段正线、到发线接触网停电或送电	○	○	○
26	列车调度员认为有必要记录的上述以外的命令	有关人员		

注：划○者为受令人员。

上述调度命令，如涉及其他单位和人员，应同时发给。

列车调度员向司机、运转车长发布调度命令时，应发给有关站段（所、室），由受令站段（所、室）负责转达。当乘务人员已出乘时，应发给列车始发站或进入关系区间前的停车站，由其交付，如来不及而必须在进入关系区间前交付，通过列车应停车交付。

对跨局的列车，接车铁路局列车调度员可委托发车铁路局列车调度员发布调度命令。更换机车或变更限速条件时，应由有关铁路局列车调度员重新发给机车所担当全区段的调度命令。途中乘务人员换班时，应将调度命令内容交接清楚。

发收调度命令时，应填记《调度命令登记簿》，指定受令人员中一人复诵，并记明发收人员姓名及时刻。使用计算机、传真机、无线传送系统发布调度命令时，命令接受人员确认无误后应及时反馈回执。在具备良好转接设备和通信记录装置的条件下，可根据铁道部有关规定，使用列车无线调度通信设备向司机、运转车长发布、转达调度命令或口头指示。

第四节　非正常行车应急处理

一、站内行车设备发生故障导致非正常

（1）现场确认。立即通知就近岗点人员赶赴现场，确认“有无障碍物、杂物”，并清理。

（2）确认报告。值班员确认设备故障情况后，立即向列车调度员、值班干部报告。需列车机外停车或需司机采取停车措施时，必须立即用列车无线调度通信设备及时通知司机。

（3）登记通知。登记运统46，通知工务、电务、供电等部门现场检查处理。

（4）作业准备。确认设备部门签认后，向列车调度员汇报签认情况，并请求、抄收有关调度命令，通知干部及有关作业人员上岗。

（5）接发列车。按调度员指示和非正常行车标准，在干部监督下接发列车。重点卡控命令、进路、信号、凭证等关键。

二、列车在区间发生意外情况时的处理

1. 区间突遇水害

（1）扣停相关列车，包括通知邻站。

（2）通知报告。报告列车调度员、车站值班室，通知值班干部、设备部门。

（3）封锁区间。根据调度命令封锁区间。

（4）收集现场情况。收集并向列车调度员报告列车车次、区间停车地点、时间、汇报人姓名、水害情况。

（5）组织列车。根据列车调度员指示，组织区间内的所有列车退行到后方站或限速通过水害地段。

（6）开通区间。水害线路修复后，向列车调度员报告工务人员提供的运行条件。根据调度命令开通区间并按要求速度放行列车（第一趟不得放行旅客列车）。

2. 区间通过信号机故障

（1）报告通知。报告列车调度员，通知值班干部、车站值班室、设备部门。

（2）预告列车司机。在故障信号机恢复正常前，其相邻发车端车站值班员应使用车机联控电台预告发往该区间的列车司机，预告用语为："×××（次）司机，××至××区间上（下）行×××号通过信号机故障，注意按规定停车和限速。"

（3）派人员防护。接到要求车站派人员防护的调度命令后，指派助理值班员以上人员担任防护员。车站防护员应穿戴路服，佩带臂章，携带无线列调手持电台、红旗（灯）、限速牌等防护用品，在故障信号机前200～300 m处进行协防。

3. 区间机故停车

（1）扣停续行列车，包括通知邻站。

（2）报告通知。报告列车调度员、车站值班室，通知值班干部。

（3）封锁区间。根据调度命令封锁区间。

（4）救援。向封锁区间派出救援单机救援。

（5）收集现场情况。收集并向列车调度员报告列车车次、列车编组、重量、换长、请求救援人员姓名、区间停车地点、时间。

（6）开通区间。确认故障列车整列到达及区间空闲后，向调度员请求开通区间的调度命令。

（7）做好记录。车站值班员详细记录以下情况：救援列车出发、返回车站的时刻，区间起、停车时间，机车型号、司机姓名、车长姓名等。

4. 列车区间分离

（1）扣停相关列车。值班员接到司机通知后，应将区间内列车运行情况通知司机，并立即使用列车无线调度通信设备扣停区间内有关列车，包括通知邻站扣停续行列车。

（2）报告通知。报告列车调度员，通知车站值班室、值班干部、列检部门。

（3）封锁区间。根据调度命令封锁区间。

(4) 了解情况。车站值班员详细了解列车分离原因、前后部的准确停车位置、是否影响邻线及列车编组情况，并及时报告列车调度员和车站值班室。

(5) 组织救援。根据列车分离原因和调度员的指示，采用更换车钩、分部运行（如按原信号机的显示，牵引前部车列进站，再派救援单机进入封锁区间挂取遗留车辆）等方法组织救援。

(6) 开通区间。待车辆全部进站，确认区间空闲后，请求命令，开通区间。

5. 列车脱轨

(1) 扣停相关列车。值班员接到司机报告后，应将区间内列车运行情况通知司机，并立即使用列车无线调度电话扣停区间内有关列车（未能确定不影响邻线前，扣停邻线列车），包括通知邻站扣停续行列车。

(2) 报告通知。报告列车调度员，通知车站值班室、值班干部、设备部门。

(3) 封锁区间。根据调度命令封锁区间。

(4) 了解情况。详细了解并向列调报告脱轨列车区间脱轨时间、脱轨地点（区间、线别、里程）、是否影响邻线、脱轨部位、机车车辆和线路损坏程度、人员伤亡情况、需要的救援设备、初步原因、请求救援人员姓名、列车车次、机车型号、编组、重量、换长、关系人姓名等情况。

(5) 实施救援。根据调度员的指示，利用脱轨列车机车牵引前部良好车辆进站，救援机车将后部未脱轨车辆拉到邻站，根据救援列车运行命令发出救援列车。

(6) 开通区间。事故起复完毕，故障车辆、救援列车全部到达车站后，及时报告调度员，根据工务提供的运行条件，调度员发布命令，开通区间。

(7) 做好记录。值班员详细记录事故列车区间启、停车时间，到达车站时间；救援单机（列车）出发时间，区间启、停车时间，返回车站时刻；机车型号、司机姓名、车长姓名、随乘干部姓名等。

6. 列车启非常，请求退行

(1) 扣停续行列车。值班员接到司机报告后，应将区间内列车运行情况通知司机，并立即使用列车无线调度电话扣停区间内有关列车，包括通知邻站。

(2) 了解情况。详细了解该列车区间停车地点、时间、原因、请求救援人员姓名、列车编组、重量、换长、关系人姓名等情况。

(3) 报告通知。报告列车调度员，通知值班干部、车站值班室。

(4) 退行准备。根据列车退行的调度命令：

① 派出人员。对无运转车长值乘的列车，指派胜任人员携带简易紧急制动阀、全频手持电台、信号（旗）灯赶赴现场。

② 准备进路。值班员根据线路占用情况确定接车线、准备进路（包括进路末端道岔开通直股并加锁），停止邻线调车作业。并指派胜任人员携带信号（旗）灯、手持电台到接车线末端显示停车信号，必要时指派胜任人员到线路中部适当处中转停车信号。

(5) 列车退行。进路准备好、现场退行条件具备后，车站反方向开放进站信号，将列车限速接入站内。

三、其 他

1. 严重晃车

（1）通知报告。通知工务、邻站，报告列车调度员、值班干部。

（2）采取限速措施（对后续列车）。第一列限速 25 km/h，第二列限速 45 km/h，第三列限速 60 km/h。用语为："××次，我是邯郸站，×行线××km××m 处严重晃车，前后 200 m 限速××km/h。"直至得到工务的报告后，按工务确定的速度限速或恢复正常。

（3）列车通过。接到列车通过"限速地段"的报告后，立即通知邻站，报告列车调度员。

2. 列车发生火灾爆炸

（1）扣停列车。扣停相关列车（包括通知邻站）。如果妨碍邻线，立即扣停邻线列车。

（2）停电。通知供电部门停电，确认停电范围，扣停停电范围内的列车。按关于接触网临时停电、故障情况下车机联控用语进行车机联控。

（3）报告通知。报告列车调度员，通知值班干部、车站值班室、公安、消防、医疗、设备部门。

（4）现场抢救。根据调度员的指示进行甩车等作业，并采取防溜措施。损坏严重时，应封锁区间，按分部运行办法将未着火车辆拉到两端站。彻底灭火后，开行救援单机，将灭火车辆拉回车站。

（5）收集现场情况。了解并向列车调度员报告现场情况，包括列车车次及火灾或爆炸部位，火灾或爆炸的概况、处理进度，区间停车地点、时间，汇报人姓名。

（6）放行列车。组织工务人员检查、修复线路后，按要求速度放行列车。若有封锁区间，根据调度命令开通区间。

3. 接触网临时停电

（1）扣停续行列车，包括通知邻站。

（2）报告通知。报告列车调度员，通知值班干部、车站值班室。

（3）确认停电范围。由供电部门查明原因，确认停电范围，扣停停电范围内的列车。按关于接触网临时停电、故障情况下车机联控用语进行车机联控。

（4）收取速报。收取因停电区间停车列车速报。

（5）恢复供电。待故障排除、接触网恢复供电后，通知列车开车，报告列车调度员。

4. 刮弓停车

（1）扣停续行列车，包括通知邻站。

（2）报告通知。报告列车调度员，通知值班干部、车站值班室，通知供电部门停电。

（3）确认停电范围。确认停电范围，扣停停电范围内的列车。按京铁安监〔2006〕361 号关于接触网临时停电、故障情况下车机联控用语进行车机联控。

（4）现场处理。待接触网停电后，通知司机上车处理故障受电弓。

（5）恢复供电。司机汇报处理完毕，所有人员到达安全地点后，报告电调，请求接触网送电。

（6）收集现场情况。收集停车列车车次，区间停车地点、时间，区间开车时间，机车型号、配属，司机姓名，核对列车编组、重量、换长。

（7）组织列车运行。值班员向刮弓列车司机了解升弓后能否继续运行，升弓后能继续运行时，可维持运行到我站入库修复（由调度员安排）；如升弓后不能继续运行时，须发布调度命令封锁区间，派出救援单机。

5. 确认闭塞分区空闲

接到列车要求确认前方闭塞分区（占用情况）的呼叫后：

（1）确认占用情况。车站值班员根据列车运行情况采用外勤确认（列车整列到达或通过）、与邻站联系等方法进行确认。

（2）向司机联控。

① 能确认前方闭塞分区占用情况时。联控用语："××次，前方闭塞分区××（次）占用或前方闭塞分区空闲。"

② 不能确认前方闭塞分区占用情况时：联控用语："××次，前方闭塞分区无法确认。"

6. 车辆故障

（1）扣停列车。发现车辆抱闸、车体下沉、车体倾斜、车辆剧烈震动等危及行车安全的情况时，须立即通知司机停车。

（2）组织处理。发现车体下沉、车体倾斜、车辆剧烈震动等情况时，通知相关部门处理。车辆抱闸时，由车辆乘务员或司机（运转车长）将抱闸车辆的截断塞门关闭，排除副风缸内的余风，检查走行部安全无误后，方可继续运行；如车轮踏面损坏超过限度，应甩车处理。

7. 货物坠落

（1）扣停列车。立即通知司机停车。

（2）报告通知。报告列车调度员，通知值班干部、车站值班室、商检人员、公安。

（3）组织处理。组织现场人员将坠落货物移出线路，不影响本、邻线列车运行。由商检人员整理坠落货物的车辆。若在区间，指派车站干部会同公安前往区间，将遗留货物运回车站。

（4）善后处理。如坠落货物的车辆不能随同本列车继续运行，应在车站甩车处理。车站应将坠落的货物运回并装车，整理后编制"普通记录"待挂。值班员详细了解情况，包括列车在区间启、停车时间，到达前方站时间、机车型号、司机姓名、坠落货物车辆的发站、到站、货物品名等。

8. 旅客列车发现扒乘人员

（1）若是通过列车：报告列车调度员在前方站停车处理。

（2）若是停车列车：

① 扣停列车。立即通知司机停车。

② 停电。通知供电部门停电，确认停电范围，扣停停电范围内的列车。按京铁安监〔2006〕361号关于接触网临时停电、故障情况下车机联控用语进行车机联控。

③ 报告通知。报告列车调度员，通知值班干部、车站值班室、公安。

④ 组织处理。

⑤ 收集现场情况。

第五节　调车工作

一、领导及指挥

调车工作是一项由多工种联合行动的复杂工作。作业场地大，调动的机车车辆多种多样，作业人员及工种多，作业组织比较复杂，作业方法灵活多变，影响调车作业效率的因素较多等。为有效、迅速、高质量地完成调车任务，调车工作必须实行统一领导和单一指挥。

1. 统一领导

统一领导，就是在同一时间内，一个车站只能由车站调度员（未设车站调度员的车站由车站值班员）统一领导全站调车工作；该站的有关调车区长根据车站调度员布置的调车工作任务领导本区的调车工作。

各调车区间相互关联的调车工作，应按车站调度员的指示进行，调车区长（或驼峰调车区长）不得超越自己的职权去领导其他场、区的作业。车站调度员、调车区长在领导调车工作中，遇有占用正线、到发线和机车走行线以及影响接发列车进路的调车工作时，必须与车站值班员联系，并取得其同意后方可进行。占用正线、到发线的调车，常与接发列车作业干扰，因联系不彻底或盲目越过警冲标，有造成列车冲突的可能。为保证作业安全，除调车领导人外，作业人员也要按《车站行车工作细则》的要求，做好联系、确认工作，防止列车冲突事故的发生。

未设专用调车机的中间站，一般不设车站调度员，调车工作由车站值班员统一领导。

2. 单一指挥

单一指挥，就是在同一时间内，一台调车机车的调车作业计划的执行，作业方法的拟定和布置，以及调车机车行动的指挥，只能由一个负责人指挥。配有调车长的车站，调车作业由调车长指挥；未配调车长的车站，由本务机车进行车辆摘挂作业时，可由车站值班员、助理值班员或运转车长担任指挥工作。遇有特殊情况，上述人员不能指挥作业时，可由有任免权限的单位鉴定、考试合格的连接员或站务员代替调车指挥工作。如果一个调车组配有两名调车长，对每台担当调车作业的机车，在同一班次内不得轮流指挥；必须更换指挥人时，应按各局有关规定办理。在调车作业时，所有调车有关人员（调车组、扳道组、机车乘务组）都必须服从调车指挥人的指挥。

二、调车计划的布置、传达及变更

1. 调车计划的布置

布置调车作业计划，应使用调车作业调知单。调车领导人应根据车站日班计划、阶段计划的要求，现在车分布及列车预确报等情况，正确编制调车作业计划，填写调车作业通知单，并应注明完成任务的时间和保证安全的注意事项。

在调车作业通知单上，应注明解体哪一列车，由哪一股道挂出多少车辆，这些车辆应分别解入哪些线路；去哪些股道取、送车辆及数目，完成这些作业的先后顺序；应注意的事项及完成本批作业的开始、终了时间等。调车作业通知单的填记必须清楚、明了、准确。“注意事项”栏内应填记的内容、符号、填记方法等，由车站自行规定。当一批作业不超过三钩时，允许以口头方式布置。由于口头布置没有书面依据，为确保作业人员之间协调一致，保证作业安全，有关人员必须复诵。《铁路技术管理规程》明确“一批作业”即为“一张调车作业通知单”。

中间站利用本务机车调车，应使用附有示意图的调车作业通知单。利用本务机车进行调车作业的中间站，考虑到司机对中间站设备不够熟悉，不了解当时车站停留车的位置及距警冲标的距离，夜间中间站又无照明，为确保安全，必须填写有关线路及停留车辆位置的示意图；并要求不论作业计划钩数多少，或变更计划钩数多少，均应以书面方式布置。

2. 调车领导人与调车指挥人必须亲自交接计划

调车指挥人亲自到调车领导人处接受调车任务，联系计划，听取指示，不仅防止计划误传，还可以全面了解情况、领会意图、掌握关键，有利于保证安全和提高效率。如因连续作业，调车指挥人离不开作业现场时，调车领导人应将调车计划送到现场，当面交给指挥人。因设备及劳动组织等原因，调车领导人与调车指挥人不能亲自交接计划时，由铁路局制定具体交接办法。一些车站有调车作业计划装置或设有风道等传送调车计划的设备，其调车计划交接有不同的组织办法。由于设备原因，亲自交接计划确有困难以及设有调车作业通知单传输装置的车站，交接办法在《车站行车工作细则》中规定。设有站场无线电话的车站，调车作业布置方法由铁路局在《铁路行车组织规则》中规定。各站调车计划的具体布置方法，应在《车站行车工作细则》中明确。

3. 调车指挥人传达调车计划的要求

为正确及时地完成调车作业规定的任务和要求，调车指挥人每次接受调车作业计划后，应根据计划内容和要求制定具体的调车作业方法，连同注意事项亲自向司机交递和传达；对其他人员，也应亲自传达。当调车指挥人亲自传达有困难时，可指派连接员传达或在《车站行车工作细则》内规定。如由调车领导人将调车作业计划向信号员传达；驼峰作业时，调车领导人向峰顶提钩人员及峰下铁鞋制动长传达；未设调车组的中间站利用本务机车作业时，由车站值班员向扳道员传达等。调车指挥人必须确认作业人员已了解后，方能开始作业。

4. 调车计划的变更

变更计划主要指变更股道、辆数、作业方法及取送作业的区域或线路。变更调车作业计划是一种特殊情况，往往由于传达不彻底，作业人员对变更计划不了解，极易造成行车事故。因此，《铁路技术管理规程》对调车计划变更有严格要求。变更计划亦应用书面方式重新按规定程序下达。但因临时需要必须变更时，允许门头方式布置，因受人员记忆的限制，对于一批作业（指一张调车作业调知单中所列的钩数）变更不超过三钩时，允许口头方式布置，但有关人员必须复诵。变更股道时，必须停车传达。变更超过三钩时，应重新填写调车作业通知单。仅变更作业方法或辆数时，不受口头传达三钩的限制，可不停车传达，但调车指挥必须向有关人员传达清楚，有关人员必复诵。驼峰解散车辆，只变更钩数、辆数、股道时，可不通知司机。但调车机车变更为下峰作业或向禁溜线送车前，须通知司机。一张调车作业通知单中，变更计划的次数不限，但总数不得超过三钩。

中间站利用本务机车调车时，无论变更钩数多少，都应重新填写附有示意图的调车作业通知单。

专用线调车时，如遇实际情况与原计划不符，准许调车指挥人根据实际情况自行制定作业计划，但在作业完了后，必须及时向调车领导人汇报计划变更和车辆停留情况。

三、调车作业准备

做好调车作业前的准备是安全、迅速地进行调车工作的前提。只有做好准备，才能顺利地执行调车计划，保证安全地完成任务。作业前的准备工作主要有如下内容：

（1）车列溜放或从驼峰解散前，要事先做好排风、摘管工作。排风是指将待解车列主风管的风压放去，把副风缸内余风排净，使车辆缓解。其目的是防止车辆在溜放途中因副风缸内余风泄漏产生制动，造成车辆追尾撞车等严重后果。摘管是指按调车作业计划要求，在车组分解处，提前将制动软管摘开，以免在解散或溜放中停车摘管，延长作业时间。在作业中不得进入钩档摘管，以免威胁人身安全。

（2）在作业开始前，为使有关调车人员协调一致，应核对计划，做到准确无误，防止传错、抄错、看错或误认。在填写或抄改调车作业通知单的过程中，也应认真核对。

（3）确认进路是否正确，检查线路是否空闲，停留车的位置、车组间的距离、车辆状况，车辆上下有无障碍物，防溜用具、线路有无障碍等。在货物线、段管线、岔线等地点挂、取送车辆时，还要派人通知装卸、检修作业等人员注意，并须确认线路两旁的货物堆放距离是否符合规定，以免发生调车和人身伤亡事故。

（4）手制动时，要事先做好选闸工作。要注意选标（准车）不选杂（型车）、选前不选后、选重不选空、选大不选小、选高不选低。坚持“一车两试”的方法，即停车试和走行试，溜放车组的空、重及车辆的多少，事先准备好足够的质量合格的铁鞋。

中间站设有调车组时，应在列车到达前的规定时间叫班，作业人员应提前到岗，按要求做好准备，并应重点了解列车运行情况、停车情况及作业重点要求。不能因“作业量小”、“作业简单”或其他原因，晚叫班或只叫部分人员到岗，造成准备不足或缺员作业。近年来曾因此而发生行车事故，应引起重视。

（5）在调车准备工作中，为满足无线调车设备试验良好的要求，一般情况下，试验的主要内容包括：

① 接班后，调车长应向电台使用人员逐个呼叫，对司机试验灯显信号，经对方通话和色灯显示试验良好后，方可投入使用。

② 调车作业前，司机应将灯显装置接通机车电源 30 s 后，才能打开机车控制器；作业完毕后，应先关机车控制器，再断开电源。

③ 调车作业前，调车人员应用皮带将电台固定在腰部侧位。作业中不得用电台主机直接呼叫通话。调车作业中不准更换电台、外接附机和电池，以免影响作业；必须更换时，应停车后更换。

④ 使用无线电台调车的调车组人员，仍应携带口笛、照明灯具等。

⑤ 新职工或未使用过电台的调车人员（包括机车乘务组），必须经过无线电使用办法的培训，考试合格后方可使用无线电台作业。

四、调车作业

（一）信号的显示与确认

调车作业中，调车组、机车乘务组、扳道组、信号员等有关调车人员之间的作业命令是依靠信号来传递的，所以，调车作业时，调车人员必须正确及时地显示信号。调车手信号应按规定方式显示，并做到横平、竖直、灯正、圈圆、站立位置适当，显示及时、准确、清晰。

机车乘务人员要认真确认信号，并鸣笛回示。没有看到调车指挥人的启动信号，不准动车。对单机返岔子或机车出入段，由于作业简单，可根据扳道员显示的道岔开通信号或调车信号机显示的进行信号动车。无扳道员和信号机时，调车指挥人确认道岔开通正确后，向司机显示启动信号（如为集中操纵的道岔，还须与操纵人员联系），防止机车经过道岔时，操纵人员改变道岔位置，使机车进入异线或发生脱轨事故。

连挂车辆，要显示十、五、三车的距离信号（单机除外），在距离被挂车辆十车（约 110 m）时，显示十车信号；距离五车（约 55 m）时，显示五车信号；距离三车（约 33 m）时，显示三车信号；距离不足 110 m 时，仅显示五、三车信号；不足 55 m 时，仅显示三车信号；不足 33 m 时，仅显示接近连挂信号。司机确认十、五、三车距离信号后，应鸣笛回示；司机未鸣笛回示，应立即显示停车信号。为避免司机误认，调车指挥在显示十车信号后，不应再显示减速信号。

当调车指挥人确认停留车位置有困难时，应派人显示停留车位置信号。

（二）调车进路的确认

1. 要道还道

在非集中联锁的车站调车作业时，扳道员根据调车作业通知单及调车指挥人的信号要求，正确、及时地扳动道岔、显示信号以确保调车进路的正确。为此，应严格执行要道还道制度。一条进路，往往要经过好几组道岔，经过几个扳道员的作业来完成，如果联系上稍有脱节或误认要道信号，就有耽误作业或错误准备进路的可能。为了防止发生这种情况，有的车站对人工操纵道岔采用互相监督、人工联锁、区域联防、互相检查制度，把分散的道岔联成一个整体，以保证进路准备正确。要道还道起人工联锁、互相检查的作用，其方法是：要道由近而远，还道由远而近。

使用书面调车计划时，要道还道制度只起联系作用，扳道人员应按调车计划准备进路。要道还道时，应统一为“进×道要×道”、“出×道要×道”。在连续溜放或驼峰解散车辆要求对溜放及解散车组的第一钩实行要道还道制度，自第二钩起，扳道人员即可根据调车作业通知单的要求扳动道岔。

要道还道制度有两种情况：一种是以调车长、司机为一方，以扳道人员为另一方，确认进路准备是否妥当、正确；另一种是当调车进路配有两名以上扳道员时，在互相检查、确认调车进路是否正确时，也要执行要道还道制度。由于各站线路配置不同，扳道员之间要道还道的具体办法应在《车站行车工作细则》内规定。

在集中联锁车站进行调车时，进路的准备是由信号员按调车作业通知单进行的，进路妥当后调车信号开放，有关联系是通过无线电话、对讲机或有线广播进行的。集中联锁车站准备调车进路可分段进行，但要注意由近及远，切不可先远后近，以免造成调车人员看到远方的调车信号开放而动车，造成行车事故。如京沪线某一四等中间站在甩热轴车的作业中，信号员先开放远端调车信号机，近端调车信号机尚未开放，但当时担任调车指挥人的助理值班员盲目动车，造成机车在道岔处脱线，构成行车重大事故。

2. 确认进路

单机运行或牵引车辆运行时，前方进路的确认由司机负责；推进车辆运行时，前方进路的确认由调车指挥人负责，如调车指挥人所在位置确认前方进路有困难时，可指派调车组其他人员负责确认。机车乘务人员没有看到调车指挥人的启动信号，不准动车。但单机返岔子或机车出入段时，调车指挥人可不参加。若司机需根据扳道员或调车信号机信号操纵机车时，机车乘务人员必须根据调车指挥人的启动信号动车，在调车指挥人确认道岔开通正确（如为集中操纵的道岔，还须与操纵人员联系）后，方可显示启动信号。防止因联系不当而发生进路错误或途中转换。

确认进路的分工是由调车指挥人和调车机乘务组所处的位置不同，从有利于确认进路的角度确定的。这一规定也给调车指挥人单机或牵引运行时，考虑下一步作业的方法和安全事项提供了依据。为在确认进路上双保险，或为使调车机在作业中加快速度，要求调车指挥人在调车机单机或牵引运行时，参与进路确认工作，或在前面领车，是违反《铁路技术管理规程》规定的。曾发生过因分工不明确而引发行车重大事故，应引以为训。

3. 越区、转场的要求

在配有两台及以上调车机车同时作业时，应划分每台调车机的固定作业区域。在一个调车场的中部设分界标，或用固定建筑物作为分界线，分成两个调车区，为横向划分调车区。有的车站由于线路短，不用固定分界线的方法，而是规定线路上的停留为分界标，两端调车作业均不能移动该停留车位置，触动停留车，即为越区；当线路空闲时，则以分界标为界。纵向划区的调车场，一端都有两条以上的牵出线或驼峰溜放线来划分调车区。遇有交叉作业时，按越区作业办理。在调车作业量较大的货场和专用线配有专用的取送调车机车时，也可划为单独的调车区，这样的调车区应有牵出线。

越区作业，是指调车机车由本调车区到其他调车区进行的取送车辆作业；转场作业，是指由调车场去到发场或去另一调车场的转线作业。越区或转场调车，不仅要经过较多线路道岔，有的还需跨越正线，因而涉及各调车区和车场之间作业的安排。如果没有做好联系和防护，不但要影响调车效率，而且会危及行车安全和人身安全。因此，要求调车机车在越区或转场作业时，两区（场）调车领导人之间必须事先做好联系，作出调车作业书面计划，下达给参加调车作业的有关人员，并做好防护。没有做好联系和防护，不准放行越区车或转场车。

越区、转场要做好以下工作：

（1）越区、转场作业前，调车领导人先将越区（转场）的时间、地点、辆数及有关事项，与进入区、场的调车领导人联系，取得同意后，再向本区有关人员布置。

（2）越出、进入或经由场、区的扳道人员，应按本区、场调车领导人的布置，停止相抵触的作业，确认线路空闲，并准备进路。

（3）越出区的扳道人员，在接到进入区进路准备妥当或同意转场的通知后，方可通知本区调车指挥人指挥越区（转场）作业。

（4）划区（场）的车站，不论有无固定信号设备，均应制定越区（转场）的联系办法，纳入《车站行车工作细则》。作业时必须按照《车站行车工作细则》中的有关规定办理。

（5）越区、转场时，为保证调车车列的制动力，遇到情况能及时停车，《铁路管理技术规程》规定："10 辆以下是否需要连接制动管及连接制动软管的数量，11 辆以上必须连接制动软管的数量，由车站和机务段根据具体情况，共同确定，并纳入《车站行车工作细则》。"主要是以 10 辆为界，11 辆以上时无论越区转场距离，有无坡度均要接管，数量由车站及要务段商定纳入《车站行车工作细则》；10 辆以下时，是否连接制动软管及连接数量，《铁路管理技术规程》未做统一要求，需在《车站行车工作细则》内具体规定。

（三）调车速度

调车作业要做到安全、迅速、准确，掌握调车速度是关键。进行调车作业的司机，必须严格按照《铁路管理技术规程》等有关规章规定的限制速度和调车指挥人的信号操纵机车，在任何情况下，不准超速作业。调车指挥人必须注意观速、观距，及时地、准确地显示信号，发现司机超速危及安全时，必须立即显示停车信号。

调车速度是根据调车作业的特点，调车时所经过线路、道岔的允许速度，调动特殊构造的车辆或装载特殊货物车辆的要求，以及保证调动车列运行中的安全规定的。作业中还应根据带车多少，制动力大小，以及距离远近等决定调车速度。

（1）在空线上牵引运行时，调车速度不得超过 40 km/h；推进运行时，调车速度不得超过 30 km/h。

调车作业时，被调动车辆的自动制动机没有全部加入机车操纵的自动制动系统，这样车列的停车和减速多凭机车自身的制动力量；同时，蒸汽调车机车的牵引是正向、逆向交互进行，有时瞭望不便；再则，进行调车作业的线路标准、道岔号码通常低于正线、到发线的标准。因此，空线上牵引运行时，调车速度每小时不准超过 40 km。当推进运行时，除了同样受上述条件限制外，还因车列在前，机车在后，司机不便于瞭望信号，使用手信号时，进路需依靠车列前端的调车组人员负责，司机需依据调车指挥人中转的信号操纵机车，一旦发生险情，中转信号又需时间，使司机制动时机推迟，故须降低速度，规定不准超过 30 km/h。

（2）调动乘坐旅客或装载爆炸品、压缩气体、液化气体、超限货物的车辆时，速度不得超过 15 km/h。

为保证旅客的安全和舒适，防止装有爆炸品、压缩气体、液化气体和超限货物的车辆由于高速调动或紧急制动引起货物窜动、爆炸等意外事故，因而限制速度为 15 km/h。

（3）为了平稳连挂，避免调车机车与连挂车辆冲撞，从而保证车辆和装载货物的完整及调车作业安全，调车机车接近被连挂的车辆时，速度不得超过 5 km/h。

新中国成立以来，我国货车车辆有了很大发展，大型车辆增加，杂、小型车辆逐步被淘汰或限制在个别支线内使用，货车整体强度及车钩、缓行器的强度大大增加。同时，铁路运输任务日益繁忙，迫切要求在安全的基础上挖潜扩能。1978 年我国第一台减速顶由哈尔滨铁路局减速顶调速系统研究中心设计试验成功，经铁道部鉴定批准的车辆连挂临界速度是（4±1）km/h。此后二十多年来，全路主要编组站的调整系统（包括减速顶、第四制动位及车辆加速小车等）均按不超过 5 km/h 设计和作业。实践证明，这一限速是安全可靠的，符合我国铁路运输效率的要求和车辆的基本状况。

(4) 经过道岔侧向运行的速度由工务部门根据道岔具体条件规定。由于调车作业经过的道岔类型不一，在调车作业场设置的道岔辙叉号一般较小，再加上调车作业机车的类型也不尽相同，因此，由工务部门规定速度并纳入《车站行车工作细则》。

(5) 推上驼峰解散车辆的速度和装有加减速顶的线路上的调车速度，因各站驼峰设备条件不同，应在《车站行车工作细则》中规定。驼峰解散车辆是多工种的联合作业，除做到一丝不苟地按调车有关规定进行外，解散速度也是保证调车安全的一项重要因素。目前，我国驼峰规格尚不统一，设备条件差异很大，峰高、道岔区长短、制动方法等不同。因此，必须因地制宜地由车站规定推上驼峰解散车辆的速度，以保证调车作业的安全与效率。

(6) 在尽头线上调车时，距线路终端应该有 10 m 的安全距离。遇特殊情况，必须小于 10 m 时，调车指挥人应通知司机，严格控制速度。尽头线末端一般均设有车挡或端部站台，取送车时，因机车在另一端，在制动距离掌握上稍有不慎，则可能与车挡或端部站台碰撞而造成事故，故规定 10 m 安全距离。遇必须在端部站台装卸货物或因货位紧张利用安全距离内的线路进行装卸作业，要求车辆进入 10 m 之内时，速度必须严格控制。为保证作业安全，在接近车挡或尽头站台 10 m 以内取、送车辆时，距车挡、尽头或停留车适当距离处一度停车，再以不超过 3 km/h 的速度连挂，或靠近尽头站台。

为了适应电气化铁路区段的调车作业，在有接触网终点的线路上调车时，电力机车应控制速度，机车距接触网终点标应有 10 m 的安全距离。

遇有天气不良等非正常情况进行的调车作业时，由调车指挥人根据天气情况，适当降低速度。发生非常情况，如邻线线路施工或发生事故，其人员和机械工具随时可能侵入本线限界时，允许调车领导人向调车人员提出限制速度的要求，以确保调车作业安全进行。

（四）溜放调车的限制

进行平面溜放调车和驼峰解散车辆时，溜出的车组，其减速或停车是靠手闸、铁鞋、减速器或减速顶制动实现的。为确保调车作业安全，《铁路管理技术规程》对某些车辆及在一些线路上禁止溜放。

1. 溜放车辆的限制

禁止溜放的车辆，是根据装载货物的特性和车辆的其他要求确定的。

因装载货物的要求而禁止溜放的车辆，由铁道部颁发的《危险货物运输规则》中“铁路禁止溜放和溜放时限速连挂的车辆表”中规定。由于作业中使用手制动机、铁鞋或减速器制动时，会产生高温、火星和冲撞，而装载爆炸品、压缩气体、液化气体等特种货物（按组级代号办理的军用弹药、炸药及毒剂等货物）的车辆经撞击、摩擦受热后可能被引燃、引爆。对“禁止溜放”、“溜放时限速连挂”的车辆，发站应在货物运单、封套、货物装载清单及编组顺序表上注明，并在车辆两侧揭挂“禁止溜放”或“限速连挂”表示牌。调车领导人应在调车通知单内记明“禁止溜放”或“限速连挂”的内容。

因车辆本身构造的原因，特殊车辆（如非工作机车、动车、轨道起重机、大型养路机械、机械冷藏车、大型凹型车、落下孔车、空客车和特种用途车等）禁止溜放，有的无法制动，有的装有精密仪器，发生冲撞其后果严重。因此，对这些车辆必须禁止溜放。调车领导人应在调车作业通知单上注明。

平面溜放调车作业不得附挂机械冷藏车溜放其他车辆，附挂乘坐旅客或装载爆炸品、压缩液化气体、超限货物的车辆，溜放其他车辆时，由前述原因，溜放速度仍不得超过 15 km/h。

2. 禁止溜放调车的线路

由于线路坡度、线路上停放车辆及线路上进行技术作业等方面的原因，下列线路禁止溜放:

（1）超过 2.5‰ 坡度的线路上禁止溜放调车作业（为溜放调车的驼峰和牵出线除外）。2.5‰ 坡度是指线路有效长内的平均坡度，由于溜出的车组在上述坡度的线路上受到重力加速度的作用，使车组逐渐加速，不易在预计地点停车，车辆制动不及时，可能造成冲突、脱轨、挤岔子等事故。

在超过 2.5‰ 坡度的线路上进行其他方式的调车作业时，亦容易发生车辆溜逸等不安全因素，若越过警冲标，极易造成侧面冲突或车辆溜入区间等事故。为保证调车作业安全，在超过 2.5‰ 坡度线路上调车时，除禁止溜放调车外，还应采取其他保证安全的措施。如机车应尽量位于坡道下方，不可能时应按规定连接制动软管；摘车时，必须停妥，采取好防溜措施，方可摘开车钩；按启动挂车时，必须停妥，采取好防溜措施，方可摘开车钩；挂车时，没有连挂妥当，不得撤除防溜措施。

（2）停有正在进行技术检查、修理、装卸作业，乘坐旅客的车辆及无人看守道口的线路，禁止溜放。因为正在检修的车辆，车下常有检修作业的人员和工具；正在装卸的车辆，车内外有工人和起重、搬运机具工作，一旦溜放车组制动控制不当，溜放作业区就有可能造成事故和人身伤亡。对于在停有乘坐旅客车辆的线路上禁止溜放，主要是为了确保旅客生命财产的安全。无人看守的道口，在车组溜出后，无法控制临时停车、行人车马横越线路等意外情况，会造成伤亡事故。

（3）停有装载爆炸品、压缩气体、液化气车辆的线路（无论固定线路或非固定线路)，禁止线路溜放。

（4）当停留车辆距警冲标的长度不足溜放车组和安全制动距离时，也不得进行溜放。停留车距警冲标距离过短，会发生撞车或“压标”，此时，不但影响效率，还会危及行车安全。

（五）溜放调车对固定调车组及人数的要求

进行溜放调车作业的车站，应配有调车组。对于未设调车组的中间站或虽有固定调车组，但人员不足三人时，均禁止溜放调车。溜放作业必须有一人指挥机车，一人提钩，一人实施制动，所以，配有调车组的中间站少于三人时不准进行溜放作业；未配调车组的中间站，有三人作业时，因车站设备较差（如线路坡度大、线路短等）、人员水平低以及本务机车对溜放作业不熟悉，相互配合不好等原因，亦禁止进行溜放作业。

未设调车组的中间站，利用本务机车调车作业。一般车站应配有调车组，当调车组长人数不足时，助理值班员可参加调车作业。不足二人，不准进行调车作业，特别在调车作业不多的中间站更应引起注意，绝不能因站内人手少而只让一人作业。

（六）车辆通过驼峰的限制

我国机械化驼峰各部分尺寸基本定型，车辆走行部分也有标准规格，因此，在车辆出厂前，即能确认其能否通过机械化驼峰。对不宜通过机械化驼峰的车辆，应事先打上禁止过峰的标记（见图 3.26）。涂有禁止过峰标记的车辆，禁止通过机械化驼峰。

为防止机械冷藏车车辆连接处的冷却盐水管道、电线路设备及车内精密仪器装置发生损伤，规定机械冷藏车禁止通过驼峰；但在未设峰顶迂回线或迂回线故障的车站，必须使机械冷藏车过峰时，应以不超过 7 km/h 的速度推送下峰。

图 3.26 禁止通过机械化驼峰的车辆标记

客车（21，22 型除外）、D17 及 D19g 型落下孔车车体全长 25.942 m，转向架要五轴构架，转向架中距离为 17.5 m，比一般货车长 75% 左右（普通货车的转向架中心距离一般为 10 m 左右）。当它经过驼峰时，其车钩与相邻车钩钩舌高差和夹角必然偏大，因而会损坏钩托板螺栓、钩舌销等配件，甚至造成断钩或自动脱钩。同时峰顶净平台一般为 5～10 m，D17 落下孔车转向架中心距离大于峰顶净平台，经过驼峰时，车体构件距钢轨面距离最小仅有 200 mm，极易出现“爬峰”事故，刮坏驼峰设备或车辆，因此严禁通过驼峰。

有些车站的驼峰是在平面牵出线的基础上改建的，其峰顶平台、加速坡与推送等各部分长度与坡度都是以普通车辆能顺利过峰为设计基础，受条件限制，全国很难统一标准。对 21，22 型客车、凹型车、其他落下孔车及装载活鱼（包括鱼苗）、跨装货物的车辆（跨及两平车的汽车除外）等，是否可以经过驼峰，应由车站会同车辆段等有关单位作出具体规定，以免这些车辆过峰时造成脱轨或车钩、设备、货物的损坏。其原因有：装载活鱼及鱼苗的车辆，在陡坡上因水面倾斜、晃动造成水溢出或鱼苗死亡，更严重的是会因水面在陡坡倾斜后，重力偏移，侧面张力过大，造成容器破坏，水泄鱼亡；跨装货物通过驼峰时，货物转向架的心盘中心销可能出现折损，并且易使跨装货物窜动而破坏原来的加固状态，引发事故。

关于溜放作业中不能使用铁鞋进行制动的几种情况：

（1）轮对挤压外侧钢轨，若在外侧钢轨“上鞋”，铁鞋易被轮缘撞掉，不起制动作用而发生冲撞；同时，车辆在曲线上运行时，轮对的外侧车轮会走行较长距离，若在外轨使用铁鞋会阻止外轮的走行，容易造成车辆脱轨。

（2）车轮直径在 950 mm 以上的大轮车严禁使用铁鞋，我国目前使用的铁鞋托座弧面是根据一般轮对直径 840 mm 制造的。950 mm 以上的大轮车使用普通铁鞋时，车轮踏面与托座弧面不密黏，影响制动力，也可能发生“压不上”的情况，从而发生车辆冲撞。

轮径超过 950 mm 的车型主要有：P9，P69，C77，M9，N9，D6，D9，D16，D17，D18，D19，G6，G9，G14，G15，G18，G27，T1。

（3）外闸瓦严禁使用铁鞋。外闸瓦车的闸瓦钎距轨面最低为 25 mm，铁鞋高度为 110～125 mm。铁鞋放在轨面上时，容易被闸瓦钎子撞掉或被推着滑行，起不到制动作用。外闸瓦车辆主要有 C5，C25，D6 及守车等。在使用铁鞋进行防溜时，也要注意外闸瓦。

（4）编组场以外的线路，因钢轨型号不一，也禁止使用铁鞋。

其他不准使用铁鞋的情况，由车站根据具体情况决定，并纳入《车站行车工作细则》。

（七）连接制动软管及试拉的要求

1. 连接制动软管

在一般情况下调车作业时，车列的减速和停车都是靠机车本身的制动力，不需连接制动软管。但在不利的地形和特殊条件下，如越区转场，向岔线、专用线取送车辆或超过 2.5‰ 的坡度的线路上调车作业时，为使调车车列能及时停车，应连接制动软管。连接制动软管数量过多，会因摘解制动软管、车列充风而延长作业时间；连接制动软管数量过少，会影响制动力。除转场及在超过 2.5‰ 坡度的线路上进行调车作业，连接制动软管的数量由《铁路管理技术规程》作出具体要求外，其他情况下，连接制动软管数量及要求应根据机车类型、线路坡度、挂车多少以及作业的要求等具体情况确定，并纳入《车站行车工作细则》。

2. 试 拉

推送车辆时，要先试拉，以检查车钩连挂状态。防止减速或紧急停车时因连挂状态不良发生车辆溜逸而危及行车安全。在同一线路内，连续连挂作业时，根据连续连挂的方法进行，并要认真采取防溜措施，避免车辆溜出警冲标。

（八）手推调车

（1）手推调车是调移车辆的辅助形式，一般在缺乏动力的情况下短距离移动车辆时采用。为保证安全，手推调车应符合以下要求：

① 在调车线、货物线及其他线路上手推调车时，应得到调车领导人的同意。因调车领导人全面掌握线路使用、设备特点和作业进度等情况。在正线、到发线和邻近正线、到发线的衔接线路上手推调车时，还应得到车站值班员的准许，以保证接发列车安全。

② 在货物线内，当手推调车不越过警冲标时，停留车的辆数、顺序都不会发生变化。因此，平推调车可由有关货运员同意后进行，但货运员应将移动后的车辆停留位置及时通知调车人员。

③ 手推调车时，要检查人力制动机必须良好，并要有胜任人员负责制动。手推调车的速度不得超过 3 km/h，以保证随时停车。

（2）下列情况不准手推调车：

① 装载爆炸品、压缩气体、液化气体的车辆。

② 接发列车时，能进入接发列车进路的线路上无隔开设备或脱轨器。

③ 暴风、雨、雪或夜间照明不足等情况。

④ 在实际坡度超过 2.5‰的线路上，不准手推调车，这主要考虑在超过 2.5‰的线路上调车时，若制动不及时，车辆可能溜逸，造成严重后果；由于设备条件限制，必须在超过 2.5‰ 的线路上手推调时，必须制定安全措施，报铁路局批准，并纳入《车站行车工作细则》。

⑤ 电气化区段，接触网未停电的线路上，对棚车、敞车类的车辆也不准手推调车，因其不能使用手制动机。

手推调车，除按上述要求办理外，还应执行各局、站制定的具体办法。如每批推车的辆数限制，组与组间的间隔距离，以及必须在超过 2.5‰坡度的线上进行手推调车的安全措施等。

手推调车是一种辅助调车形式。但在一些中间站，由于缺少调车动力，手推调车经常采用。特别是装卸人员为了装卸作业方便，经常以手推调车的方式移动车辆位置。但往往由于对装卸人员的教育和组织不当，发生车辆溜入区间或闯入接发列车进路的重大、大事故，造成巨大损失和恶劣影响。针对此情况，有关铁路局采取了有力控制手段，如将撬棍保存在车站值班员处，手推调车取撬棍时需经车站值班员准许，同时填写手推调车申请书，写明手推调车的移动范围及手制动人员姓名，落实责任制，收到较好效果。

（九）线路两旁堆放货物的规定

为加强货物、岔线的管理，保证调车工作的安全，线路两旁堆放的货物距钢轨头部外侧不得少于 1.5 m，如图 3.27 所示；不足 1.5 m 时，不得进行调车作业。

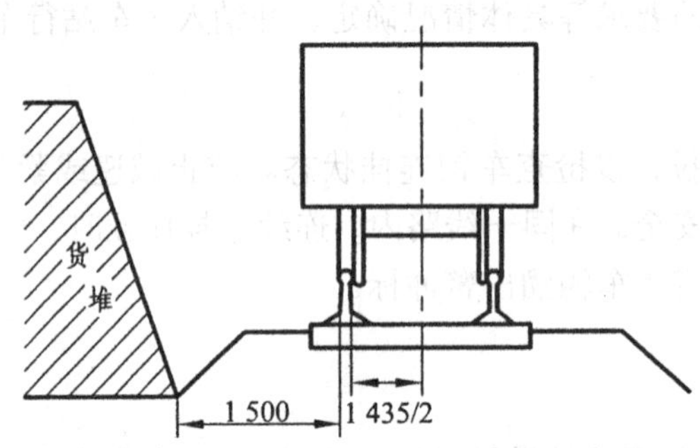

图 3.27 线路两旁堆放货物的规定

从图中可看出，由线路中心线起算，1/2 轨距＝1 435/2＝718 mm；又 50 kg 钢轨头部宽度为 70 mm，所以线路中心线至钢轨头部外侧的距离为 718 mm＋70 mm＝788 mm。机车车辆限界自线路中心计算为 1 700 mm，机车车辆占去钢轨头部外侧的尺寸为 1 700 mm－788 mm＝912 mm。堆放货物距钢轨头部外侧的间距为 1 500 mm，则货物与车辆间的距离为 1 500 mm－912 mm＝588 mm，这一距离为供调车人员走行与显示信号所必要的空间。在一般情况下，一个人的身宽约为 0.5 m，再加上机车车辆进出线路时的摇摆量，588 mm 的间隔距离乃是保证调车人员安全通行的最低要求。

此外，站台上堆放货物时，亦应考虑调车人员、货运人员及叉车等机具的作业条件，堆放的货物距站台边缘不得少于 1 m。货物应堆放稳固，防止倒塌。靠近线路两旁堆放的是为维修线路用的材料、机具等，不得侵入建筑接近限界。

五、机车车辆停留

1. 机车车辆停留的线路及地点

警冲标是指示机车车辆停留时不准向道岔方向或线路交叉点方向越过的标志。如果越过警冲标，就会妨碍邻线机车车辆的运行，还有可能发生侧面冲突。因此到发线、调车线、货物线等线路停留机车车辆时，必须停留在警冲标内方。遇下列情况，在不影响接发列车及调车作业的条件下，准许临时停放在警冲标外方：

（1）停在调车线警冲标外方的处理。调车作业中，因溜放车组调速不当未进入线路警冲标内方时，本应及时送入警冲标内方，但为提高效率，若停留车辆不妨碍本批计划的进路，准许临时停在调车线警冲标外方，在一批作业完了后，立即将该车组送入警冲标内方。

（2）停在到发线警冲标外方的条件。因车站装卸线货位不够使用，或货位固定设备在警冲标外方，在抢运军用物资及急用物资的特殊情况下，车辆需停在警冲标外方进行装卸作业时，须经车站值班员、调车区长准许，在不影响列车到发及调车作业的情况下方可进行。在装卸作业完了后，应立即取走或送入警冲标内方。

安全线、避难线、机车固定走行线上，禁止停留机车车辆。因为安全线、避难线的设置目的是为了防止列车和机车车辆冲突。如在该线上停留机车车辆，不仅失去了它的作用，反而增加了冲突的机会。此外，牵出线上能否停留车辆，也应慎重考虑，因为牵出线是专门调车的线路，停放了机车车辆，不仅影响效率，而且危及调车安全。

（3）爆炸品、压缩气体、液化气体等危险品，对冲击、火焰敏感，万一发生意外，其后果严重。为此，要求装载这些物品的车辆必须停放在固定线路上，两端道岔应扳向不能进入该线的位置并加锁，以防其他车辆进入。在选择这些车辆固定线路时，应远离房舍、住宅及其他建筑物，并应与列车运行和调车繁忙的线路保持一定间隔。

（4）救援列车担负着事故救援的紧急任务，为保证在需要时能及时出动，亦必须停放在固定的线路上。该线路不得停放其他机车车辆，将两端道岔置于其他机车车辆不能进入该线的位置并加锁。发电车的停放办法按铁路局的规定办理。

（5）为了保证公务车上的领导干部与工作人员的正常工作和休息，对临时停留公务车的线路，除应将道岔置于不能进入该线的位置并加锁外，一般不准利用该线进行与其无关的调车作业。集中操纵的道岔可在控制台上进行锁闭。

2. 机车车辆的防溜

（1）编组站、区段站在到发线、调车线以外的线路上停留车辆，不进行调车作业时，应连挂在一起，并须拧紧两端车辆的人力制动机，或以铁鞋（止轮器、防溜枕木等）牢靠固定。因装卸车对货位等情况不能连挂在一起时，应分组做好防溜措施。

（2）中间站停留车辆，无论停留的线路是否有坡道，均应连挂在一起，拧紧两端车辆的人力制动机，并以铁鞋（止轮器、防溜枕木等）牢靠固定。因装卸车对货位等情况不能连挂在一起时，应分组做好防溜措施。一批调车作业中临时停留的车辆，须拧紧两端车辆的人力制动机或以铁鞋（止轮器）止轮。

编组站和区段站的到发线、调车线是否需要防溜以及作业量较大中间站执行上述规定有困难时，由铁路局规定。

（3）编组站、区段站到发线的到达列车，须使车列处于制动状态后，方准摘开机车；制动状态的确认由摘开机车的人员负责。停留时间超过 2 h 或到发线坡度超过 1.5‰ 时，车站应拧紧两端车辆的手制动机或以铁鞋（止轮器、防溜枕木等）牢靠固定。整列车列的转线作业亦按上述规定办理。调车作业中，在到发线停留的车辆由调车人员或指派的胜任人员在车辆的两端采取防溜措施。调车线停留的车辆根据线路纵断面情况在《车站行车工作细则》内规定。

（4）在始发、终到及换挂机车的车站到发线停留的客车底，须使车列处于制动状态后方准摘开机车，制动状态的确认由摘开机车的人员负责。停留时间超过 1 h 或线路坡度超过 1.5‰ 时，须按规定采取防溜措施。

（5）中间站到达的列车，须使车列处于制动状态后方准摘开机车；制动状态的确认由摘开机车的人员负责。在中间站停留的车辆，必须按《铁路管理技术规程》的规定采取“双防溜”，即拧紧两端车辆的手制动机，并以铁鞋（止轮器、防溜枕木等）牢靠固定。电气化区段的中间站在采取“双防溜”时，可使用货车手制动机紧固器进行手制动。手制动机紧固器必须是经铁道部产品质量检验监督中心检验合格的产品。

电气化区段三等及其以上且配有专用调车机的中间站，在坡度不超过 1.5‰ 的到发线上停留车辆时，可执行“单防溜”的规定，由车站制定防溜措施，并纳入《车站行车工作细则》。

(6) 在坡度超过 2.5‰ 的线路上停留车辆时，应拧紧两端车辆的手制动机（电气化区段的中间站使用手制动机紧固器），并以铁鞋（止轮器、防溜枕木等）在车辆下坡方向牢靠固定。线路坡度超过 6‰ 时，原则上不准停留车辆，特殊情况由站段制定安全措施，报路局审批。

(7) 在不能进入正线、到发线的线路上停留的车辆，因对货位装卸作业等情况不能连挂在一起，当线路坡度不超过 2.5‰ 时，只对线路两端车辆拧紧手制动机，并使用铁鞋（止轮器、防溜枕木等）牢靠固定。

(8) 调车作业必须在挂妥后再撤除防溜器具；摘车必须在车辆停妥并采取防溜措施后，再提开车钩。在一批作业中，临时停留的车辆应在两端采取防溜措施（线路内原停留车组已采取防溜措施时，可在摘车端采取防溜措施；坡度超过 2.5‰ 时，可在下坡端采取防溜措施）。

(9) 对企业的专用线，各站要与企业签订安全协议，明确防溜措施和责任。

(10) 在调车作业的有关地点，必须配备铁鞋或止轮器等防溜器具。扳道房、清扫房不少于 2 只，行车室不少于 4 只，与到发线、正线衔接的货物线、专用线及有装卸作业的线路在指定处所不少于 4 只。

六、在正线和到发线上的调车作业

在正线、到发线上调车时，要经过车站值班员的准许。在接发列车时，应按《车站行车工作细则》规定的时间，停止影响列车进路的调车作业。

七、接发客运列车时限制调车作业的规定

接发旅客列车时，能进入接发列车进路的线路没有隔开设备或脱轨器，不准调车，但遇下列情况可以调车：

(1) 发出旅客列车时，与列车相反方向；

(2) 本务机车在停留线路内摘下，列车拉道口、对货位。

为了防止机车车辆进入旅客列车接车线，接停车的旅客列车时，在接车线末端方向第一组道岔必须向相邻线路开通。

有特殊困难的车站，确需调车时，制定安全措施，由铁路局批准。

八、越出站界调车

由于车站未设牵出线或牵出线被其他调车作业占用，在调动较长车列时，需越过进站信号机或站界标占用区间进行调车，称为越出站界调车。目前中间站调车作业繁忙，加之正线行车量也日益增大，中间站无牵出线时，调车作业确实有困难。为此在三等中间站应尽量设置牵出线，暂时不能设两端牵出线时也应先设一端。其他四、五等中间站也可利用专用线走行线等进行调车作业。就进站信号机的设置而言，其位置已考虑到调车作业的方便，尽量避免进入区间进行调车作业。《铁路管理技术规程》规定进站信号机应距进站道岔尖轨尖端（顺

向为警冲标）不少于 50 m 的地点，可以使机车挂一二辆货车转线时不致进入区间。经常得用正线调车作业的车站，可适当延长进站信号机与进站道岔的距离，原则上不超过 400 m，机车可以挂 20 多辆货车转线。若进站信号机与进站道岔距离过长，可能造成列车占用咽喉时间过长，影响能力。也可造成车站作业不便，如派引导员接车时增加走行时间，与站内联系也不方便，为此应慎重处理。

越出站界调车是在区间空闲（自动闭塞第一闭塞分区空闲）的情况下进入区间调车的一种方法。由于闭塞设备及区间线路的不同，办理方法及凭证也不相同。

1. 双线区间正方向越出站界调车

由于双线区间正方向线路发车权归车站所有，是否向区间发车由车站值班员控制。为此，只要区间空闲，车站值班员口头准许即可出站调车。

（1）当区间为自动闭塞，从监督器上确认第一闭塞分区空闲时，车站值班员口头准许通知司机后，即可出站调车。

（2）当区间为非自动闭塞时，必须区间空闲，车站值班员口头准许并通知司机后，即可出站调车。

2. 双线区间反方向越出站界调车

双线区间反方向越出站界调车时，区间必须空闲，由于区间发车权归对方站所有，越出站界调车时，还要请示列车调度员发布的停止基本闭塞法的调度命令，车站值班员与邻站办理电话闭塞手续，发给司机路票或出站调车通知书后，方可出站调车。对双线自动闭塞有反向运行条件的区段，越出站界的调车作业不开放出站信号机，因而可以任意改变闭塞方向。为此，亦应办理电话闭塞手续。

3. 单线区间越出站界调车

（1）当区间为自动闭塞时，闭塞系统必须在发车位。第一闭塞分区空闲时，经车站值班员口头准许并通知司机后，方可出站调车。

（2）当区间为半自动闭塞时，区间必须空闲。得到停止基本闭塞法的调度命令后，与邻站办理电话闭塞手续并发给司机路票或出站通知书后，方可出站调车。

个别位于半自动闭塞区段的车站，在摘挂列车到站作业时，先与邻站办好半自动闭塞，在不开放出站信号机的情况下将进行调车作业的本务机放入区间，调车结束后再开放出站信号机将列车发出。这违反《铁路管理技术规程》基本规定，给安全带来威胁。若作业人对闭塞不严肃，列车调度员对区间调车情况不掌握，可能延误重要列车或打乱运行秩序。若车站还停有其他待发列车，可能发生误操纵，将其他列车开入区间。为此，必须严格闭塞手续。

（3）当区间为电话闭塞时，区间必须空闲，经列车调度员口头准许出站调车后，与邻站办理闭塞手续，发给司机占用区间的凭证（路票）或出站调车通知书后，方可出站调车。

九、跟踪出站调车

列车由车站出发后，间隔一定距离或时间，机车、车辆即跟随列车越出站界，在规定距离内进行的调车作业称为跟踪出站调车。这种办法使列车运行和调车作业平行进行，能提高效率。但列车和车列同时进入同一区间，存在不安全因素。为此，根据不同情况，规定必要的限制条件。

1. **对跟踪出站调车的限制**

为使调车作业不影响列车运行及安全，应对跟踪出站调车的区间、距离等加以限制。

（1）跟踪出站调车只准在单线区间及双线正方向办理。双线反方向行车已是不正常情况，跟踪反方向运行的列车出站调车，势必增加不安全因素，因而禁止双线反方向跟踪调车。

（2）为保证跟踪出站调车作业的机车车辆与运行列车保持一定距离，只有前发列车尾部越过预告信号机（或靠近车站的第一个预告标）后，方可跟踪出站调车。若确认前发列车位置困难，应按《车站行车工作细则》规定间隔时间进行（见图 3.28）。

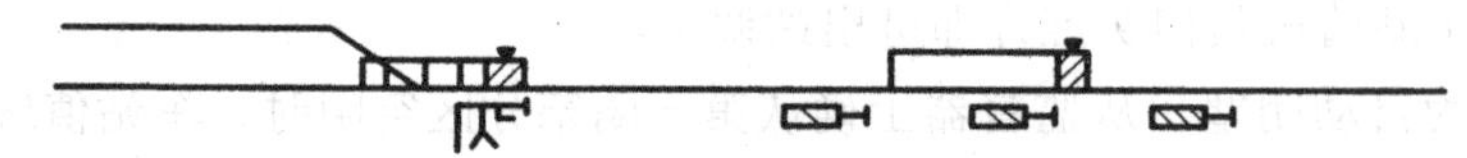

图 3.28 跟踪出站调车示意图

（3）《铁路技术管理规程》规定，跟踪出站调车的机车、车辆最远不得越出站界 500 m。列车在不得已情况下必须退行时，未得到后方站车站值班员允许，不得退行到车站的最外方预告标或预告信号机的内方。这样，与由区间退回的列车保持有 300 m 以上的安全距离。

（4）出站方向区间内有对瞭望不利的地形，或有连续长大坡道时，禁止跟踪调车，以防止在长大上坡道上，因列车制动不当或车辆发生溜逸时与跟踪调车的机车、车辆发生冲突。

（5）前发列车需由区间返回或挂有由区间返回的后部补机时，禁止跟踪调车，以防止返回的列车或补机与正在跟踪调车的机车车辆发生冲突。

（6）车站一切电话中断，不能与列车调度员及邻站联系时，禁止办理跟踪车；降雾、暴风雨雪天，因瞭望不便，亦禁止跟踪调车。

2. **办理手续**

（1）需经列车调度员准许。以防因办理跟踪出站调车，影响其他列车运行。

（2）需经相邻车站值班员同意。以防止跟踪出站的机车、车辆返回车站前，两站错误办理闭塞或路签（牌）折返使用等。

（3）发给调车司机跟踪调车通知书。填写时应将“出站”字样及“对方站承认的号码等”号字样抹掉。跟踪调车通知书允许由扳道员根据车站值班员的命令填发。跟踪调车完毕后，应及时收回跟踪调车通知书，并通知对方站值班员。列车虽已到达邻站，但跟踪调车通知书尚未收回时，禁止办理区间开通手续。

第四章　行车事故处理和行车作业人身安全

第一节　构成行车事故的条件

铁路机车车辆在运行过程中发生冲突、脱轨、火灾、爆炸等影响铁路正常行车的事故，包括影响铁路正常行车的相关作业过程中发生的事故，或者铁路机车车辆在运行过程中与行人、机动车、非机动车、牲畜及其他障碍物相撞的事故均为铁路交通事故。依据《铁路交通事故应急救援和调查处理条列》规定，事故分为特别重大事故、重大事故、较大事故和一般事故四个等级。

一、构成特别重大事故的条件

有下列情形之一的，为特别重大事故：

(1) 造成 30 人以上死亡。

(2) 造成 100 人以上重伤（包括急性工业中毒，下同）。

(3) 造成 1 亿元以上直接经济损失。

(4) 繁忙干线客运列车脱轨 18 辆以上并中断铁路行车 48 h 以上。

(5) 繁忙干线货运列车脱轨 60 辆以上并中断铁路行车 48 h 以上。

二、构成重大事故的条件

有下列情形之一的，为重大事故：

(1) 造成 10 人以上 30 人以下死亡。

(2) 造成 50 人以上 100 人以下重伤。

(3) 造成 5 000 万元以上 1 亿元以下直接经济损失。

(4) 客运列车脱轨 18 辆以上。

(5) 货运列车脱轨 60 辆以上。

(6) 客运列车脱轨 2 辆以上 18 辆以下，并中断繁忙干线铁路行车 24 h 以上或者中断其他线路铁路行车 48 h 以上。

(7) 货运列车脱轨 6 辆以上 60 辆以下，并中断繁忙干线铁路行车 24 h 以上或者中断其他线路铁路行车 48 h 以上。

三、构成较大事故的条件

有下列情形之一的，为较大事故：

（1）造成 3 人以上 10 人以下死亡。

（2）造成 10 人以上 50 人以下重伤。

（3）造成 1 000 万元以上 5 000 万元以下直接经济损失。

（4）客运列车脱轨 2 辆以上 18 辆以下。

（5）货运列车脱轨 6 辆以上 60 辆以下。

（6）中断繁忙干线铁路行车 6 h 以上。

（7）中断其他线路铁路行车 10 h 以上。

四、构成一般事故的条件

一般事故分为一般 A 类事故、一般 B 类事故、一般 C 类事故和一般 D 类事故。

（1）有下列情形之一，未构成较大以上事故的，为一般 A 类事故：

① 造成 2 人死亡。

② 造成 5 人以上 10 人以下重伤。

③ 造成 500 万元以上 1 000 万元以下直接经济损失。

④ 列车及调车作业中发生冲突、脱轨、火灾、爆炸、相撞，造成下列后果之一的：

a. 繁忙干线双线之一线或单线行车中断 3 h 以上 6 h 以下，双线行车中断 2 h 以上 6 h 以下。

b. 其他线路双线之一线或单线行车中断 6 h 以上 10 h 以下，双线行车中断 3 h 以上 10 h 以下。

c. 客运列车耽误本列 4 h 以上。

d. 客运列车脱轨 1 辆。

e. 客运列车中途摘车 2 辆以上。

f. 客车报废 1 辆或大破 2 辆以上。

g. 机车大破 1 台以上。

h. 动车组中破 1 辆以上。

i. 货运列车脱轨 4 辆以上 6 辆以下。

（2）有下列情形之一，未构成一般 A 类以上事故的，为一般 B 类事故：

① 造成 1 人死亡。

② 造成 5 人以下重伤。

③ 造成 100 万元以上 500 万元以下直接经济损失。

④ 列车及调车作业中发生冲突、脱轨、火灾、爆炸、相撞，造成下列后果之一的：

a. 繁忙干线行车中断 1 小时以上。

b. 其他线路行车中断 2 小时以上。

c. 客运列车耽误本列 1 小时以上。

d. 客运列车中途摘车 1 辆。

e. 客车大破 1 辆。

f. 机车中破 1 台。

g. 货运列车脱轨 2 辆以上 4 辆以下。

(3) 有下列情形之一，未构成一般 B 类以上事故的，为一般 C 类事故：

① 列车冲突。

② 货运列车脱轨。

③ 列车火灾。

④ 列车爆炸。

⑤ 列车相撞。

⑥ 向占用区间发出列车。

⑦ 向占用线接入列车。

⑧ 未准备好进路接、发列车。

⑨ 未办或错办闭塞发出列车。

⑩ 列车冒进信号或越过警冲标。

⑪ 机车、车辆溜入区间或站内。

⑫ 列车中机车车辆断轴，车轮崩裂，制动梁、下拉杆、交叉杆等部件脱落。

⑬ 列车运行中碰撞轻型车辆、小车、施工机械、机具、防护栅栏等设备设施或路料、坍体、落石。

⑭ 接触网接触线断线、倒杆或塌网。

⑮ 关闭折角塞门发出列车或运行中关闭折角塞门。

⑯ 列车运行中刮坏行车设备设施。

⑰ 列车运行中设备设施、装载货物（包括行包、邮件）、装载加固材料（或装置）超限（含按超限货物办理超过电报批准尺寸的）或坠落。

⑱ 装载超限货物的车辆按装载普通货物的车辆编入列车。

⑲ 电力机车、动车组带电进入停电区。

⑳ 错误向停电区段的接触网供电。

㉑ 电化区段攀爬车顶耽误列车。

㉒ 客运列车分离。

㉓ 发生冲突、脱轨的机车车辆未按规定检查鉴定编入列车。

㉔ 无调度命令施工，超范围施工，超范围维修作业。

㉕ 漏发、错发、漏传、错传调度命令导致列车超速运行。

(4) 有下列情形之一，未构成一般 C 类以上事故的，为一般 D 类事故：

① 调车冲突。

② 调车脱轨。

③ 挤道岔。

④ 调车相撞。

⑤ 错办或未及时办理信号致使列车停车。

⑥ 错办行车凭证发车或耽误列车。

⑦ 调车作业碰轧脱轨器、防护信号，或未撤防护信号动车。

⑧ 货运列车分离（包括车钩缓冲装置的破损）。

⑨ 施工、检修、清扫设备耽误列车。

⑩ 作业人员违反劳动纪律、作业纪律耽误列车。

⑪ 滥用紧急制动阀耽误列车。

⑫ 擅自发车、开车、停车、错办通过或在区间乘降所错误通过。

⑬ 列车拉铁鞋开车。

⑭ 漏发、错发、漏传、错传调度命令耽误列车。

⑮ 错误操纵、使用行车设备耽误列车。

⑯ 用轻型车辆、小车及施工机械耽误列车。

⑰ 应安装列尾装置而未安装发出列车。

⑱ 行包、邮件装卸作业耽误列车。

⑲ 电力机车、动车组错误进入无接触网线路。

⑳ 列车上工作人员往外抛掷物体造成人员伤害或设备损坏。

㉑ 行车设备故障耽误本列客运列车 1 h 以上，或耽误本列货运列车 2 h 以上；固定设备故障延时影响正常行车 2 h 以上（仅指正线）。

铁道部可对影响行车安全的其他情形，列入一般事故。

因事故死亡、重伤人数 7 日内发生变化，导致事故等级变化的，相应改变事故等级。

五、有关内容解释

（1）机车车辆：包括铁路机车、客车、货车、动车、动车组及各类自轮运转特种设备等。

自轮运转特种设备：指在铁路营业线上运行的轨道车及铁路施工、维修专用车辆（包括轨道起重机、架桥机、铺轨机、接触网架线车、放线车、检修车、大型养路机械等）。

（2）列车：指编成的车列并挂有机车及规定的列车标志。单机、自轮运转特种设备虽未完全具备列车条件，亦应按列车办理。

客运列车：指旅客列车（含动车组）、按客车办理的回送空客车车底及其他列车。

货运列车：指客运列车以外的其他列车。军用列车除有特殊通知外，均视为货运列车。

列车与其他调车作业的机车车辆等互相冲撞而发生的事故，定列车事故；列车在站内以调车方式进行摘挂或转线而发生事故，定调车事故。

客运列车或客运列车摘下本务机车后的车列，被货运列车、机车车辆冲撞造成的事故，以及客运列车在中途站进行摘挂（包括摘挂本务机车）或转线作业发生的事故，均定客运列车事故。

区间调车作业、机车车辆溜入区间，发生冲突、脱轨事故时，定列车事故；在封锁区间内调车作业发生事故，定调车事故。

（3）运行过程中：指铁路机车车辆运行的全过程，也包括在其运行中的停车状态。

（4）行人：指在铁路线路上行走、停留的自然人（包括有关铁路作业人员）。

（5）相撞：指铁路机车车辆在运行过程中与行人、机动车、非机动车、牲畜及其他障碍物相互碰、撞、轧，造成人员伤亡、设备设施损坏。

（6）冲突：指列车、机车车辆互相间或与轻型车辆、设备设施（如车库、站台、车挡等）发生冲撞，致使机车车辆、轻型车辆、设备设施等破损。

在列车运行中由于人为失职或设备不良等原因，将车辆挤坏或拉坏构成中破及其以上程度，或在调车作业中由于人为失职或设备不良等原因，将车辆挤坏或拉坏构成大破以上程度时，亦按冲突论。

由于机车车辆冲撞造成货物窜动将车辆撞坏、挤坏时，定冲突事故，并根据所造成的后果，确定事故等级。

(7) 脱轨：指机车车辆的车轮落下轨面（包括脱轨后又自行复轨），或车轮轮缘顶部高于轨面（因作业需要的除外）。

每辆（台）只要脱轨 1 轮，即按 1 辆（台）计算。

(8) 列车发生火灾：指列车起火造成机车车辆破损影响行车设备设施正常使用，或发生人员伤亡、货物、行包烧毁等。

(9) 列车发生爆炸：指机车车辆在运行过程中发生爆炸，造成其设备损坏，墙板、车体变形或出现孔洞，影响正常行车。

(10) 正线：指连接车站并贯穿或直股伸入车站的线路。

(11) 繁忙干线：指京哈（不含沈山线）、京沪、京广、京九（含广州至深圳段）、陇海、沪昆（不含株洲至昆明段）线及客运专线。

繁忙干线单线：指连接繁忙干线的联络线。

(12) 其他线路：指繁忙干线以外的线路。

新交付使用的线路等级分类，在交付时公布。

在连接不同等级线路的车站发生事故时，按繁忙干线算。

(13) 中断铁路行车：指不论事故发生在区间或站内，造成铁路单线、双线区间或双线区间之一线不能行车。

中断行车的时间：指由事故发生时间起（列车火灾或爆炸由停车时间算起）至恢复客货列车原牵引方式连续通行时止。如列车能在站内其他线通行，又回到原正线上进入区间的，不按中断行车算。施工封锁区间发生冲突或脱轨的行车中断时间，从事故发生前原计划开通的时间起计算。

(14) 耽误列车：指列车在区间内停车；通过列车在站内停车；列车在始发站或停车站晚开、在运行过程中超过图定的时间（局管内）或调度员指定的时间；列车停运、合并、保留。

(15) 客运列车中途摘车：指编挂在客运列车中的车辆发生冲突、脱轨、火灾、爆炸、相撞未达到中破及以上程度，不能运行，必须在途中摘下（不包括始发站和终到站）。

(16) 占用区间：指① 区间内已进入列车。② 区间已被列车取得占用的许可（包括准许时间内未收回的出站、跟踪调车凭证）。③ 封锁的区间（属于《铁路技术管理规程》第 265、第 302、第 310 条的情况下除外）。④ 区间内有停留或溜入的机车车辆、施工作业车辆。列车发出后溜入的亦算。⑤ 发出进入正线的列车而区间内道岔向岔线开通。⑥ 邻线已进入禁止在区间交会的列车。

向占用区间发出列车：向上述情况之一的区间发出列车，就叫向占用区间发出列车。列车前端越过出站信号机或警冲标即算。办理越出站界调车后，没有取消手续，也没有办理列车闭塞手续，就用该调车手续将列车开出，亦按本项论。

(17) 占用线：指车站内已办理进路的线路、停有机车车辆的线路或已封锁的线路。

列车前端越过进站（进路）信号机或站界标即构成“向占用线接入列车”。按《铁路技术管理规程》第 283 条规定办理的列车除外。

(18) 进路：指① 接入停车列车时，由进站信号机起至接车线末端计算该线有效长度的警冲标或出站信号机止的一段线路。② 发出列车时，由列车前端起至相对进站信号机或站界标为止的一段线路。③ 通过列车时，为该列车通过线两端进站信号机或站界标间的一段线路。

未准备好进路：指① 进路上的道岔未扳、错扳、临时扳动或错误转动。② 进路上有轻型车辆（包括拖车）、小车及其他能造成脱轨的障碍物（不包括其他交通车辆）。③ 邻线的机车车辆越过警冲标。④ 违反《铁路技术管理规程》第 279 条禁止办理相对方向同时接车和同方向同时发接列车的规定而办理同时接车或发接列车。⑤ 超限列车（包括挂有超限货物车辆的列车）、客运列车由于错误办理造成进入非固定股道。

未准备好进路接发列车：接入停车或通过的列车时，列车前端进入未准备好的进路进站信号机或站界标以及在未准备好的进路发出的列车启动。

设有进路信号机的车站，分段接发列车时，按分段算。如果每段都发生问题，每段各定一件事故；如果一次准备的全通路，就算一个进路，定一件事故。

凡由于信号联锁条件错误或有关人员违章作业，致使信号错误升级显示进行信号或强行开放进行信号，造成耽误列车或列车已按错误显示的进行信号运行，虽未造成后果，均定事故。

(19) 未办或错办闭塞发出列车：指未和邻站、线路所、车场办理闭塞手续，或办理闭塞的区间与列车运行的区间不一致而发出列车。列车前端越过出站信号机（包括线路所通过信号机）或警冲标即算。客运列车，错办闭塞的区间虽与列车的运行区间一致，亦按本项论。

没有调度命令，擅自改变或错办列车运行径路，或未按规定办理手续而越出站界调车，亦按本项论。

(20) 列车冒进信号或越过警冲标：指列车前端任何一部分越过地面固定信号显示的停车信号；停车列车越过到达线末端计算该线有效长度的警冲标或轧上线路脱轨器（系指用于接发列车起隔开作用的脱轨器）；双线区间反方向运行，列车冒进站界标；在制动距离内，由于误碰、错办或维修设备，致使临时变更信号显示、信号关闭或临时灭灯，造成列车冒进信号时，不论联锁条件是否解锁，亦按本项论。

在制动距离内信号自动关闭或临时灭灯，在进路联锁条件不解锁的情况下，列车冒进信号时，不按本项论。

(21) 机车车辆溜入区间或站内：指以进站信号机或站界标为界，机车车辆由站内溜入区间或由区间、专用线溜入站内。在区间岔线内停留的机车车辆溜往正线越过警冲标，亦按本项论。

(22) 关闭折角塞门发出列车或运行中关闭折角塞门：列车前端越过出站信号机或警冲标即算。

采用双管供风的列车因错接风管发出列车，按本项论。

(23) 电力机车、动车组带电进入停电区：指电力机车、动车组未降弓断电进入已经停电的接触网区。

(24) 发生冲突、脱轨的机车车辆，未经检查鉴定编入列车运行：未按规定通知检查或未按规定检查，擅自编入列车，按本项论。

(25) 自轮运转设备：无需铁路货车装运，能依靠自有轮对在铁路上运行，但须按货物向铁路办理托运手续的机械和设备。包括编入列车的自轮运转特种设备、无火回送机车等。

(26) 无调度命令施工，超范围施工，超范围维修作业：包括未按规定在车站登记要点进行施工、维修作业的，施工点前超范围准备的，未按规定施工维修作业内容进行作业的。

（27）漏发、错发、漏传、错传调度命令导致列车超速运行：列车运行监控装置未输或错输限速指令、机车出库后司机未接到线路限速命令，致使列车超过规定限速运行。

（28）挤道岔：指车轮挤过或挤坏道岔。

（29）错办或未及时办理信号导致列车停车：指① 因办理不及时或忘办、错办信号使列车在站外或站内停车；② 禁止同时接车的车站或不准同时接入站内的列车，误使两列车均在站外停车；③ 接发列车人员未及时或错误显示手信号，使列车停车。

（30）错误办理行车凭证发车或耽误列车：指与邻站已办妥闭塞手续，但由于未交、错交、未拿、错拿、漏填、错填行车凭证，自动闭塞、自动站间闭塞、半自动闭塞区间未开放出站（进路）信号机发车或耽误列车。

行车凭证交与司机或运转车长显示发车手信号后（车站直接发车时为发车人员显示手信号后），发现行车凭证错误，亦为错误办理行车凭证发车。

填写的行车凭证，错填、漏填电话记录号码、车次、区间、地点时，按本项论。

自动闭塞、自动站间闭塞、半自动闭塞区间未开放出站（进路）信号机，列车启动停车未越过信号机或警冲标时，视同一般 D 类事故情形。越过关闭的停车信号或警冲标时，视同一般 C 类事故情形。

（31）调车作业碰轧脱轨器、防护信号或未撤防护信号动车。

脱轨器：指固定脱轨器及移动脱轨器。

防护信号：指防护施工、装卸及机车车辆检修整备作业的固定信号或移动信号。

机车车辆碰上、轧上脱轨器或防护信号即算。对插有停车信号的车辆，碰上车钩及未撤防护信号动车，按本项论。

（32）施工、检修、清扫设备耽误列车：如因特殊情况需要延长施工时间时，须提前通知车站值班员、列车调度员，经列车调度员承认后（发布调度命令）耽误列车时，不定事故。

施工、检修、清扫设备人员躲避不及时，造成列车停车，按本项论。

（33）滥用紧急制动阀耽误列车：指违反《铁路技术管理规程》第 271 条第 4 款的规定使用紧急制动阀。

（34）擅自发车、开车、停车、错办通过或在区间乘降所错误通过。

擅自发车：指车站发车人员未确认出站信号，运转车长未得到发车人员的发车指示信号，车站发车人员未确认运转车长发车手信号直接发车。

擅自开车：指司机未得到车站发车人员或运转车长的发车信号而开车。

擅自停车：指在正常情况下，不应停车而停车。

错办通过：指应停车的客运列车而错办通过（不包括列车调度员按照列车运行情况临时调整变更通过的列车）。

（35）错误操纵、使用行车设备耽误列车：指作业人员违反操作规程耽误列车或使用方法不当造成机车车辆等行车设备损坏耽误列车。

（36）列车运行中碰撞轻型车辆、小车、施工机械、机具、防护栅栏等设备设施或路料、坍体、落石：刮上、碰上或轧上即算。

小车：指人工推行的作业车、检测车、梯车等。

路料：指钢轨、道砟、轨枕、道口铺面板等。

施工机械：指起道机、捣固机、螺栓紧固机、弯轨器、撞轨器、切轨机、轨缝调整器、拨道器等。

机具：指施工、维修作业中使用的动力扳手、撬杠等。

列车运行中碰撞道砟未造成机车车辆损坏或人员伤亡，不按本项论。

(37) 应安装列尾装置而未安装发出列车：有规定或调度命令的不按本项论。

(38) 行包、邮件装卸作业耽误列车：指在装卸作业过程中因组织不当耽误列车，包括超载偏载、侵限或机动车（包括平板车）侵限、掉进股道、抢越平过道耽误列车。

(39) 作业过程：指作业人员在本职工作岗位上或领导临时指派的工作岗位上，在工作时间内，从事铁路企业生产经营活动的全过程。作业人员请假离开、返回工作岗位、下班离岗、退勤退乘等，尚未离开其作业场所的，均视为作业过程。

六、行车事故分类一览表（见表 4.1 ~ 表 4.7）

表 4.1 特别重大事故

<table>
<tr><th rowspan="2">条件＼线别
项目</th><th colspan="2">有下列情形之一为特别重大事故</th></tr>
<tr><th>繁忙干线</th><th>其他线路</th></tr>
<tr><td>人员</td><td>死亡 30 人或重伤 100 人及以上</td><td>死亡 30 人或重伤 100 人及以上</td></tr>
<tr><td>经济</td><td>直接经济损失 1 亿元及以上</td><td>直接经济损失 1 亿元及以上</td></tr>
<tr><td>客运列车</td><td>客运列车脱轨 18 辆以上并中断铁路行车 48 h 以上</td><td></td></tr>
<tr><td>货运列车</td><td>货运列车脱轨 60 辆以上并中断铁路行车 48 h 以上</td><td></td></tr>
</table>

表 4.2 重大事故

<table>
<tr><th colspan="2" rowspan="2">条件＼线别
项目</th><th colspan="2">有下列情形之一为重大事故</th></tr>
<tr><th>繁忙干线</th><th>其他线路</th></tr>
<tr><td rowspan="2">人员</td><td>死亡</td><td>10 人以上 30 人以下</td><td>10 人以上 30 人以下</td></tr>
<tr><td>重伤</td><td>50 人以上 100 人以下</td><td>50 人以上 100 人以下</td></tr>
<tr><td colspan="2">经济</td><td>直接经济损失 5 000 万元以上
1 亿元以下</td><td>直接经济损失 5 000 万元以上
1 亿元以下</td></tr>
<tr><td rowspan="4">列车</td><td rowspan="2">客运列车</td><td>脱轨 18 辆以上</td><td>脱轨 18 辆以上</td></tr>
<tr><td>脱轨 2 辆以上 18 辆以下，并中断繁忙干线铁路行车 24 h 以上</td><td>脱轨 2 辆以上 18 辆以下，并中断其他线路行车 48 h 以上</td></tr>
<tr><td rowspan="2">货运列车</td><td>脱轨 60 辆以上</td><td>脱轨 60 辆以上</td></tr>
<tr><td>脱轨 6 辆以上 60 辆以下，并中断繁忙干线铁路行车 24 h 以上</td><td>脱轨 6 辆以上 60 辆以下，并中断其他线路行车 48 h 以上</td></tr>
</table>

表 4.3　较大事故

项目＼条件＼线别		有下列情形之一为较大事故	
		繁忙干线	其他线路
人员	死亡	3 人以上 10 人以下	3 人以上 10 人以下
	重伤	10 人以上 50 人以下	10 人以上 50 人以下
经济		直接经济损失 1 000 万元以上 5 000 万元以下	直接经济损失 1 000 万元以上 5 000 万元以下
列车	客运列车	脱轨 2 辆以上 18 辆以下	脱轨 2 辆以上 18 辆以下
	货运列车	脱轨 6 辆以上 60 辆以下	脱轨 6 辆以上 60 辆以下
行车中断或延误		6 h 以上	10 h 以上

表 4.4　A 类事故

线别＼条件＼类别		有下列情形之一，未构成较大以上事故的，为一般 A 类事故		
		客运列车发生冲突、脱轨、火灾或爆炸，造成下列后果之一时	其他列车发生冲突、脱轨、火灾或爆炸，造成下列后果之一时	调车作业（包括机车、车辆整备作业）发生冲突或脱轨，造成下列后果之一时
繁忙干线	人员	造成 2 人死亡或造成 5 人以上 10 人以下重伤	造成 2 人死亡或造成 5 人以上 10 人以下重伤	造成 2 人死亡或造成 5 人以上 10 人以下重伤
	行车中断或延误	繁忙干线双线之一线或单线行车中断 3 h 以上 6 h 以下，双线行车中断 2 h 以上 6 h 以下	繁忙干线双线之一线或单线行车中断 3 h 以上 6 h 以下，双线行车中断 2 h 以上 6 h 以下	繁忙干线双线之一线或单线行车中断 3 h 以上 6 h 以下，双线行车中断 2 h 以上 6 h 以下
	列车、车辆	列车耽误本列 4 h 以上	脱轨 4 辆以上 6 辆以下	脱轨 4 辆以上 6 辆以下
		列车脱轨 1 辆		
		中途摘车 2 辆以上		
		报废 1 辆或大破 2 辆以上		
		动车组中破 1 辆以上		
	机车	大破 1 台以上	大破 1 台以上	大破 1 台以上
	经济	造成 500 万元以上 1 000 万元以下直接经济损失	造成 500 万元以上 1 000 万元以下直接经济损失	造成 500 万元以上 1 000 万元以下直接经济损失

续表 4.4

条件＼类别 线别		有下列情形之一，未构成较大以上事故的，为一般A类事故		
		客运列车发生冲突、脱轨、火灾或爆炸，造成下列后果之一时	其他列车发生冲突、脱轨、火灾或爆炸，造成下列后果之一时	调车作业（包括机车、车辆整备作业）发生冲突或脱轨，造成下列后果之一时
其他线路	人员	造成2人死亡或造成5人以上10人以下重伤	造成2人死亡或造成5人以上10人以下重伤	造成2人死亡或造成5人以上10人以下重伤
	行车中断或延误	其他线路双线之一线或单线行车中断6 h以上10 h以下，双线行车中断3 h以上10 h以下。	其他线路双线之一线或单线行车中断6 h以上10 h以下，双线行车中断3 h以上10 h以下。	其他线路双线之一线或单线行车中断6 h以上10 h以下，双线行车中断3 h以上10 h以下。
	列车、车辆	列车耽误本列4 h以上	脱轨4辆以上6辆以下	脱轨4辆以上6辆以下
		列车脱轨1辆		
		中途摘车2辆以上		
		报废1辆或大破2辆以上		
		动车组中破1辆以上		
	机车	大破1台	大破1台	大破1台
	经济	直接经济损失500万元及以上	直接经济损失500万元及以上	直接经济损失500万元及以上

表 4.5 B类事故

条件＼类别 线别		有下列情形之一，未构成较大以上事故的，为一般B类事故		
		客运列车发生冲突、脱轨、火灾或爆炸，造成下列后果之一时	其他列车发生冲突、脱轨、火灾或爆炸，造成下列后果之一时	调车作业（包括机车、车辆整备作业）发生冲突或脱轨，造成下列后果之一时
繁忙干线	人员	1人死亡或5人以下重伤	1人死亡或5人以下重伤	1人死亡或5人以下重伤
	行车中断或延误	行车中断1 h以上	行车中断1 h以上	行车中断1 h以上
	列车、车辆	耽误本列1 h以上	脱轨2辆以上4辆以下	脱轨2辆以上4辆以下
		中途摘车1辆		
		客车大破1辆		
	机车	机车中破1台	机车中破1台	机车中破1台
	经济	100万元以上500万元以下直接经济损失	100万元以上500万元以下直接经济损失	100万元以上500万元以下直接经济损失

续表　4.5

<table>
<tr><td colspan="2" rowspan="2">类别 / 条件 / 线别</td><td colspan="3">有下列情形之一，未构成较大以上事故的，为一般 B 类事故</td></tr>
<tr><td>客运列车发生冲突、脱轨、火灾或爆炸，造成下列后果之一时</td><td>其他列车发生冲突、脱轨、火灾或爆炸，造成下列后果之一时</td><td>调车作业（包括机车、车辆整备作业）发生冲突或脱轨，造成下列后果之一时</td></tr>
<tr><td rowspan="7">其他线路</td><td>人　员</td><td>1 人死亡或 5 人以下重伤</td><td>1 人死亡或 5 人以下重伤</td><td>1 人死亡或 5 人以下重伤</td></tr>
<tr><td>行车中断或延误</td><td>中断 2 h 以上</td><td>中断 2 h 以上</td><td>中断 2 h 以上</td></tr>
<tr><td rowspan="3">列车、车辆</td><td>耽误本列 1 h 以上</td><td rowspan="3">脱轨 2 辆以上 4 辆以下</td><td rowspan="3">脱轨 2 辆以上 4 辆以下</td></tr>
<tr><td>中途摘车 1 辆</td></tr>
<tr><td>客车大破 1 辆</td></tr>
<tr><td>机　车</td><td>机车中破 1 台</td><td>机车中破 1 台</td><td>机车中破 1 台</td></tr>
<tr><td>经　济</td><td>100 万元以上 500 万元以下直接经济损失</td><td>100 万元以上 500 万元以下直接经济损失</td><td>100 万元以上 500 万元以下直接经济损失</td></tr>
</table>

表 4.6　C 类事故

项　目	有下列情形之一，未构成一般 B 类以上事故的，为一般 C 类事故
列车	冲　突
	货运列车脱轨
	火　灾
	爆　炸
	相　撞
	向占用区间发出列车
	列车运行中碰撞轻型车辆、小车、施工机械、机具、防护栅栏等设备设施或路料、坍体、落石
	列车运行中刮坏行车设备设施
	运行中关闭折角塞门或关闭折角塞门发出列车
	列车运行中设备设施、装载货物（包括行包、邮件）、装载加固材料（或装置）超限（含按超限货物办理超过电报批准尺寸的）或坠落
	向占用线接入列车
	未准备好进路接、发列车
	未办或错办闭塞发出列车
	装载超限货物的车辆按装载普通货物的车辆编入列车
	无调度命令施工，超范围施工，超范围维修作业
	漏发、错发、漏传、错传调度命令导致列车超速运行

续表 4.6

项　目	有下列情形之一，未构成一般B类以上事故的，为一般C类事故
列车	机车车辆断轴，车轮崩裂，制动梁、下拉杆、交叉杆等部件脱落
	客运列车分离
	冒进信号或越过警冲标
	电力机车、动车组带电进入停电区
	电化区段攀爬车顶耽误列车
	发生冲突、脱轨的机车车辆未按规定检查鉴定编入列车
机车、车辆	溜入区间或站内
其他	接触网接触线断线、倒杆或塌网
	错误向停电区段的接触网供电

表 4.7　D类事故

项　目		有下列情形之一，未构成一般C类以上事故的，为一般D类事故
调　车		冲突、脱轨、相撞
		调车作业碰轧脱轨器、防护信号，或未撤防护信号动车
列　车		错办或未及时办理信号致使招致列车停车
		挤道岔
		擅自发车、开车、停车、错办通过或在区间乘降所错误通过
		列车拉铁鞋开车
		货运列车分离
		列车上工作人员往外抛掷物体造成人员伤害或设备损坏
		应安装列尾装置而未安装发出列车
	耽误列车	施工、检修、清扫设备耽误列车
		作业人员违反劳动纪律、作业纪律耽误列车
		滥用紧急制动阀耽误列车
		错误操纵、使用行车设备耽误列车
		使用轻型车辆、小车及施工机械耽误列车
		行包、邮件装卸作业耽误列车
		漏发、错发、漏传、错传调度命令耽误列车
		行车设备故障耽误本列客运列车1h以上，或耽误本列货运列车2h以上；固定设备故障延时影响正常行车2h以上（仅指正线）
		错办行车凭证发车或耽误列车
其他		电力机车、动车组错误进入无接触网线路

第二节　行车事故通报

一、发生行车事故时的报告

事故发生后，事故现场的铁路运输企业工作人员或者其他人员应当立即向邻近铁路车站、列车调度员、公安机关或者相关单位负责人报告；有关单位和人员接到报告后，应立即将事故情况向企业负责人和事故发生地安全监管办安全监察值班人员报告；安全监管办安全监察值班人员按规定向安全监管办负责人报告。

(1) 铁路运输企业列车调度员要认真填写《铁路交通事故（设备故障）概况表》(安监报1)，分别向事故发生地安全监管办安全监察值班人员、铁道部列车调度员报告；事故发生地安全监管办安全监察值班人员接到“安监报 1”或现场事故报告后，要立即填写《铁路交通事故基本情况表》(安监报 3)，并向铁道部安全监察司值班人员报告；报告后要进一步了解事故情况，及时补报“安监报 3”。

(2) 涉及其他安全监管办辖区的事故，发生地安全监管办安全监察值班人员应及时将“安监报 3”传送至相关安全监管办的安全监察部门。

(3) 铁道部列车调度员接到事故报告后，应及时收取或填写“安监报 1”，并立即向值班处长和安全监察司值班人员报告；值班处长、安全监察司值班人员按规定分别向本部门负责人、铁道部办公厅部长办公室报告，由部门负责人向部领导报告。事故涉及其他部门时，由办公厅部长办公室通知相关部门负责人。

(4) 发生特别重大事故、重大事故，由铁道部办公厅负责向国务院办公厅报告，并通报国家安全生产监督管理总局等有关部门。

发生特别重大事故、重大事故、较大事故或者有人员伤亡的一般事故，安全监管办应向事故发生地县级以上地方人民政府及其安全生产监督管理部门通报。

二、事故报告的主要内容

(1) 事故发生的时间、地点、区间（线名、公里、米)、线路条件、事故相关单位和人员。

(2) 发生事故的列车种类、车次、机车型号、部位、牵引辆数、吨数、计长及运行速度。

(3) 旅客人数，伤亡人数、性别、年龄以及救助情况，是否涉及境外人员伤亡。

(4) 货物品名、装载情况，易燃、易爆等危险货物情况。

(5) 机车车辆脱轨辆数、线路设备损坏程度等情况。

(6) 对铁路行车的影响情况。

(7) 事故原因的初步判断，事故发生后采取的措施及事故控制情况。

(8) 应当立即报告的其他情况。

事故报告后，人员伤亡、脱轨辆数、设备损坏等情况发生变化时，应及时补报。

事故现场通话按“117”立接制应急通话级别办理。

铁道部、安全监管办、铁路运输企业应向社会公布事故报告值班电话，受理事故报告和举报。

表 4.8 为铁路交通事故处理报告表。

表 4.8 铁路交通事故处理报告表

安监报 2

（保管 3 年）

报告单位：（公章） 上报时间： 年 月 日

《铁路交通事故认定书》编号							
事故类别				责任程度			
发生时间地点							
事故概况							
原 因							
防范措施							
承担的经济损失费用							
主要责任者 关系责任者	职务	姓名	年龄	文化	路龄	现职龄	处分情况

注：原因分析、防范措施及责任者可另附页。

第三节 行车事故责任判定

一、相关规定

（1）事故分为责任事故和非责任事故。

事故责任分为全部责任、主要责任、重要责任、次要责任和同等责任。

（2）铁路运输企业或相关单位发布的文电，违反法律法规、铁道部规章或铁路相关技术标准和作业标准等，直接导致事故发生的，定发文电单位责任。

（3）因设备管理不善造成的事故，定设备管理单位责任。

（4）因产品质量不良造成事故，属设计、制造、采购、检修等单位责任的，定相关单位责任；应采用经行政许可或强制认证的产品而采用其他产品的，追究采用单位责任；采购不合格或不达标产品的，追究采购单位责任。

(5) 自然灾害原因导致的事故，因防范措施不到位，定责任事故。确属不可抗力原因导致的事故，定非责任事故。

(6) 营业线施工中发生责任事故，属工程建设、设计、监理、施工等原因造成的，定上述相关单位责任；同时追究设备管理单位责任。

已经竣工验收的设备，因质量问题发生责任事故，确属工程建设、设计、施工、监理等单位责任的，定上述相关单位责任；属设备管理不善的，定设备管理单位责任。

(7) 涉嫌人为破坏造成的事故，在公安机关确认前，定发生单位责任事故；经公安机关确认属人为破坏原因造成的，定发生单位非责任事故。

(8) 机车车辆断轴造成事故，由于探测、监测工作人员违章违纪或设备不良、管理不善等原因造成漏报、误报或预报后未及时拦停列车的，定相关单位责任。由于货物超载、偏载造成车辆断轴事故，定装车站或作业站责任。

(9) 因列车折角塞门关闭造成事故无法判明责任的，定发生地铁路运输企业责任事故。

(10) 错误办理行车凭证发车或耽误列车事故的责任划分：司机启动列车，定车务、机务单位责任；司机发现未动车，定车务单位责任；通过列车司机未及时发现，定车务、机务单位责任；司机发现及时停车，定车务单位责任。

(11) 应停车的客运列车错办通过，定车站责任；在区间乘降所错误通过，定机务单位责任。

(12) 因断钩导致列车分离事故，断口为新痕时定机务单位责任（司机未违反操作规程的除外），断口旧痕时定机车车辆配属或定检单位责任；机车车辆车钩出现超标的砂眼、夹渣或气孔等铸造缺陷定制造单位责任。

未断钩造成的列车分离事故根据具体情况进行分析定责。

(13) 因货物装载加固不良造成事故，定货物承运单位责任；属托运人自装货物的，定托运人责任，货物承运单位监督检查失职的，追究货物承运单位同等责任。因调车作业超速连挂和“禁溜车”溜放等造成货物装载加固状态破坏而引发的事故，定违章作业站责任；因押运人员在运输途中随意搬动货物和降低货物装载加固质量而引发的事故，定押运人员所在单位责任，货物承运单位管理失职的，追究同等责任；货检人员未认真履行职责的，追究货检人员所在单位同等责任。因卸车质量不良造成事故，定卸车单位责任，同时追究负责检查的单位责任。

(14) 自轮运转设备编入列车因质量不良发生事故时，定设备配属单位责任；过轨检查失职的，定检查单位责任；违规挂运的，定编入或同意放行的单位责任。

(15) 因临时租（借）用其他单位的设备设施、人员，发生事故，定使用单位责任。

产权单位委托其他单位维修设备设施，因维修质量不良造成事故，定维修单位责任；产权单位管理不善的，追究其同等责任。

(16) 凡经铁道部批准或铁路运输企业批准并报铁道部核备后的技术革新项目、科研项目在运营线上试验时，在限定的试验期限内确因试验项目本身原因发生事故，不定责任事故；但由于违反操作规程以及其他人为因素造成的事故，定责任事故。

(17) 事故发生后，因发生单位未如实提供情况，导致不能查明事故原因和判定责任的，定发生单位责任。

(18) 事故涉及两个以上单位管理的相关设备，设备质量均未超过临修或技术限度时，按事故因果关系进行推断，确定责任单位。

(19) 事故调查组未及时通知有关单位接受事故调查，不得定有关单位责任。有关单位接到通知后，应派员而未派员接受事故调查的，事故调查组可以直接定责。

(20) 铁路作业人员在从事与行车相关的作业过程中，不论作业人员是否在其本职岗位，由于违反操作规程、作业纪律，或铁路运输生产设备设施、劳动条件、作业环境不良，或安全管理不善等造成伤亡，定责任事故。具体情形按以下规定办理。

① 乘务人员及其他作业人员在企业内候班室、外地公寓、客车宿营车等处候班、间休期间，因违章违纪、设备设施不良等造成伤亡，定有关单位责任。

② 作业人员在疏导道口、引导或帮助旅客上下车、维持站车秩序过程中被列车撞轧而伤亡的，定作业人员所在单位责任。

③ 事故发生过程中，作业人员在避险或进行事故抢险时因违章作业再次发生伤亡，应按同一件事故定责；事故过程已终止，在事故救援、抢修、复旧及处理中又发生事故导致伤亡的，按另一件事故定责。

④ 铁路运输企业所属临管铁路发生的责任伤亡事故，定该企业责任事故。

⑤ 作业人员在工作或间歇时间擅自动用铁路运输设备设施、工具等导致伤亡的，定该作业人员所在单位责任事故，同时追究设备设施配属（或管理）单位的责任。

⑥ 作业人员因患有职业禁忌症而导致行为失控，造成伤亡的，定该作业人员所在单位责任。

⑦ 两个及以上铁路运输企业在交叉作业中发生伤亡，定主要责任单位事故；若各方责任均等，定伤亡人员所在单位责任，同时追究其他相关单位责任。若各方责任均等且均有人员伤亡，分别定责任事故。

(21) 作业人员发生伤亡，经二级以上医院、急救中心诊断或经法医检验、解剖，证明系因脑溢血、心肌梗塞、猝死等突发性疾病所致，并按事故处理权限得到事故调查组确认的，不定责任事故。医院等级不够的，须经法医进行尸表检验或尸体解剖鉴定。法医尸检或解剖鉴定报告结论不确定的，定责任事故。

(22) 作业人员伤亡事故原因不清，或公安机关已立案但尚无明确结论的，定责任事故。暂时不能确定事故性质、责任的，按待定办理。若跨年度仍不能确定或处理时间超过法定期限的，定伤亡人员所在单位责任。在年度统计截止前，该事故已查清并作出与原处理决定相反结论的，可向原处理部门申请更正。

(23) 铁路机车车辆与行人、机动车、非机动车、牲畜及其他障碍物相撞造成事故，按以下规定判定责任。

① 事故当事人违章通过平交道口或者人行过道，或者在铁路线路上行走、坐卧造成人身伤亡，定事故当事人责任。

② 事故当事人逃逸或者有证据证明当事人故意破坏、伪造现场、毁坏证据，定事故当事人责任。

③ 事故当事人违反国家法律法规，有明显过失的，按过错的严重程度，分别承担责任。

(24) 铁道部、安全监管办有关部门及其人员未能依法履行职责，发生下列情形之一的，应当追究其行政责任。涉嫌犯罪的，移送司法机关处理。

① 违反国家公布的技术标准或铁道部颁布的规章、技术管理规程和作业标准，擅自公布部门技术标准，导致事故发生的，追究相关部门及其人员的责任。

② 在实施行政许可、强制认证、技术审查或鉴定，以及产品设备验收等监督管理职责的过程中，违反法定权限、法定程序和有关规定，或对相关产品设备等监督检查不力，造成不合格、不达标产品设备等投入运用，导致事故发生的，追究相关部门及其人员的责任。

二、案例分析

案例 1：

（一）事故概况

1978 年 12 月 16 日郑州机务段 194 号机车，牵引从西安到徐州的 368 次普通旅客列车。3：12 运行到杨庄车站时，本应停车等会 87 次旅客列车，由于司机、副司机值乘中打盹，冒进 3 道上行关闭的出站信号，与正在进站的 87 次旅客列车侧面冲突，致使 368 次内燃机车、87 次 5 辆客车破损。旅客死亡 106 人、重伤 47 人、轻伤 171 人，共计死伤 324 人，中断正线行车 9 h，机车、车辆经济损失 55 万元。

这是新中国成立以来最为严重的一次旅客列车重大伤亡事故。为了不忘事故教训，铁道部把每年的 12 月 16 日定为全路安全教育日。

（二）事故案例分析

1. 事故性质

客运列车冲突特别重大事故。

2. 定性理由

旅客死亡 106 人。

3. 责任单位

郑州机务段。

4. 主要责任人

郑州机务段 368 次司机、副司机。违反劳动纪律值乘中打盹，冒进 3 道关闭的出站信号，对事故应负主要责任。

5. 重要责任人

杨庄站车站值班员。根据会车计划，368 次进 3 道停车等会下行 87 次旅客列车属于相对方向同时接车。相对方向同时接车时，368 次进站停妥后，方可开放下行进站信号。车站值班员违反了相对方向同时接车的规定，368 次进入 3 道后尚未停妥就开放了下行进站信号，对事故应负重要责任。

6. 次要责任人

368 次运转车长。根据《铁路技术管理规程》规定，在列车运行中运转车长应加强瞭望，注意列车运行状态及信号显示，判明司机不顾停车信号，列车继续运行时，应使用紧急制动阀停车。该车长未尽到责任，因此，对事故应负次要责任。

案例 2：

（一）事故概况

1973 年 1 月 21 日 18：00 元氏站车站值班员接到信号工区“元氏至窦妪间上行线两架通过信号机故障”的报告后，向列车调度进行了汇报（当时正在下大雪）。

18：15 列车调度员向高邑站发布命令，内容是“高邑站交 698 次，元氏至窦妪间因信号故障改大区间，窦妪引导信号进站通过”。

18：20 又向大陈庄站、元氏站发布了上述命令，并增加“元氏站交 32 次，大陈庄站交 2144 次”。但此项命令漏向窦妪站下达。

32 次旅客列车 18：55 凭元氏出站信号机绿色灯光通过。运行至 298.3 km 处时，因机车故障不能继续运行。

值乘 32 次运转车长未按规定作好列车尾部的防护工作，却跑到列车头部向司机询问列车被迫停车的原因。

698 次接近元氏站时，元氏站值班员忘记元氏至窦妪间改按大区间的调度命令，未等 32 次到达前方站便将 698 次按自动闭塞放入区间。助理值班员也未执行“互监互控”制度。

698 次凭元氏站出站信号机绿色灯光进入区间后，看到黄灯不减速，看到红灯不停车，以 60 km/h 速度在区间运行，当 698 次运行到距 32 次尾部不足 200 m 时，发现前方有车，采取非常停车措施，终因速高距近停车不及追尾冲突。造成旅客重伤 6 人、轻伤 32 人、机车中破 1 台、邮政车报废一辆、行李车大破 1 辆、客车小破 14 辆，中断下行正线 5 h 43 min，上行正线 15 h 6 min。

（二）事故案例分析

1. 事故性质

客运列车冲突重大事故。

2. 定性理由

中断下行正线 5 h 43 min、上行正线 15 h 6 min；旅客重伤 6 人；邮政车报废一辆。

3. 责任单位

原石家庄分局邢台车务段。

4. 主要责任人

元氏站车站值班员、助理值班员。元氏站车站值班员忘记改按大区间的调度命令，助理值班员未执行“互监互控”制度，在 32 次尚未到达窦妪站的情况下，误将 698 次放入区间，是构成该起重大事故的首要原因，因此，应负主要责任。

5. 重要责任人

（1）698 次司机。698 次司机，凭元氏站出站信号机绿色灯光进入区间后，看到黄灯未减速，看到红灯后仍以 60 km/h 速度继续运行，是造成该起重大事故的直接原因，因此，应负重要责任。

（2）列车调度员。

① 调度命令不明确，应指出“因上行线两架通过信号机故障，自接令时起停止元氏站至窦妪站间上行线基本闭塞法改按电话闭塞法行车”。

② 上述命令漏发给关系区间窦妪站。

③ 698 次追尾 32 次后，在影响邻线的情况下，又将下行 697 次从窦妪站放入区间，险些造成三列旅客列车相撞的严重后果。

6. 次要责任人

32 次运转车长。32 次在区间被迫停车后，未按规定作好列车尾部的防护工作。

32 次司机。因月牙扳钩销子缺油而折断，招致机车偏心杆故障，使机车不能运行。

案例 3：

（一）事故概况

1993 年 7 月 9 日，郑州局新乡地区狂风大作，电闪雷鸣，暴雨倾盆。铁路沿线百余棵大树被刮倒，电力供电设备被刮坏，造成新乡至郑州铁路大面积停电。

7 月 10 日 1：03，163 次旅客列车 2：32 正点停在新乡客站三道，接到助理值班员送来的 1828 号调度命令，“因暴雨倒树停电，自接令时起，七里营至老田庵各站间停用基本闭塞，改特定闭塞法”（郑州局的特定闭塞法是按站间办理，不发路票，凭出站信号机或手信号显示的进行信号进入区间）。司机确认命令后，说“好了”。于 2：49，163 次通过新乡南场出站信号进入区间。

新乡南场至七里营间共 6 km，设 3 架通过信号机，第 4 架是七里营下行进站信号机。当时，前行 2011 次货物列车因七里营站满线不能接车，在机外跨两个闭塞分区慢行等信号，因此，区间第一通过信号机显示黄灯，第 2、第 3 架及下行进站信号显示红灯。本来，新乡南场及七里营间按自动闭塞法行车，但司机并未认真核对命令并误认区间，当列车通过第一架通过信号机显示的黄色灯光时，司机不仅没有减速准备停车，反而将黄灯报警解了锁，当看到第二架通过信号机显示红色灯光时，不仅没有果断停车，还把自动停车装置关掉，当列车越过红灯发现前方 60 m 处有车时，已丧失制动时机，连“非常”制动也没有推，与副司机一起躲到了机械间。2：55，163 次以极大的惯性撞上 2011 次列车，造成死亡 40 人（乘务员 32 人、旅客 8 人），重伤 9 人（乘务员 3 人、旅客 6 人），轻伤 39 人（乘务员 4 人、旅客 35 人）；机车中破 1 台，客车报废 3 辆、小破 15 辆，货车报废 1 辆、大破 2 辆；直接经济损失 215 万元，中断京广线下行正线行车 11：08，影响客货列车 123 列。163 次车上有 9 名外宾，外国通讯社当天就作了报道。

（二）事故案例分析

1. 事故性质

客运列车冲突重大事故。

2. 定性理由

死亡 40 人。

3. 主要责任单位

石家庄分局石家庄机务段。

4. 主要责任人

163 次司机（副司机），未认真确认调度命令并误认区间。当第一架通过信号机显示黄色灯光时，不仅没有减速停车，反而将黄灯报警解了锁，当看到第二架通过信号机显示红灯时，不仅没有果断停车，竟把自动停车装置关掉。

5. 重要责任单位

郑州局调度所。

(1)“特定闭塞法”属于按站间办理行车，不交路票，凭出站信号机或手信号显示的进行信号进入区间，违背《铁路技术管理规程》规定。

(2) 同一天发布的 1828 号命令有两个截然不同的内容，并且命令中未注明受令车次，违反《铁路技术管理规程》规定。

(3) 自 9 日 21：04 起，新乡南场至老田庵五个区间按特定闭塞法行车，至 23：35 仅恢复了新乡南场至七里营一个区间自动闭塞，但七里营因站内无空闲线路不能接车，导致 2011 次机外停车，此时又放入 163 次旅客列车，从行车指挥上给 163 次埋下了事故隐患。

案例 4：

（一）事故概况

1995 年 5 月 9 日沈山线韩家沟至兴城站间上行线 K309＋160 处，因机后 36 位［C62A(N) 1790818，发站街基，到站前磨头，品名高粱］，前进方向第二块篷布脱落并刮在停放于上行线 K309＋102 线路左侧捣固机上，将其刮入限界，导致机后 38，39，45 位车辆脱轨，40～44 位车辆颠覆，列车脱轨后走行 508 m，损坏线路 508 m，轧坏水泥轨枕 950 根，损坏钢轨 125 m；货车中破 5 辆、小破 3 辆；中断上行正线 12 h 11 min。

（二）事故案例分析

1. 事故性质

其他列车脱轨重大事故。

2. 定性理由

(1) 脱轨 8 辆。

(2) 中断上行正线 12 h 11 min。

3. 责任单位

白城分局白城车务段。白城分局街基站使用的街基站自备篷布为铁路报废篷布，违反了铁道部运字〔85〕1261 号文件关于报废篷布不准使用的规定及铁道部运字〔85〕5 号文件关于企业自备篷布质量必须符合铁路货车篷布质量标准的有关规定。由于篷布质量不符合规定，绳索拉力不足，造成在列车运行中拉断，指使篷布脱落后，刮住捣固机并侵入限界，导致列车脱轨颠覆。

4. **主要责任人**

街基站当班站务员，给予开除路籍留路查看 2 年处分。

5. **领导责任**

给予街基站站长撤职处分；给予白城车务段段长、党委书记记过处分；给予主管副段长记大过处分。

案例 5：

（一）事故概况

1997 年 4 月 25 日 9：00，成都局贵阳分局遵义车务段 SS3 型 338 号机车牵引 4416 次小运转列车（现车 26 辆、2 144 t、计长 32.7 m）在养龙司站编组出发后，因制动失灵，列车放飏，7：06 冒进董家坪站三道出站信号机，并高速通过董家坪站，进入董家坪至乌江间 K320＋787～K320＋401 龙长沟桥和龙长沟隧道内。由于该地段为 300 m 曲线半径和 17.7‰ 的下坡道，造成列车后部 13 辆脱轨颠覆（其中隧道内 2 辆、明洞 8 辆、桥上 1 辆、明洞与桥之间 2 辆）。此时，乌江站值班员手忙脚乱，将三道 2109 次进路解锁后，误将道岔开通 4 道，4416 次前部 13 辆随机车 7：10 冲入乌江站四道，与停留在四道的 4192 次列车尾部冲突。造成 4192 次尾部 1 辆守车、6 辆重车、4416 次机车及站内调车机 1 台脱轨、1 台中破，4416 次和 2109 次机车乘务员及运转车长 5 人受伤，机车报废、中破、小破各 1 台，货车报废 30 辆、中破 3 辆，损坏钢轨 800 m、枕木 1 600 根，龙长沟大桥第 1 孔左边梁体向外倾斜 0.06 m，损坏接触网架线 1 850 m、承力索 1 280 m，钢支柱 3 根，货物保价损失 20 万元（全部为煤和矿石），直接经济损失达 736.23 万元，中断正线行车 58 h 54 min。

（二）事故案例分析

1. **事故性质**

其他列车脱轨重大事故。

2. **定性理由**

单线中断行车 58 h 54 min。

3. **主要责任单位**

贵阳分局遵义车务段。

4. **主要责任人**

助理值班员。简化作业程序，未按《铁路技术管理规程》第 198 条规定试风，盲目指示发车。

5. **重要责任单位**

贵阳分局遵义机务段。

6. **重要责任人**

4416 次司机。开车前未认真确认列车风管变化情况，盲目开车。发现制动失控后，没有合理使用电阻制动，造成列车失控，导致列车脱轨、颠覆。

案例 6:

(一)事故概况

1999 年 3 月 14 日 5: 20，2216 次货物列车行到南昆线白水河至沙厂坪站间 K416＋387（停在 4 号隧道内）处时，列车紧急停车。经检查，列车守前第 15 位车列主管破裂，运转车长通知白水河站值班员转报列车调度员。列车调度员指示列车退回白水河站。由于坡度大，多次退行未成，运转车长汇报列车调度员，经同意决定分部运行。白水河站值班员、助理值班员携带两只铁鞋，两个活动手闸到现场，协助运转车长对遗留车辆采取防溜措施。前部车列牵出后，运转车长发现遗留车列移动，立即用无线电话呼叫司机停车，此时溜逸车列速度越来越快，在 K416＋183 处撞上前部车列并脱轨。车辆报废 1 辆、大破 5 辆、中破 3 辆、小破 1 辆，中断正线行车 31 h 36 min。

(二)事故案例分析

1. 事故性质

其他列车冲突重大事故。

2. 定性理由

中断正线行车 31 h 36 min。

3. 原因分析

(1) 守前第 15 位车列主管被车上坠落的焦炭打坏被迫停车。

(2) 因停车地点坡度大，多次退行未成，采取分部运行办法。列车分部运行时，运转车长采取防溜措施不力，导致遗留车列溜逸。

4. 责任单位

百色车务段。

5. 责任人

2216 次运转车长。

案例 7:

(一)事故概况

1996 年 9 月 2 日 13: 47，北京局湖东机务段牵引的 2258 次列车（编组 54 辆、总重 4 522 t、计长 59.6 m）行至大秦线大同至湖东间 K8＋668 下坡道处，因机车组三人全部进入睡眠状态，列车失去控制，在 K15＋408 处列车自然停车。因全列车停于 4‰ 的上坡道上，2 min 后列车向后溜逸，溜走 1 665 m，在大秦线御河大桥上与后续 3856 次列车相撞。造成 3856 次司机、副司机死亡，机车报废 1 台，货车报废 2 辆、大破 4 辆、中破 1 辆、小破 7 辆，损坏轨枕 27 根、钢轨 100 m，中断下行正线 24 h 40 min，上行正线 25 h 13 min。直接经济损失 645.854 万元，构成列车冲突重大事故。

（二）事故案例分析

1. 事故性质

列车冲突较大事故。

2. 定性理由

中断上行正线行车 25 h 13 min。

3. 主要责任人

2258 次列车司机、副司机。司机、副司机在公寓不注意休息。值乘疲劳作业 13 h 54 min，又未提出换班，致使行至大同至湖东间全班人员昏睡，机车无人操纵，列车失控后后溜，对事故应负主要责任。

4. 重要责任人

分局调度所。大同分局调度所不按基本运行图组织行车，严重违反《铁路运输调度工作规划》和铁路局有关规定，应负重要责任。

5. 采取措施

（1）强化机务系统的安全管理，加强对机务乘务员规章制度的教育，严格机车乘务员一次出乘作业标准，严禁电化区段以天窗作为调休时间。

（2）加强运输组织管理，强化调度指挥。杜绝以日（班）计划作为机车乘务员叫班依据，列车发生临时等线不能按计划运行时，调度员应立即通知机务段（或折返段）调度员，及时调整机车交路和叫班计划。

（3）狠抓劳动纪律和各项基本作业制度的落实。严格机车乘务员候班制度，特别是对担当外局、外段区段任务的乘务员值乘前的休息管理，对违反候班、待乘制度及睡眠不足规定时间的乘务员，严禁上岗出乘。

案例 8：

（一）事故概况

1991 年 1 月 26 日，无 2016 次通过禹城站后，红外线值班员报告机后第 15 位热轴，列车调度员通知张庄站进 4 道甩车处理。调车作业计划为 4＋15、5－1、4 道连接开车。当作业进行到 5－1 时，141 次旅客列车邻站开车，列车调度员指示 141 次通过后进行调车作业。但车站值班员没有及时停止调车作业，当本务机由 5 道牵出至上行正线 1 号道岔处，车站值班员在排列由上行正线至 4 道调车进路时，误排成由上行正线至 5 道的调车进路。连接员确认调车信号开放后，显示连挂信号，当机车顶着 14 辆连挂时，车站值班员发现进路错误，一边用调车无线电话通知调车人员，一边办理进路取消，变更去 4 道进路，慌忙中未打开调车无线电话开关按键，致使车列行至 1 号道岔时中途转换，造成车列第一辆前车转向架进入 5 道，后转向架进入 4 道脱轨。中断下行正线 50 min，中断上行正线 3 h 20 min。

（二）事故案例分析

1. 事故性质

调车脱轨大事故。

2. 定性理由

中断下行正线 3 h 20 min。

3. 事故责任人

张庄站车站值班员。

（1）车站值班员操纵控制台按钮时，未执行“一看、二按、三确认、四呼唤”及“眼看、手指、口呼”制度，造成错排调车进路。

（2）未按规定时间停止影响接发列车进路的调车作业，进行“抢钩”作业。

（3）违反《铁路技术管理规程》变更“股道必须停车传达”的规定，边通知调车有关人员，边办理变更进路。

案例 9：

（一）事故概况

1988 年 6 月 3 日 6：18 南仓站下行到达场进行 1050 改造和 6502 开通施工，直通场第三进路信号机停用，改为凭绿色许可证发车。

1677 次 7：32 接入下行直通场六道后，在没有将 5/7、17/19 号道岔恢复定位的情况下，发出了 14 次旅客列车。列车通过前，信号楼虽发现进路不对，并赶紧使用单操按钮改道，但为时已晚，致使 14 次列车驶入下行线。

7：40 处理列车后退时，未确认 17/19 号道岔开通状态，造成机后第 4 位硬座车脱轨，中断上行正线 1 h 32 min。

（二）事故案例分析

1. 事故性质

客运列车脱轨险性事故。

2. 定性理由

1 辆客车脱轨，但繁忙干线双线之一线中断行车时间不足 2 h。

案例 10：

（一）事故概况

1992 年 8 月 26 日 16：15 沈阳局丹东分局溪田线牛心台站临时停电。小堡至牛台至偏岭间停止基本闭塞法，改用电话闭塞法行车。

579 次旅客列车 16：30 从牛心台站开出后，牛心台站值班员对随后即将通过的 3181 次列车未向偏岭站预报。579 次 16：45 到达偏岭站后，16：45 向牛心台站报点，并请求 3182 次列车闭塞："82 次闭塞 5 号啊？"牛心台值班员说："好啦，知道啦！"由于两站值班员均简化作业标准，草率对话，导致牛心台值班员误认为偏岭站同意 3181 次闭塞并填写路票 5 号，而偏岭站值班员也误认为牛心台站同意 3182 次闭塞，也将路票填写为 5 号，造成两站值班员都认为对方站承认了闭塞。3181 次 16：55 通过牛心台站后，向偏岭站报点时，偏岭站值班员正在现场组织发 3182 次，行车室无人接电话。17：01 偏岭站向牛心台站报点时，牛心台替班值班员才明白两个列车进入同一区间，立即用列车无线调度电话呼叫两列车立即停车。3181 次被巡道工拦停，3182 次听到呼叫后停车，两列车停车后相距 800 m，构成向占用区间发出列车的险性事故。

（二）事故案例分析

1. 事故性质

向占用区间发出列车的险性事故。

2. 主要责任人

牛心台站、偏岭站值班员。两站值班员在办理 3181、3182 次电话闭塞时，严重违反《接发列车作业标准》，简化闭塞用语，草率对话，导致两个列车进入同一区间，对事故应负主要责任。

3. 重要责任人

列车调度员。列车调度员发现牛心台站停电时，没有认真下达三四小时阶段计划和"停基改电"的调度命令，对事故应负重要责任。

第四节　行车作业人身安全

一、行车作业人身安全通用标准

（1）班前禁止饮酒；班中按规定着装，佩带防护用品。

（2）顺线路走时，应走两线路中间，并注意邻线的机车、车辆和货物装载状态；严禁在道心、枕木头上行走；不准脚踏钢轨面、道岔连接杆、尖轨等。

（3）横越线路时，应一站、二看、三通过，注意左右机车、车辆的动态及脚下有无障碍物。

（4）横越停有机车、车辆的线路时，先确认机车、车辆暂不移动，然后在该机车、车辆较远处通过；严禁在运行中的机车、车辆前面抢越。

（5）必须横越列车、车列时，应先确认列车、车列暂不移动，然后由通过台或两车车钩上越过，勿碰开钩销，要注意邻线有无机车、车辆运行，严禁钻车。

（6）不准在钢轨上、车底下、枕木头、道心里坐卧或站立。

（7）严禁扒乘运行中的机车、车辆，以车代步。

二、接发列车作业人身安全标准

(1) 接发列车作业人员应熟知站内一切行车设备，并随时注意使用情况，如遇设备发生异状或变化时，应及时通知有关人员并采取安全措施。

(2) 接发列车时，必须站在《车站行车工作细则》规定地点，随时注意邻线机车、车辆动态。

(3) 向机车交递凭证时，须面向来车方向，交后迅速回到安全位置。

(4) 折叠式授受机树起后、必须插好插销，用完后及时恢复定位。接车时应站在授受机来车方向的前方。

三、扳道（清扫）作业人身安全标准

(1) 接发列车时，必须站在《车站行车工作细则》规定地点。随时注意邻线机车、车辆动态。

(2) 在扳道作业时，应遵守扳道作业方法。除因作业必须进入道心外，均应站在安全地点。

(3) 清扫道岔或联动道岔，必要时，应先将安全木楔置于尖轨与基本轨之间；清扫后及时将清扫工具撤除，并向车站值班或有关人员报告。

(4) 在臂板信号机上更换灯泡、摘挂油灯、调整灯光时，必须使用安全带。

四、电化区段安全作业的规定

1. 一般要求

(1) 在电气化铁路上，接触网的各导线及其相连部件，均带有高压电，因此禁止直接或间接（通过任何物件，如棒条、导线、水流等）与上述设备接触。

(2) 为保证人身安全，除专业人员按规定作业外，其他人员所携带的物件（包括长杆、导线等）与接触网设备的带电部分需保持 2 m 以上的距离。

(3) 发现接触网断线及其部件损坏或在接触网上挂有线头、绳索等物时，均不准与之接触，要立即通知附近的接触网工区或电力调度派人处理。在接触网检修人员到达以前，将该处加以防护，任何人员均应距已断导线接地处 10 m 以外。如接触网已断导线等侵入建筑接近限界危及行车安全时，应按《铁路技术管理规程》规定进行防护。

(4) 电气化铁路附近开山放炮，可能损伤供电设备和影响供电行车安全时，要与供电段商定安全措施，以防损伤设备和危及人身安全。

2. 接发列车及调车作业安全

(1) 当区间或站内（包括机车整备线、装卸线）接触网停电接地时，不得向该区间或站内接发电力机车及其牵引的列车；司机如发现不符合此项规定时，要立即停车和降下受电弓。

(2) 在带电的接触网的线路上进行调车时，禁止登上棚车（在区间和中间站禁止登上敞车和棚车）行走或使用手制动机；敞车、平车上使用手制动机时，不准踏在高于制动机踏板台的车帮上或货物上。编组、区段站在接触网高度为 6.2 m 及其以上的线路上准许使用敞车手制动机时，不能站在高于闸台的车梯或货物上。

（3）在接触网没有停电并接地的情况下，禁止到蒸汽机车的锅炉上、司机棚上和煤水车上，以及到内燃机车、电力机车和车辆的车顶上进行任何作业。

（4）蒸汽机车上的火钩、火扒和铁锹均要安放在固定地点，不得放在煤水车及煤炭上面。

（5）电气化铁路上的各种车辆，当接触网停电并接地以前，禁止进行下列作业：

① 攀登到车顶上，或在车顶上进行任何作业（如检查车顶设备，上水、上冰等）。

② 开闭罐车和冷藏车的注口（盖），或在这些注口处进行任何工作。

③ 使用胶皮软管冲刷机车车辆上部。

参考文献

[1] 中华人民共和国铁道部. 铁路技术管理规程. 北京：中国铁道出版社，2006.

[2] 中华人民共和国铁道部. 铁路交通事故调查处理规则. 北京：中国铁道出版社，2007.

[3] 中华人民共和国铁道部. 电气化铁路有关人员电气安全规则. 北京：中国铁道出版社，2006.

[4] 中华人民共和国国家标准. TB 1699—1985 铁路车站行车作业人身安全标准. 北京：中国铁道出版社，1985.

[5] 覃燕，赵家俊，等. 铁路电务新技术知识问答. 北京：中国铁道出版社，2005.